JN012083

# A
# SYSTEMATIC
# APPROACH
### *to*
# ENGLISH WORDS
### *for*
# JUNIOR HIGH SCHOOL
# STUDENTS

by

YASUSHI SHIMO

SUNDAI BUNKO

# 『*中学版 システム英単語〈改訂版〉*』 *はしがき*

## 1. 本書の構成

### ☆『中学版 システム英単語』誕生

　本書は英語をゼロから学ぼうという読者向けの教材です。中学生はもちろん，最初から英語をやり直したいと思っている高校生，あるいは英語から遠ざかった社会人など，誰からも信頼され，誰にとっても学びやすいように作られています。本書の〈キー・センテンス〉を覚えれば，単語や熟語だけでなく，基礎的な英文法も実用的な英会話も自然と身につくようになっています。

### ☆実用英語でそのまま使う〈キー・センテンス 560〉

　本書のすべての見出し単語に，短い例文〈キー・センテンス〉がついています。これは，そのまま日常会話でも「使える」例文です。たとえば，代名詞の this を提示するときに，教室英語の悪しき代表は，This is a pen. です。なぜなら，実際に「これはペンです」などという発言をする場面に出くわす可能性は極めて低いからです。this について学ばなければいけないのは，この代名詞が単に目の前の人や物を指示するということだけではなく，目の前にいる人を紹介するときにも使われるということです。そこで本書では，次のような〈キー・センテンス〉で示されます。

> This is Susan. She is my classmate.
> こちらはスーザンです。彼女は私の同級生です。

### ☆〈キー・センテンス 560〉 中学英語のすべてを凝縮！

　本書の〈キー・センテンス 560〉は中学の全単語・全熟語を含んでいるだけではありません。時制，不定詞，分詞，関係詞など，中学で学ぶ英文法や会話表現などの重要項目もすべて含んでおり，登場順も主要教科書に合わせています。

　さらに，本書では，複数の語法を学習する必要がある単語（多義語など）は，すべての意味で〈キー・センテンス 560〉に登場するように配慮しています。たとえば，when という単語は Step 1 で「いつ」の意味で登場しますが，Step 2 では「～するときに」の意味で再登場します。このように前置詞や助動詞なども重要な単語，語法はもれなく確認できるように工夫されていますので，〈キー・センテンス 560〉を覚えれば重要項目を自然と網羅できます。

　〈キー・センテンス 560〉は音声にするとほんの 40 分足らずで，それだけで中学英語のすべてを身につけられるのです。

## ☆教科書よりも詳しい〈文法チェック〉

本書では、中学で学ぶ英文法の項目を抽出した〈文法チェック〉を設けました。接続詞、関係詞、不定詞、分詞などの厄介な文法事項も、これを読めば即解決です。教科書ではあまり解説されていないことも、本書ではくわしく掘り下げていますから、学校の進度と関係なく進められます。もちろん、〈文法チェック〉は〈キー・センテンス〉ともリンクしていますから、文法や構文も自然と頭に入るようにできています。

つまり、本書の日本語さえ理解できれば、小学生でも Step 1 から無理なく学習できます。

## ☆語感を養う〈語源〉，〈類義語〉の記事

従来の中学生向けの単語集は、訳語がいくつか並んでいるだけのものが主流ですが、本書は語源や類義語の情報を随所に配置し、その単語の語感をつかみやすいように配慮しています。たとえば、次のような記事です。

---

**recycle** 源 re (= again) + cycle（循環）

---

★ preserve も protect も、「自然を守る」「世界遺産を守る」という意味で使えるが、protect は「攻撃から守る」というイメージで、preserve は「変わらないように現状を保つ」というイメージ。だから、preserve fruit with sugar「果物を砂糖漬けにする（＝保存加工する）」というような使い方ができる。

---

こういう記事は「覚えなければいけない」わけではありませんから、気が向いたときに読んでください。英語を使う上で役に立つヒントがきっと見つかるはずです。

## ☆2種のダウンロード音声

本書には 2 パターンのダウンロード音声が用意されています（⇒ p. Ⅸ）。【パターン 1】は〈キー・センテンス 560〉を各 1 回読みした音声です。この合計 40 分程度の音声に、中学英語の英単語・英熟語・英文法が網羅されています。

【パターン 2】は、同じ英文が 3 回聞けるように〈キー・センテンス＋日本語訳＋キー・センテンス× 2 回〉を一区切りとした「トリプル・リピート」です。音声を使ってゼロから記憶を作るためには、これを繰り返しシャドウイング（※流れてくる英語に合わせて、口に出してついていくこと）しましょう。

音を使うことで倍以上早く英単語を覚えられたという報告もありますから、英語学習には音声の利用が不可欠です。

## 2.『中学版 システム英単語〈改訂版〉』と『書きこみ練習ノート』(別売) の学習法

### ☆五感を使って覚えよう！

とにかく本書の〈キー・センテンス 560〉の英文を丸ごと覚えるのが大事です。そのためには，自分の全神経・全感覚を使うことが重要です。英文を漠然と読むだけでは頭に入りません。音声を聞き，声に出し，書いてみるという作業を行うことで記憶は作られるのです。英文が自然と出てくるまで，何度も作業を繰り返しましょう。

☆本書を読んで，例文，単語の意味，語法などをすべて確認。

↓

☆【パターン 2】のトリプル・リピート音声を聞きながら，声に出して覚える。
発音が下手でも大丈夫。とにかく大きな声で，何度も口に出すのが大事です。

↓

☆『中学版 システム英単語〈改訂版対応〉書きこみ練習ノート』(別売) で
英単語・例文を書く。

↓

☆【パターン 1】の 1 回読み音声で再確認。

### ☆忘れないために反復練習

一度覚えたことも，そのまま放っておけば忘れてしまいます。長期間忘れない記憶を作るためには反復練習が何より大切です。同じ単語を最低でも 5〜6 日は連続して確認しましょう。たとえば今日 1〜100 まで覚えたら，最低 5 日以上は同じ単語を確認します（覚えていても何度も確認することが大事なのです）。あるいは，少しずつずらしてもよいでしょう。たとえば今日 1〜100 まで覚えたら，次の日は 20〜120 を確認します。さらにその次の日は 40〜140，その次の日は 60〜160 というようにすれば，同じ単語を 5 日連続で確認することになります。いずれにせよ，同じ単語を最低 5 日以上連続して確認するように計画してください。反復することこそ，「忘れない」コツなのです。

## 3. 英語の先生方へ
### ☆新課程について

　指導要領によると，小学校では 600 ～ 700 語程度の単語と，get up, look at など頻度の高い連語，代名詞の使い方，肯定文と否定文，疑問詞（wh 節），過去時制，動名詞などを学習し，SVC（be 動詞など），SVO などの文構造を使用するとあります。また，中学校では，小学校で学習した語に 1,600 ～ 1,800 語程度の新語を加え，合計 2,200 ～ 2,500 語を学習することになりました。これは以前の中学校の検定教科書の約 2 倍の語彙にあたります。さらに，以前ならば高校英語で学習することになっていた現在完了進行形，簡単な仮定法，have, make など使役動詞の SVOC（原形動詞），be ＋形容詞＋ that 節なども中学で学習することになっています。

　検定教科書の語彙数や文法項目が増えることで，生徒達の英語力が向上すればよいのですが，場合によると生徒間の学力差が大きくなることもありえるでしょう。小学校で英語に苦手意識を持ったり，中学英語が未消化のまま高校に入学する生徒たちも出てくるかもしれません。そうした事態を避けるためには，生徒が自力で学習内容を復習し確認することが大切ですし，高校に進学してからも既習の中学英語を再確認する必要があります。

### ☆検定教科書を徹底チェック

　中学校で採用されることが多い 6 種類の検定教科書を比較検討してみると，どれも文法項目や語彙数に関しては大きな違いはありません。しかし，どの単語を収録するかについては統一されているわけではなく，6 種類の教科書すべてに共通して登場する単語はほんの 5 割程度に過ぎません。高校入試の問題にたくさんの注記が付いているのは，こうした事情も反映してのことなのでしょう。また，それぞれの単語がどの学年で登場するかは教科書によって異なります。

　本書では多くの教科書に収録されている単語を優先してエントリー単語とし，収録されている教科書が少ない単語を後ろの方に収録しています。また，文法項目についても各学年で履修することが多い順に配列しました。たとえ未習であっても，各種の用例や文法語法の解説を充実させることで，誰でもゼロから段階を踏んで学習ができるように配列をしています。単語や熟語だけでなく，文法項目や会話表現についても各学年の履修項目を分析していますから，最初から読み進めれば自然と英会話や英文法も身につき，単語だけでなく，中学英語をすべてマスターできるようになります。

　また，中学の教科書や授業では深く触れられないことでも，その後の学習に大いに助けとなる英文法や語源の説明を，本書は豊富に収録しています。中学英語という閉じた世界ではなく，高校英語や実用英語への橋渡しとしても十分役割を果たせるはずです。

## ☆正確さ（accuracy）か，流ちょうさ（fluency）か

英語を正確かつ流ちょうに操れるようになることが英語学習の目標ですが，教室において正確さ（accuracy）と流ちょうさ（fluency）を同時に両立させることは困難です。文法語法の正確さ（accuracy）を重視すると，学習者の流ちょうさ（fluency）は失われ，Speaking などにおいて支障をきたします。流ちょうさを求める場面では，正確さはある程度目をつぶらざるをえません。一方，およそあらゆる英語の試験において，英語の正確さが採点されないことはありえません。

多くの英語教育学者が指摘しているように，音声を使うことが正確さと流ちょうさを両立させる秘訣です。本書のダウンロード音声を聞きながら 560 の Key Sentence（例文）を何度もシャドウイングすれば，自然と基礎的な英文を正確かつ流ちょうに操る最短のコースを歩めます。


## ☆高校入試をチェック

高校入試は教科書に収録されている単語だけでできているわけではありません。公立の一般の入試でも，教科書に収録されていない単語が注なしで登場しますし，反対に教科書には登場しても，高校入試では出現しない表現も数多くあります。そこで本書は徹底的に高校入試，さらには資格試験もチェックし，中学 1 年生の教科書から最難関の高校入試に至るまで，無理なく進められるよう，次の 4 つの Step で構成しました。

- ▶ Step 1　中 1 レベルの英単語・英熟語　500
- ▶ Step 2　中 2，中 3 レベルの英単語・英熟語　500
- ▶ Step 3　高校入試に必要な英単語・英熟語　500
- ▶ Step 4　高校英語への英単語・英熟語　300


## ☆〈信頼〉のデータベースとコンサルタント・チェック

本書を執筆するにあたっては，以下のデータベースを使用しています。

- ▶ 中学校検定教科書（主要 6 社×3 学年）
- ▶ 各社教科書傍用参考書
- ▶ 全都道府県の国公立高校入試全問及び主要私立高校入試 10 年分
- ▶ 各種実用英語の検定試験の問題
- ▶ 『Time』，『National Geographic』などの雑誌，書籍，シナリオなど約 4 億語のデータ

また，本書の例文はすべて複数の英語母語のコンサルタントにチェックしてもらっています。

＊　＊　＊

　なお，本書の出版にあたりましては，Paul McCarthy 先生，Preston Houser 先生に英文を校閲して頂き数々の有益な助言を頂きました。また，斉藤千咲様，石川花子様をはじめ駿台文庫の皆様には，いつもながら著者と読者の仲介者としてご苦労を頂きました。ここに感謝の思いを広く明らかにしておきたいと思います。

2021 年　春　　　　　　　　　　　　　　　　　　　　　　　　　霜　康司

# この本の使い方

## ☆「ポイントチェッカー」について

　ページの左寄りには，「ポイントチェッカー」が並んでいます。これはその単語について，特に重要な派生語や反意語・同意語，出題頻度の高い発音・アクセントについてチェックをうながすサインです。以下の記号がついている場合，答えは記号の右側に書かれています。答えを自分で考えてから，右側を見てチェックしてください。

| | | | |
|---|---|---|---|
| 動? | 動詞形は何ですか。 | 名? | 名詞形は何ですか。 |
| 形? | 形容詞形は何ですか。 | 反? | 反意語は何ですか。 |
| 同? | 同意語は何ですか。 | 発音? | （下線の部分を）どう発音しますか。 |
| 同熟? | 同じ意味を表す熟語を答えなさい。 | 同音語? | 同じ発音の語は何ですか。 |
| アク? | アクセントはどこにありますか。 | | |

その他の記号については次の通りです。

| | | | | | |
|---|---|---|---|---|---|
| 動 | 動詞 | 接 | 接続詞 | 間 | 間投詞 |
| 名 | 名詞 | 前 | 前置詞 | = | 同意語 |
| 形 | 形容詞 | 助 | 助動詞 | ⇔ | 反意語 |
| 副 | 副詞 | 代 | 代名詞 | 源 | 語源の説明 |
| ◇ | 派生語・関連語 | 多義 | 重要な意味が2つ以上あるので注意 | | |
| ◆ | 熟語・成句 | 語法 | 語法や構文に注意 | | |

《米》《英》　アメリカ英語・イギリス英語に特有の意味・表現など

熟語の中のカッコ
　[ ]　直前の語と入れ替え可
　( )　省略可能

単語の意味の表記
　①②……多義語
　,（カンマ）で区切られた意味……同種の意味・用法の列挙
　;（セミコロン）で区切られた意味……注意が必要な区分（自動詞と他動詞の違いなど）

## ☆音声ダウンロードについて

　『中学版システム英単語〈改訂版〉』のキー・センテンス（例文）の音声ファイルをダウンロードできます。読み上げ方は 2 パターンあり，いずれも 1 センテンスにつき 1 ファイルとなっています。

## ☆ダウンロード方法

1 下記アドレスまたは二次元コードより駿台文庫ダウンロードシステムへアクセスし，認証コードを入力して「サービスを開始する」を押してください。

　https://www2.sundai.ac.jp/yobi/sc/dllogin.html?bshcd=B3&loginFlg=2

　　┌─────────────────────┐
　　│ 認証コード：B3-96111539 │
　　└─────────────────────┘

2 「ダウンロードした音声の使い方」をご確認ください。音声ダウンロードに際しての使用方法や注意事項，サンプルファイルをご利用いただけます。

3 ダウンロードしたいコンテンツを選択し，「ダウンロードを実行」または「ファイル単位選択・ダウンロード画面へ」を押してください。「ファイル単位選択・ダウンロード画面へ」に進むとセンテンスを 1 つずつ選んでダウンロードすることができます。

　　【パターン 1】：英語例文 1 回読み　※日本語訳の音声は含まれません。

　　【パターン 2】：トリプル・リピート（英語例文→日本語訳→英語例文×2 回繰り返し）

　　音声ファイル名一覧：音声ファイルと単語集のセクション・例文番号の対応表です。

4 音声のダウンロードを実行した場合，以下の zip ファイル名で保存されます。

　　【パターン 1】C115391_B3.zip

　　【パターン 2】C115392_B3.zip

　ファイル単位の名称は以下のようになります（「音声ファイル名一覧」をご参照ください）。

　　【パターン 1】例文 s-001：C115391_0001_system_jhs.mp3

　　【パターン 2】例文 s-001：C115392_0001_system_jhs.mp3

ナレーター／ Chris Koprowski
RuthAnn Morizumi
Ann Slater
劇団文学座　亀田佳明
劇団青年座　尾身美詞

## ☆この本の構成について

★見出し語には発音の一例を載せています。カタカナ表記は太字のところにアクセントがあります。

★前置詞や複合語など，見出し語と一緒に使われることの多い語は，下線つきの赤字になっています。

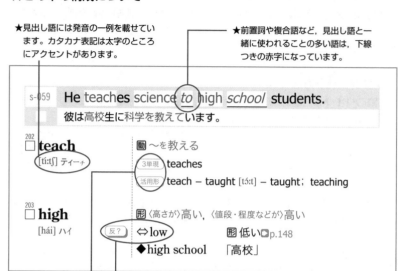

s-059 **He teaches science *to* high *school* students.**

彼は高校生に科学を教えています。

202 □ **teach**
[tíːtʃ] ティーチ

動 ～を教える
3単現 teaches
活用形 teach – taught [tɔ́ːt] – taught；teaching

203 □ **high**
[hái] ハイ
反?

形〈高さが〉高い，〈値段・程度などが〉高い
⇔ low　　　　　　　形 低い ▷p.148
◆high school　「高校」

★活用形・3単現・比較変化・複数形など，重要な語形変化も一緒に確認しましょう。

★「ポイントチェッカー」がついているところは，当てはまる語を考えながら右の語をチェックしましょう。

★例文に含まれる重要な文法事項は，「文法チェック」にまとめられています。

---

6. 一般動詞の否定文・疑問文　文法チェック

(1) 否定文　《主語＋do[does] not＋動詞の原形...》

**She does not study English every day.**
（彼女は毎日英語を勉強するわけРではない。）
短縮形 do not = don't, does not = doesn't

(2) 疑問文　《Do[Does]＋主語＋動詞の原形...?》

**Does she study English every day?** （彼女は毎日英語を勉強しますか?）

注意! ★否定文も疑問文も，doやdoesがある文では動詞が原形になる。

---

X

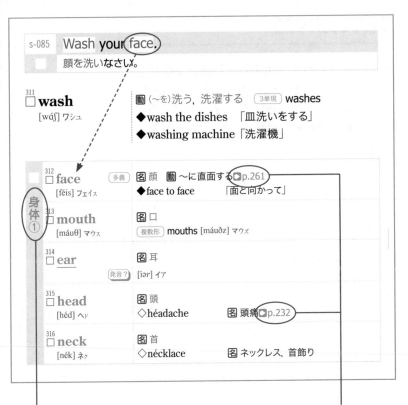

| s-085 | Wash your face. |
|---|---|
| | 顔を洗いなさい。 |

**311 □ wash**
[wáʃ] ワシュ

動 (~を)洗う, 洗濯する 〔3単現〕 washes
◆wash the dishes 「皿洗いをする」
◆washing machine「洗濯機」

身体①

**312 □ face** 〔多義〕
[féis] フェイス

名 顔 動 ~に直面する ▶p.261
◆face to face 「面と向かって」

**313 □ mouth**
[máuθ] マウス

名 口
〔複数形〕 mouths [máuðz] マウズ

**314 □ ear** 〔発音?〕
[íər] イア

名 耳

**315 □ head**
[héd] ヘド

名 頭
◇héadache 名 頭痛 ▶p.232

**316 □ neck**
[nék] ネク

名 首
◇nécklace 名 ネックレス, 首飾り

★「単語リスト」は，前後の例文に含まれる単語と同じカテゴリーの単語をまとめたものです。

★詳しい説明や，同じ語が別の意味で用いられている例文など，関連する内容を含む参照ページが示されています。

# CONTENTS

# 中1レベルの
## 英単語・英熟語　500

# §1 あいさつ

**Hi. I'm Christopher Green. Please call me Chris.**

やあ。私はクリストファー・グリーンです。私をクリスと呼んでください。

---

1 □ **hi**
[hái] ハイ

圏 やあ，こんにちは

★人に会ったときのあいさつ。主に《米》で，helloよりくだけた感じだ。

2 □ **I**
[ai] アイ

代 私は[が]

★I am～.「私は～です」の短縮形がI'm ～。▶p.17〈文法3〉

3 □ **please**
[plíːz] プリーズ

圏 どうぞ，どうか(…してください)

★Please go away.「どうかあちらに行ってください」のように，〈Please＋動詞...〉の形でよく使う。

4 □ **call**　　　多義
[kɔ́ːl] コール

動 ①(call A B)AをBと呼ぶ　②〈人など〉に呼びかける
③(～に)電話をかける▶p.70

5 □ **me**
[mi] ミ

代 私を，私に▶p.7〈文法1〉

---

**"Excuse me. Are you Mr. Parks?" "Yes, I am."**

「すみません。あなたはパークスさんですか?」「はい，そうです」

6 □ **excuse**
[ikskjúːz] イクスキューズ

動 ～を許す

◆**Excuse me.**　「すみません」

★Excuse me.は①見知らぬ人に話しかけるときの言葉として，②人の前を通るときのあいさつとして，③思わず身体が触れたときの軽い謝罪として，使うことができる。

7 □ **you**
[júː] ユー

代 あなたは[が，を，に]; あなたたちは[が，を，に]

★You are ～.「あなた(たち)は～です」を疑問文にすると，Are you ～?「あなた(たち)は～ですか?」。▶p.16〈文法2〉

§1

| 敬称 | 8 □ **Mr.**<br>[místər] ミスタ | 图 (男性の姓, 姓名の前で)…氏, さん, 様<br>★《英》では, Mrの後に.(ピリオド)を打たないことがある。 |
|---|---|---|
| | 9 □ **Ms.**<br>[míz] ミズ | 图 (未婚・既婚の女性に)…さん, 様 |
| | 10 □ **Mrs.**<br>[mísiz] ミスィズ | 图 (既婚の女性に)…さん, 様 |
| | 11 □ **Miss**<br>[mís] ミス | 图 (未婚の女性に)…さん, 様<br>★今は大人の女性にはMs.を用いることが多い。 |

12 □ **yes**
[jés] イェス

圖 はい, そうです
★疑問文に対して, 「はい, そうです」という肯定の返事。「いいえ」は
No。 ▶p.10

| s-003 | "Nice *to* meet *you*." "Nice *to* meet *you*, too."<br>「初めまして」「こちらこそよろしく」 |
|---|---|

13 □ **nice**
[náis] ナイス

形 ①よい, りっぱな  ②親切な
◆Nice to meet you.      「初めまして」
◆Nice to meet you, too. 「こちらこそよろしく」
★初対面のあいさつ。
◆Have a nice day.      「さようなら」
★「よい日を過ごして」の意味で, 別れのあいさつとして使う。

14 □ **meet**
[mí:t] ミート

動 ~に会う, ~と約束して会う

15 □ **too**       多義
[tú:] トゥー

圖 ①~もまた, 同様に
    ②あまりにも, ~すぎ ▶p.147
◆Me, too.          「私もそうです」
例 "I'm tired." "Me, too." 「疲れた」「私も」

3

"How *are* *you*?" "Fine, thank you. And you?"

「元気ですか?」「元気です,ありがとう。あなたは?」

## 16 □ how
[háu] ハゥ

副 ①どんな状態で
②どのように,どんな方法で
③どれほど
◆How are you? 「元気ですか?」
★知り合いに会ったときのあいさつ。

## 17 □ fine
[fáin] ファイン

多義

形 ①元気な
②すばらしい,きれいな
③天気のよい,晴れた
★How are you? に Good. や OK. などと答えることも多い。

## 18 □ thank
[θǽŋk] サンク

動 〈人〉に感謝する,礼を言う
◆thank 〈人〉for A「〈人〉にAのことで感謝する」

## 19 □ and
[ənd] アンド

多義

接 ①そして,…と
②(命令文の後で)そうすれば

Good morning.

おはよう。

## 20 □ good
[gúd] グド

形 ①よい,すばらしい,正しい
②上手な ▶s-066
◆Good morning.「おはよう」

## 21 □ morning
[mɔ́ːrniŋ] モーニング

名 朝,午前
◆in the morning「午前中に,朝に」

§1

| s-006 | **Good** afternoon. |
| --- | --- |
| | こんにちは。 |

22
□ **afternoon**
[æ̀ftərnúːn] アフタヌーン

图 午後
◆in the afternoon「午後に」
◇noon　　　　图 正午

| s-007 | **Good** evening. |
| --- | --- |
| | こんばんは。 |

23
□ **evening**
[íːvniŋ] イーヴニング

图 夕方, 晩
★日没から寝る時間までをいう。
◆in the evening 「夕方[晩]に」

| s-008 | **Good** night. |
| --- | --- |
| | おやすみなさい。 |

24
□ **night**
[náit] ナイト

图 夜, 晩
★日没から日の出までをいう。Good night. は夜寝る前や別れ際に使う。
◆at night　　　「夜に, 夜間に」

| s-009 | Goodbye. |
| --- | --- |
| | さようなら。 |

25
□ **goodbye**
[gùdbái] グドバイ

圏 さようなら
★単に Bye. と言うこともある。また, goodby, good-bye, good-by とつづることもある。

5

| s-010 | Welcome to Japan. |
|---|---|
| | 日本にようこそ。 |

### 26 □ welcome
[wélkəm] ウェルカム

間 ようこそ, いらっしゃい
動 〈人〉を歓迎する
◆Welcome to A. 「Aにようこそ」

### 27 □ to
[túː] トゥー

前 〈方向・到達点〉に, ～へ

### 28 □ Japan
[dʒəpǽn] ヂャパン

名 日本

| s-011 | "Thank you." "You're welcome." |
|---|---|
| | 「ありがとう」「どういたしまして」 |

### 29 □ You're welcome.
どういたしまして。
★お礼を言われたときに答える決まり文句。

英語で話すときには，大きな
声ではっきりと発音しよう！
声が小さいせいで通じない…
ということがよくあるよ！

# §2　代名詞・be動詞

## 1.　人称代名詞などの使い方

| 人称 | | | 主格<br>「～が」「～は」 | 所有格<br>「～の」 | 目的格<br>「～を」 | 所有代名詞<br>「～のもの」 |
|---|---|---|---|---|---|---|
| 1人称 | 単数 | 私 | I | my | me | mine |
| | 複数 | 私たち | we | our | us | ours |
| 2人称 | 単数 | あなた | you | your | you | yours |
| | 複数 | あなたたち | | | | |
| 3人称 | 単数 | 彼 | he | his | him | his |
| | | 彼女 | she | her | her | hers |
| | | それ | it | its | it | ― |
| | 複数 | 彼(女)ら・それら | they | their | them | theirs |
| | 単数 | 代名詞以外 | Peter | Peter's | Peter | Peter's |
| | 複数 | 代名詞以外 | students | students' | students | students' |

---

s-012 **This is Susan.　She is my classmate.**

こちらは**スーザン**です。彼女は私の同級生です。

---

30
□ **this**
[ðís] ズィス

代 これは[が, を]　形 この

★目の前の人を紹介するとき, This is ～.「こちらは～です」と言う。また, 電話で名乗るときに, This is Tom Green.「こちらはトム・グリーンです」と言う。▶p.69　This is A.

31
□ **she**
[ʃíː] シー

代 彼女は[が]

32
□ **my**
[mai] マイ

代 (名詞の前で)私の

★I「私は」の所有格。

33
□ **classmate**
[klǽsmèit] クラスメイト

名 クラスメート, 同級生

◇**class**　　　名 ①クラス, 学級　②授業▶p.35

## We **are good** friends.

私たちはいい友だちです。

<sup>34</sup>
☐ **we**
[wíː] ウィー

代 私たちは[が]

<sup>35</sup>
☐ **friend**
[frénd] フレンド

名 友だち

---

## "What **is this?**" "**It's a** notebook."

「これは何ですか?」「それはノートです」

<sup>36</sup>
☐ **what**
[hwάt] ワト

代 何, どんなもの

形 何の, どんな

★whatは名詞として使うこともあるし, 形容詞として名詞を修飾することもある。

例 What time～?「何時に～?」 ▶p.19

<sup>37</sup>
☐ **it**
[it] イト

代 それは[が, を, に]

★前の名詞, 代名詞, 文の内容を受ける。複数形はthey, them。

★it's＝it is ▶p.17〈文法3〉

<sup>38</sup>
☐ **a**
[ə] ア

冠 ある, 1つの

★a[an]は数えられる名詞(可算名詞)に付くが, 訳さないことも多い。

★次の単語が子音で始まるときはaを, 母音で始まるときはanを使う。

例 a boy「1人の少年」; an apple「1つのりんご」

§2

文房具

| | |
|---|---|
| 39 □ **notebook**<br>[nóutbùk] ノウトブク | 图 ノート<br>★英語のnote(▶p.288)には「ノート」の意味はない。 |
| 40 □ **pen**<br>[pén] ペン | 图 ペン<br>★万年筆, ボールペンなどを含む。<br>◇**ink** 图 インク |
| 41 □ **pencil**<br>[pénsl] ペンスル | 图 えんぴつ |
| 42 □ **paper**<br>[péipər] ペイパ | 图 ①紙 ②新聞<br>★数えられない名詞(不可算名詞▶p.321〈文法31〉)なので, aを付けないし, 複数形にもならない。ただし, 「新聞」の意味で使う場合のpaperは数えられる名詞(可算名詞)なのでaを付けたり, 複数形にしたりできる。 |
| Q「1枚の紙」は? | A a sheet of paper。「2枚の紙」はtwo sheets of paper。 |
| 43 □ **eraser**<br>[iréisər] イレイサ | 图 消しゴム；黒板ふき |

---

| s-015 | That **is** your English teacher. |
|---|---|
| | あれがあなたの英語の先生です。 |

| | |
|---|---|
| 44 □ **that**<br>[ðǽt] ザト | 代 あれは[が, を]<br>形 あの, その |
| 45 □ **your**<br>[júər] ユア | 代 (名詞の前で)あなた(たち)の<br>★youの所有格。▶p.7〈文法1〉 |
| 46 □ **English**<br>[íŋgliʃ] イングリシュ | 图 英語 形 英語の, イングランド(人)の<br>▶p.11〈地名・国名①〉Britain |
| 47 □ **teacher**<br>[tíːtʃər] ティーチャ | 图 先生, 教師<br>★日本語では先生に呼びかけるとき, 「田中先生」のように言うが, 英語では呼びかけにteacherは用いず, Mr. TanakaやMs. Tanakaと言う。<br>◇**teach** 動 ～を教える |

## "Is he an American?" "No, he isn't."

「彼はアメリカ人ですか？」「いいえ，違います」

48
☐ **he**
[hí] ヒ

代 彼は[が] ▶p.7〈文法1〉

49
☐ **no**
[nóu] ノゥ

副 いいえ，いや

形 ひとつも…ない，少しも…ない ▶p.124

反? ⇔ yes　　　　副 はい，そうです ▶p.3

s-017

## "Where is he from?" "He is from Canada."

「彼はどこの出身ですか？」「彼はカナダ出身です」

50
☐ **where**
[hwéər] ウェア

副 どこで[に，へ]

★Where is he?だと「彼はどこにいるか？」という意味。

51
☐ **from**
[frəm] フラム

前 〜の出身で，〜から

★fromは出発点や起源を表す前置詞で，be from Aで「A出身である」の意味。 ▶p.76 from A to B

s-018

## "Where do you come from?" "I come from India."

「あなたはどこの出身ですか？」「インド出身です」

52
☐ **come**
[kʌ́m] カム

動 来る

活用形 come − came [kéim] − come; coming

★Where do you come from?はWhere are you from?と同じ意味。

§2

地名・国名 ①

**53 America**
[əmérikə] アメリカ

图 アメリカ；アメリカ大陸
★正式国名はthe United States of America「アメリカ合衆国」で，(the) USA, (the) U.S.A.あるいは(the) USと表すことも多い。

**54 American**
[əmérikən] アメリカン

形 アメリカ(人)の
图 アメリカ人

**55 Canada**
アク？ [kǽnədə] キャナダ

图 カナダ

**56 Canadian**
[kənéidiən] カネイディアン

形 カナダ(人)の
图 カナダ人

**57 Britain**
[brítn] ブリトン

图 イギリス
★Britainはもともと「ブリテン島」のことで，イギリスの通称。England「イングランド」はイギリスの一地方で，国全体を意味しない。
★イギリスをthe United Kingdomあるいは(the) UK, (the) U.K.と表すことも多い。

**58 British**
[brítiʃ] ブリティシュ

形 イギリス(人)の
图 イギリス人

**59 India**
[índiə] インディア

图 インド

**60 Indian**
[índiən] インディアン

形 インド(人)の
图 インド人

**61 Australia**
[ɔ(ː)stréiljə] オ(ー)ストレイリャ

图 オーストラリア

**62 Australian**
[ɔ(ː)stréiljən] オ(ー)ストレイリャン

形 オーストラリア(人)の
图 オーストラリア人

**63 China**
[tʃáinə] チャイナ

图 中国

**64 Chinese**
[tʃàiníːz] チャイニーズ

形 中国(人)の
图 中国人，中国語

| 65<br>□ **Korea**<br>[kəríːə] カリーア | 图 韓国, 朝鮮<br>★North Korea「北朝鮮」, South Korea「韓国」。 |
| 66<br>□ **Korean**<br>[kəríːən] カリーアン | 形 韓国(人)の, 朝鮮(人)の<br>图 韓国[朝鮮]人, 韓国[朝鮮]語 |

---

| s-019 | **This is a picture of my family.** |
| | これは私の家族の写真です。 |

| 67<br>□ **picture**<br>[píktʃər] ピクチャ | 图①写真　②絵<br>◆take a picture　「写真を撮る」 |
| 68<br>□ **of**<br>[əv] オヴ | 前①〜の　②〜の中で<br>　③〜について　④〈材料〉で |
| 69<br>□ **family**<br>[fǽməli] ファミリ | 图 家族 |

---

| s-020 | **"Is this your father?" "No. That is my brother."** |
| | 「こちらはあなたのお父さんですか？」「いいえ。それは私の兄です」 |

| 70<br>□ **father**<br>[fáːðər] ファーザ | 图 父, 父親, お父さん<br>◇dad　　　　　　图 パパ, お父さん<br>★papaよりもよく使う。daddyは幼児が使う言葉。 |
| 71<br>□ **brother**<br>[brʌ́ðər] ブラザ | 图 兄弟, 兄, 弟<br>★兄と弟を区別せず, 単にmy brotherのように言うことが多い。区別するときには,「兄」はmy big[elder, older] brother,「弟」はmy little[younger] brotherと言う。 |

§2

---

s-021 | **"Who is this girl?" "She is my sister."**
「この女の子は誰ですか?」「彼女は私の妹です」

---

72
☐ **who**
[húː] フー

代 誰(が[を, に]), どんな人

73
☐ **girl**
[gə́ːrl] ガール

图 女の子, 少女

◇boy 　　　　　图 男の子, 少年

74
☐ **sister**
[sístər] スィスタ

图 姉妹, 姉, 妹
★姉と妹を区別せず, 単に my sister のように言うことが多い。
▶ brother

---

s-022 | **Her name is Jane.**
彼女の名前はジェーンです。

---

75
☐ **her**
[hər] ハ

代 ①(名詞の前で)彼女の 　②彼女に[を]
★she「彼女は」の所有格・目的格。▶p.7〈文法1〉

76
☐ **name**
[néim] ネイム

图 名前
動 ～を名づける

---

s-023 | **I have a son and a daughter. They are not in London now.**
私には息子と娘がいます。彼らは今ロンドンにいません。

---

77
☐ **son**

発音? | [sán] サン
同音語? | sun「太陽」▶p.76

图 息子

78
☐ **daughter**
[dɔ́ːtər] ドータ

图 娘

13

## 79 they

[ðéi] ゼイ

多義

代 彼らは[が], それらは[が];

(ある地域・店などの)人たちは[が] ▶p.140

★he, she, itの複数形。

## 80 not

[nát] ナト

副 ～でない, ～しない

★短縮形については ▶p.17〈文法3〉

## 81 in

[in] イン

多義

前 ①〈場所〉に, ～の中に　②〈月・年・季節など〉に

③(現在から)～後に ▶p.111　④〈手段・方法〉で

副 ①中に　②在宅して, 家にいて

## 82 now

[náu] ナゥ

多義

副 ①今(では), 現在

②(文頭で)さて, さあ ▶p.167

---

**s-024** | **Their mother is a doctor.**

彼らの母親は医者です。

## 83 their

[ðéər] ゼア

代 (名詞の前で)彼らの

★they「彼らは」の所有格。 ▶p.7〈文法1〉

## 84 mother

[mʌ́ðər] マザ

名 母, 母親, お母さん

◇mom　　　　名 ママ, お母さん

★mommy(《英》ではmummy)は幼児が使う言葉。

## 85 doctor

[dáktər] ダクタ

名 医者

◇Dr.　　　　　名 …博士, …先生

★医者などの名前に付けてDr. Smith「スミス先生」のように使う。

---

**s-025** | **"Is that his bag?" "No, it isn't. It's mine."**

「あれは彼のかばんですか?」「いいえ, 違います。それは私のものです」

---

## 2

## 86 his
[hiz] ヒズ

代 (名詞の前で)彼の；彼のもの

★he「彼は」の所有格。▶p.7〈文法1〉

① This is his cap.「これは彼の帽子です」

② This cap is his.「この帽子は彼のものです」

hisは①のように名詞の前に置く用法と、②のように名詞を伴わず「彼のもの」という意味で用いる用法がある。

## 87 bag
[bǽg] バグ

名 かばん、バッグ

◆shopping bag 「買い物袋」

## 88 mine
[máin] マイン

代 私のもの

★〈my＋名詞〉の代わりに使う。

★① This is my bag.「これは私のバッグです」

② This bag is mine.「このバッグは私のものです」

①のように my, your, our などは後に名詞を伴い、②のように mine, yours, ours などは名詞を伴わない。

---

**s-026** "These are our bags. Are those yours?" "Yes, they are."

「これらは私たちのかばんです。それらはあなたのものですか?」
「はい、そうです」

## 89 these
[ðíːz] ズィーズ

代 これらは[が, を] 形 これらの

★thisの複数形。

## 90 our
[áuər] アウア

代 (名詞の前で)私たちの

★we「私たちは」の所有格。▶p.7〈文法1〉

## 91 those
[ðóuz] ゾウズ

代 それらは[が, を] 形 それらの

★thatの複数形。

## 92 yours
[júərz] ユアズ

代 あなた(たち)のもの

★〈your＋名詞〉の代わりに使う。

15

## "Whose car is this?" "It's my parents'."

「これは誰の車ですか？」「それは私の親のものです」

<sup>93</sup>
☐ **whose**
[húːz] フーズ

代①(疑問詞)誰の(もの)　②(関係詞)その人の
★whoの所有格。

<sup>94</sup>
☐ **car**
[káːr] カー

名車, 自動車

<sup>95</sup>
☐ **parent**
[péərənt] ペアレント

名親〈父または母〉, (parents)両親

---

s-028　**His house is next _to_ hers.**

彼の家は彼女の家の隣です。

<sup>96</sup>
☐ **house**
[háus] ハウス

名家, 家屋
(複数形) **houses** [háuziz] ハウズィズ

<sup>97</sup>
☐ **next**　(多義)
[nékst] ネクスト

形①(next to A)Aの隣に　②次の
副 次に

<sup>98</sup>
☐ **hers**
[háːrz] ハーズ

代 彼女のもの
★sheの所有代名詞。〈her＋名詞〉の代わりに使う。

---

2.　be動詞の使い方　①現在形　**文法チェック**

| 主語 | be動詞の現在形 | 文の種類 | 例文 |
|---|---|---|---|
| I (1人称) | am | 肯定文 | I am a student. 私は学生です。 |
| | | 否定文 | I am not a student. 私は学生ではない。 |
| | | 疑問文 | Am I a student? 私は学生ですか？ |

§2

| | | 肯定文 | You are **a student.**<br>あなたは学生です。 |
|---|---|---|---|
| **you**<br>(2人称「あなた(たち)は」) | are | 否定文 | You are not **a student.**<br>あなたは学生ではない。 |
| | | 疑問文 | Are you **a student?**<br>あなたは学生ですか？ |
| | | 肯定文 | They are **students.**<br>彼らは学生です。 |
| **we, they**など<br>複数の名詞 | are | 否定文 | They are not **students.**<br>彼らは学生ではない。 |
| | | 疑問文 | Are they **students?**<br>彼らは学生ですか？ |
| | | 肯定文 | He is **a student.**<br>彼は学生です。 |
| **he, she, it, this**など<br>3人称単数の名詞 | is | 否定文 | He is not **a student.**<br>彼は学生ではない。 |
| | | 疑問文 | Is he **a student?**<br>彼は学生ですか？ |

## 3. 主語＋be動詞の短縮形

| I am | → | I'm |
|---|---|---|
| I am not | → | I'm not |
| you are | → | you're |
| you are not | | you aren't ; you're not |
| he is ／ she is ／ it is | → | he's ／ she's ／ it's |
| he is not<br>she is not<br>it is not | → | he isn't ; he's not<br>she isn't ; she's not<br>it isn't ; it's not |

17

# §3 数字・時刻・曜日・日付

s-029 **My phone number is 1234-56789.**

私の電話番号は 1234-56789 です。

---

99
☐ **phone**
[fóun] フォウン

图 電話(機)　★telephoneの短縮語。

◇télephone　　　图 電話

圀 tele(遠くの)＋phone(音)

---

100
☐ **number**
[nʌ́mbər] ナンバ

图 数字, 数, 番号

◇zéro　　　　　图 ゼロ, 0　形 ゼロの

★数字を読むときにゼロを「オゥ」[ou]と読むことがある。

---

s-030 **"How much is this book?" "It's twelve dollars."**

「この本はいくらですか?」「12 ドルです」

---

101
☐ **much**
[mʌ́tʃ] マチ

形 副 多量の[に], 大いに, たくさんの

图 多量(のもの)

★manyは数えられる名詞(可算名詞)に, muchは数えられない名詞(不可算名詞)に用いる。▶p.321〈文法31〉

[比較変化] much – more▶p.163 – most▶p.164

[同熟?] ＝ a lot of▶p.75

例 much money ＝ a lot of money「たくさんのお金」

[反?] ⇔ (a) little　　　形 副 少しの▶p.78

---

102
☐ **How much 〜?**

いくら〜? ; (量が)どれくらい〜?

★値段をたずねるときや, 数えられない名詞(不可算名詞)の量をたずねるときに使う。

例 How much water do you use every day?

「毎日どれくらいの水を使いますか?」

◆How many〜?「いくつの〜?」

★数えられる名詞(可算名詞)の数をたずねる表現。▶p.321

103
□ **book**

[búk] ブク

图 本
◇ **bóokcase**　　　图 本箱
◇ **bóokstore**　　　图 本屋, 書店 (＝bookshop《英》)

## 3

104
□ **dollar**

[dálər] ダラ

图 ドル
★$という記号で表すこともある。
◇ **cent**　　　　　图 セント
★1ドル＝100セント。centは元々100の意味。

---

s-031　"What time is it?" "It is about three o'clock."
　　　「今何時ですか?」「3時ごろです」

105
□ **time**　　　多義

[táim] タイム

图 ① 時間, 時, 時期
　② ～回 ▸s-075
★「時間」の意味のtimeは数えられない名詞なので, aやmanyを付けられないし, 複数形にもならない。

106
□ **What time ～?**　　何時(に)～?

107
□ **about**　　多義

[əbáut] アバウト

副 およそ, 約, ～ごろ
前 ～について

108
□ **o'clock**

[əklák] オクラク

副 …時
★o'clockはちょうど「…時」のときだけ用い, 分を言う場合は用いない。たとえば, 7時45分ならseven forty-fiveと言う。
★元はof the clockが短縮された形だ。
◇ **clock**　　　　　图 時計
★腕時計はwatch ▸p.81

## s-032　School starts at 8:20.

学校は 8 時 20 分に始まります。

109
□ **school**
[skú:l] スクール

图 学校

110
□ **start**
[stá:rt] スタート

動 ①始まる；〜を始める
②出発する

111
□ **at**
[ət] アト

前〈時刻・場所〉に，〜で
◇a.m.　　　　副 午前
　⇔ p.m.　　　副 午後
例 at five p.m.「午後5時に」

## s-033　"What day is it today?" "It's Sunday."

「今日は何曜日ですか？」「日曜日です」

112
□ **day**
[déi] ディ

图 ①日，曜日
②日中，昼
◆What day is it today?　「今日は何曜日ですか？」

113
□ **today**
[tədéi] トゥデイ

副 今日(は)
图 今日

## s-034　Your birthday is on Saturday.

あなたの誕生日は土曜日です。

114
□ **birthday**
発音? [bə́:rθdèi] バースデイ

图 誕生日

§3

## 115 on

多義

[ɑn] アン

前 ①〈曜日・日付〉に
②〈場所〉の上に，上で
③〜に関して▶p.132

例 Our school starts on April 8.
「私たちの学校は4月8日に始まります」

★on Sunday は文脈によって「次の日曜日に」「前の日曜日に」「毎日曜日に」のいずれの意味にもなりうる。on Sundays なら「毎日曜日に」の意味になる。

週の曜日

| | | |
|---|---|---|
| 116 **week**<br>[wíːk] ウィーク | 名 週<br>◇**wéekend**　名 週末 ▶p.76 | |
| 117 **Sunday**<br>[sʌ́ndei] サンデイ | 名 日曜日 | 略 Sun.<br>源 Sun(太陽)＋day(日) |
| 118 **Monday**<br>[mʌ́ndi] マンデイ | 名 月曜日 | 略 Mon.<br>源 Mon(＝moon／月)＋day(日) |
| 119 **Tuesday**<br>[t(j)úːzdei] トゥーズデイ | 名 火曜日 | 略 Tue. または Tues. |
| 120 **Wednesday**<br>[wénzdei] ウェンズデイ | 名 水曜日 | 略 Wed. |
| 121 **Thursday**<br>[θə́ːrzdei] サーズデイ | 名 木曜日 | 略 Thur. または Thurs. |
| 122 **Friday**<br>[fráidi] フライデイ | 名 金曜日 | 略 Fri. |
| 123 **Saturday**<br>[sǽtərdei] サタデイ | 名 土曜日 | 略 Sat. |

**This** Monday **is a** holiday.

今週の月曜日は休日だ。

124
□ **holiday**
[hálədèi] ハリデイ

图 休日, 祝日, 祭日

s-036 **"What's** the **date** today?**" "It's** February first.**"**

「今日は何日ですか?」「2月1日です」

125
□ **the**
[ðə/ði] ザ／ズィ

冠 その, あの

★目の前にあるものなど, 状況から何を指しているかわかる名詞や, すでに使われている名詞などに付ける。訳さないことも多い。

126
□ **date**
[déit] デイト

图 日付

◆What's the date today? 「今日は何日ですか?」

127
□ **first**
[fə́:rst] ファースト

图 一日 　形 副 第一の[に], 最初の
　　　　　　　　　ついたち

★日付を言う時には序数詞(◖p.27〈文法4〉)を使うことが多い。たとえば, April 1と書いてApril (the) firstと読む(April oneと読む場合もある)。

★firstなどの序数詞の前にtheを付けることが多いが, 日付を読む場合は付けても付けなくてもよい。

例 April 1 = April (the) first

◆for the first time 「初めて」 ◖p.139
◆at first 　　　　　「初めのうちは」 ◖p.213
◇sécond 　　　　　图 二日
　　　　　　　　　　形 副 第二の[に], 二番目の
◇third 　　　　　　图 三日
　　　　　　　　　　形 副 第三の[に], 三番目の

§3

| | | |
|---|---|---|
| 128<br>□ **January** <br> 発音? <br> [dʒǽnjuèri] ヂャニュエリ | 图 1月 | 略 Jan. |
| 129<br>□ **February** <br> [fébjuèri] フェビュエリ | 图 2月 | 略 Feb. |
| 130<br>□ **March** <br> [máːrtʃ] マーチ | 图 3月 | 略 Mar. |
| 131<br>□ **April** <br> [éiprəl] エイプリル | 图 4月 | 略 Ap. または Apr. |
| 132<br>□ **May** <br> [méi] メイ | 图 5月 | |
| 133<br>□ **June** <br> [dʒúːn] ヂューン | 图 6月 | 略 Jun. |
| 134<br>□ **July** <br> [dʒulái] ヂュライ | 图 7月 | 略 Jul. |
| 135<br>□ **August** <br> [ɔ́ːgəst] オーガスト | 图 8月 | 略 Aug. |
| 136<br>□ **September** <br> [septémbər] セプテンバ | 图 9月 | 略 Sep. または Sept. |
| 137<br>□ **October** <br> [ɑktóubər] アクトウバ | 图 10月 | 略 Oct. |
| 138<br>□ **November** <br> [nouvémbər] ノウヴェンバ | 图 11月 | 略 Nov. |
| 139<br>□ **December** <br> [disémbər] ディセンバ | 图 12月 | 略 Dec. |

**My birthday is** in September.

私の誕生日は 9 月です。

140
□ **in**　　　　(多義)　前 ①〈月・年・季節など〉に　②〈場所〉に，〜の中に
[in] イン　　　　　　　　③〈現在から〉〜後に　④〈手段・方法〉で

副 ①中に　②在宅して，家にいて

★月・年・季節などには in を使う。

例 My birthday is in 2001.「私が生まれたのは2001年です」

★ただし，日付には on を使う。

例 My birthday is (on) April 4.「私の誕生日は4月4日です」

---

s-038　**We have four** seasons in a year.

1 年には 4 つの季節がある。

★上の We have〜は「〜がある」という意味で，「私たちは持っている」などと訳す必要はない。

例 We have twenty members in this club.「このクラブには20人のメンバーがいる」

141
□ **season**　　　名 季節
[síːzn] スィーズン

142
□ **year**　　　名 年, 1年；歳　★年齢の言い方は s-041 参照。
[jíər] イア
　　　　　　　　◆last year　　　「去年 (は)」
　　　　　　　　◆this year　　　「今年 (は)」

---

★日本では制服などの衣替えの基準日が設けられていることがあるけれど，欧米にはそういう
習慣はないんだ。だから11月に半袖を着ても，6月にニットを着ても個人の自由だと考え
られることが多い。もちろん，高級レストランやオペラなどにはフォーマルな装
いで行くことが多いけどね。

§3

s-039 **The** spring month**s are** March, April **and** May.

春の月は 3 月，4 月，5 月です。

季節

143
□ **spring**
[spríŋ] スプリング
图 春

144
□ **summer**
[sámər] サマ
图 夏

145
□ **fall** (多義)
[fɔ́:l] フォール
图 秋　動 落ちる
◇áutumn　　　　　图 秋

146
□ **winter**
[wíntər] ウィンタ
图 冬

147
□ **month** (発音?)
[mʌ́nθ] マンス
图 (暦の)月，ひと月

s-040 Happy New Year.

新年おめでとう。

148
□ **happy**
[hǽpi] ハピ
形 楽しい，幸福な，うれしい
比較変化 happy – happier – happiest
◆Happy New Year. 「新年おめでとう」
◆Happy birthday. 「誕生日おめでとう」

149
□ **new**
[n(j)ú:] ヌー[ニュー] (同音語?)
形 新しい
knew (knowの過去形) ▶p.37

★欧米には年賀状をやり取りする習慣はないけれど，こちらから送るのはたい
てい大丈夫。キリスト教徒ならクリスマスカードを送ることはあるけれど，イスラム教徒や
ユダヤ教徒は送らない。いろんな宗教や習慣があるから，気配りが必要だね。

s-041

**"How old is your grandmother?"**
**"She is seventy-five years old."**

「あなたのおばあさんは何歳ですか？」「75歳です」

150
□ **old**
[óuld] オウルド

形 古い(⇔new),
年をとった(⇔young▶p.115)

151
□ **How old ～?** (～は)何歳か？

152
□ **～ years old** ～歳

家族

153
□ **grandmother**
[grǽnmʌ̀ðər]
グランマザ

名 祖母, おばあちゃん
★grandmaと言うこともある。

154
□ **grandfather**
[grǽndfɑ̀ːðər]
グランドファーザ

名 祖父, おじいちゃん
★grandpaと言うこともある。

155
□ **grandparent**
[grǽndpèərənt]
グランドペアレント

名 祖父母
★単数形だと, 祖父か祖母のどちらか1人。

156
□ **grandchild**
[grǽntʃàild]
グランチャイルド

名 孫
(複数形) **grandchildren**
◇**grándson** 名 男の孫
◇**gránddaughter** 名 女の孫

26

## 4. 数字（基数詞と序数詞）

文法チェック

§3

| 〈基数詞〉 | | | 〈序数詞〉 | | |
|---|---|---|---|---|---|
| 1 | one | [wʌn] ワン | 1st | first | [fə́ːrst] ファースト |
| 2 | two | [túː] トゥー | 2nd | second | [sékənd] セコンド |
| 3 | three | [θríː] スリー | 3rd | third | [θə́ːrd] サード |
| 4 | four | [fɔ́ːr] フォー | 4th | fourth | [fɔ́ːrθ] フォース |
| 5 | five | [fáiv] ファイヴ | 5th | fifth | [fifθ] フィフス |
| 6 | six | [síks] スィクス | 6th | sixth | [síksθ] スィクスス |
| 7 | seven | [sévn] セヴン | 7th | seventh | [sévnθ] セヴンス |
| 8 | eight | [éit] エイト | 8th | eighth | [éitθ] エイトス |
| 9 | nine | [náin] ナイン | 9th | ninth | [náinθ] ナインス |
| 10 | ten | [tén] テン | 10th | tenth | [ténθ] テンス |
| 11 | eleven | [ilévn] イレヴン | 11th | eleventh | [ilévnθ] イレヴンス |
| 12 | twelve | [twélv] トウェルヴ | 12th | twelfth | [twélfθ] トウェルフス |
| 13 | thirteen [θə̀ːrtíːn] サーティーン | | 13th | thirteenth [tə̀ːrtíːnθ] サーティーンス | |
| 14 | fourteen [fɔ̀ːrtíːn] フォーティーン | | 14th | fourteenth [tɔ̀ːrtíːnθ] フォーティーンス | |
| 15 | fifteen [fìftíːn] フィフティーン | | 15th | fifteenth [fìftíːnθ] フィフティーンス | |
| 16 | sixteen [síkstíːn] スィクスティーン | | 16th | sixteenth [síkstíːnθ] スィクスティーンス | |
| 17 | seventeen [sèvntíːn] セヴンティーン | | 17th | seventeenth [sèvntíːnθ] セヴンティーンス | |
| 18 | eighteen [èitíːn] エイティーン | | 18th | eighteenth [èitíːnθ] エイティーンス | |
| 19 | nineteen [nàintíːn] ナインティーン | | 19th | nineteenth [nàintíːnθ] ナインティーンス | |
| 20 | twenty [twénti] トウェンティ | | 20th | twentieth [twéntiəθ] トウェンティイス | |
| 21 | twenty-one | | 21st | twenty-first | |
| 22 | twenty-two | | 22nd | twenty-second | |
| 23 | twenty-three | | 23rd | twenty-third | |
| 24 | twenty-four | | 24th | twenty-fourth | |
| 25 | twenty-five | | 25th | twenty-fifth | |

| | | | | |
|---|---|---|---|
| 26 | twenty-six | 26th | twenty-sixth |
| 27 | twenty-seven | 27th | twenty-seventh |
| 28 | twenty-eight | 28th | twenty-eighth |
| 29 | twenty-nine | 29th | twenty-ninth |
| 30 | thirty<br>[θə́ːrti] サーティ | 30th | thirtieth<br>[θə́ːrtiəθ] サーティイス |
| 40 | forty<br>[fɔ́ːrti] フォーティ | 40th | fortieth<br>[fɔ́ːrtiəθ] フォーティイス |
| 50 | fifty<br>[fífti] フィフティ | 50th | fiftieth<br>[fíftiəθ] フィフティイス |
| 60 | sixty<br>[síksti] スィクスティ | 60th | sixtieth<br>[síkstiəθ] スィクスティイス |
| 70 | seventy<br>[sévnti] セヴンティ | 70th | seventieth<br>[sévntiəθ] セヴンティイス |
| 80 | eighty<br>[éiti] エイティ | 80th | eightieth<br>[éitiəθ] エイティイス |
| 90 | ninety<br>[náinti] ナインティ | 90th | ninetieth<br>[náintiəθ] ナインティイス |
| 100 | one hundred<br>[hʌ́ndrəd] ハンドレド | 100th | one hundredth<br>[hʌ́ndrədθ] ハンドレドス |
| 101 | one hundred one | 101st | one hundred first |
| 1000 | one thousand<br>[θáuzn*d*] サウズンド | 1000th | one thousandth<br>[θáuzn*d*θ] サウズンドス |
| 1001 | one thousand one | 1001st | one thousand first |

★21から99まではふつう twenty–four のようにハイフンでつなぐ。

# §4 学校・学科

§4

| s-042 | **He goes** *to* **school by bike.** |
|---|---|
| | 彼は自転車で学校に行く。 |

### 157 □ go
[góu] ゴゥ

**動** ①行く, 去る

②〈ある状態〉になる

〔3単現〕 **goes** 〔活用形〕 go – went [wént] – gone [gɔ́(ː)n]

◆**go to school** 「学校に行く, 通学する」

### 158 □ by
〔多義〕

[bai] バイ

**前** ①〈手段〉によって

②〈時〉までに

③～のそばに, 近くに

★交通手段を言うときには, by car「車で」, by plane「飛行機で」, by train「電車で」のように, byの後は無冠詞単数形の名詞。

### 159 □ bike
[báik] バイク

**图** 自転車

◇**bícycle**　　　**图** 自転車

★bikeはbicycleの短縮形。

| s-043 | **Open your textbook to page five.** |
|---|---|
| | 教科書の 5 ページを開けなさい。 |

### 160 □ open
[óupn] オウプン

**動** (本・窓などを)開く；始まる

**形** 開いている

### 161 □ textbook
[tékst bùk] テクストブク

**图** 教科書

### 162 □ page
[péidʒ] ペイヂ

**图** ページ

**Repeat after me.**

私の後に繰り返して言いなさい。

163
□ **repeat**
[ripíːt] ゥリピート

動 (~を)繰り返して言う, 繰り返す

164
□ **after**
[ǽftər] アフタ

前 ~の後に

s-045 **Let's read together.**

一緒に読みましょう。

165
□ **Let's V**
[léts] レッ

Vしましょう

★Let us を短縮した形。後ろに動詞の原形が来る。

166
□ **read**
[ríːd] ゥリード

動 (~を)読む, 読書する

活用形 read – read [réd] – read [réd] ; reading

★過去形, 過去分詞の発音に注意。

167
□ **together**
[təgéðər] トゥゲザ

副 一緒に, 共に

s-046 **Listen _to_ the CD carefully.**

この CD を注意して聞きなさい。

168
□ **listen**
[lísn] リスン

動 聞く, 耳をかたむける

◆listen to A 「Aを聞く」

169
□ **carefully**
[kéərfəli] ケアフリ

副 注意して, 注意深く

◇cáreful 形 注意深い, 慎重な▶p.318

◇care 名 注意, 世話▶p.173

動 気にする, 心配する

§4

---

s-047 **Quiet, please.**

静かにしてください。

170 **quiet**
[kwáiət] クワイエト

形 静かな, おとなしい

◆Be quiet.　　「静かにしてください」
　　　　　　　　＝ Quiet, please.

◇quíetly　　　　副 静かに

---

s-048 **Look _at_ the blackboard.**

黒板を見なさい。

171 **look**　　多義
[lúk] ルク

動 ①(look at A) Aを見る
　②(look C) Cに見える▶p.150
　③(命令文で)ほら, いいかい▶p.172

172 **blackboard**
[blǽkbɔ̀ːrd] ブラクボード

图 黒板

源 black(黒)＋board(板)

---

s-049 **I have a question.**

質問があります。

173 **have**　　多義
[hǽv] ハヴ

動 ①〜を持っている
　②〜を食べる, 飲む▶p.59
　③〜を経験する▶p.106 have a good time

3単現 has　　活用形 have – had [hǽd] – had; having

174 **question**
[kwéstʃən] クウェスチョン

图 質問, 問い
動 〜に質問する

反? ⇔ ánswer　　　图 答え　動 〜に答える

例 answer the question「その質問に答える」

---

**What's this** word *in* Japanese?

この単語は日本語で何と言いますか？

175
□ **word**
[wə́ːrd] ワード

图 語, 単語, 言葉

176
□ **Japanese**
[dʒæ̀pəníːz] ヂャパニーズ

图 日本語；日本人

形 日本の, 日本人の, 日本語の

★in English「英語で」, in Japanese「日本語で」のように, inを伴って使うことが多い。

◇Japán　　　图 日本

---

**That's** all **for today.**

今日はこれですべてです。

177
□ **all**
[ɔ́ːl] オール

代 全部　形 全部の

副 まったく, すべて

◆That's all (for today).「(今日は)これで終わりです」

---

**Stand** up.

立ちなさい。

178
□ **stand**
[stǽnd] スタンド

動 立つ, 立っている

活用形 stand – stood [stúd] – stood；standing

179
□ **up**
[ʌ́p] アッ

副 上に, 上の方へ

---

| s-053 | Sit down. |
|---|---|
| | 座りなさい。 |

**180**
**□ sit**
[sít] スィト

動 座る

活用形 sit – sat [sǽt] – sat; sitting

★「座ってください」とていねいに言うときは, Please have a seat.と言う。▶p.249

**181**
**□ down**
[dáun] ダウン

副 下に, 下の方へ

§4

| s-054 | She is a student *at* Yamada Junior High School. |
|---|---|
| | 彼女は山田中学校の学生です。 |

**182**
**□ student**
[st(j)ú:dnt] ストゥーデント

名 学生

★《米》では中学生以上大学生までの学生,《英》では大学生を指すことが多い。

★「この学校の学生」は, a student at this schoolで, a student ×of this schoolとは言わない。

**183**
**□ junior**
**high school**
[dʒú:njər] ヂューニャ

中学校

◇júnior      形 後輩の, 年下の

★Jr. はjuniorの略。同名の父子の息子の方を指す。

◆high school   「高校」▶p.36

33

**She speaks many foreign languages.**

彼女はたくさんの外国語を話す。

---

184
□ **speak**
[spíːk] スピーク

動〈言語〉を話す；話す，しゃべる

活用形 speak – spoke [spóuk] – spoken [spóukn]；
speaking

◆speak to〈人〉 「〈人〉に話しかける」

◇spéaker 图 話し手

★−erは「人」の意味。writer「書き手」, reader「読者」など。

185
□ **foreign**
[fɔ́rən] ファリン

形 外国の

◇fóreigner 图 外国人

186
□ **language**
[lǽŋgwidʒ] ラングウィヂ

图 言語，言葉

---

**We study hard every day.**

私たちは毎日一生懸命勉強します。

---

187
□ **study**
[stʌ́di] スタディ

動（〜を）勉強する

3単現 studies

活用形 study – studied – studied；studying

188
□ **hard** 多義
[háːrd] ハード

副 一生懸命に

形 むずかしい；かたい ▶p.136

189
□ **every**
[évri] エヴリ

形 ①毎… ②あらゆる，すべての

◆every day 「毎日」

★上の例文のように副詞的に使うときには2語に分けて書く。

◇éveryday 形 毎日の，日常の

★名詞を修飾するときには1語として書く。

例 everyday clothes「普段着」

---

34

| s-057 | "How long are the classes?" |
|---|---|
| | "They are fifty minutes long." |
| | 「授業はどれくらいの長さですか？」「50分です」 |

## 4

**190**
☐ **How long 〜?**

どれくらい（長く）〜？

★時間やものの長さをたずねる表現。

例 How long is this river?「この川はどれくらいの長さですか？」

**191**
☐ **class**

[klǽs] クラス

名①授業
　　②学級, クラス
◇clássroom　　名教室

**192**
☐ **minute**

[mínət] ミニット

名 分
◆for a minute　　「少しの間」

| s-058 | "Do you like math?" "No, I don't." |
|---|---|
| | 「あなたは数学が好きですか？」「いいえ, そうではありません」 |

**193**
☐ **do**

[du] ドゥ

語法

助（Do S V 〜?）SはVするのか？　★疑問文を作る。
　　（S do not V 〜）SはVしない　★否定文を作る。
★do not = don't
動〈仕事・行動など〉をする
3単現 does　活用形 do – did – done [dʌ́n]; doing
◆Yes, I do.　　「はい, そうです」
◆No, I don't.　　「いいえ, そうではありません」

Q What ( ) you ( )?
同じ語を空所に入れよ。

A What do you do?「どんな仕事をしているのですか？」
★これは相手の職業をたずねる表現。最初のdoは助動詞, 後ろのdoは動詞「〜をする」だ。

**194**
☐ **like**

[láik] ライク

動〜を好む
★ふつう進行形にしない。

35

| | | |
|---|---|---|
| 学科 | 195 □ **math** [mǽθ] マス | 图 数学 ★mathematics [mæ̀θəmǽtiks] の省略形。 |
| | 196 □ **science** [sáiəns] サイエンス | 图 科学 |
| | 197 □ **social studies** [sóuʃl] ソウシュル | 社会科 ◇**sócial** 形 社会の |
| | 198 □ **history** [hístəri] ヒスタリ | 图 歴史 |
| | 199 □ **P.E.** | 图 体育 ★physical education の省略形。 |
| | 200 □ **music** [mjúːzik] ミューズィク | 图 音楽 |
| | 201 □ **fine arts** [áːrts] アーツ | （教科としての）美術 ★fine は ▶p.4 ◇**art** 图 芸術 ◇**ártist** 图 芸術家 |

---

s-059 **He teaches science _to_ high _school_ students.**

彼は高校生に科学を教えています。

---

202 □ **teach**
[tíːtʃ] ティーチ

動 〜を教える

3単現 **teaches**

活用形 **teach** – **taught** [tɔ́ːt] – **taught**；**teaching**

203 □ **high**
[hái] ハイ

形 〈高さが〉高い，〈値段・程度などが〉高い

反? ⇔**low** 形 低い ▶p.148

◆**high school** 「高校」

| s-060 | History **is not** easy, **but** **it is** interesting. |
|---|---|
| | 歴史はかんたんではないが，おもしろい。 |

<sup>204</sup>
☐ **easy**
[í:zi] イーズィ

形 かんたんな
[比較変化] easy – easier – easiest

§4

<sup>205</sup>
☐ **but**
[bət] バト

接 しかし，けれども
◆not only A but (also) B　「AだけでなくBも」

<sup>206</sup>
☐ **interesting**
[íntərəstiŋ] インタレスティング

形 〈もの・ことが〉興味深い，おもしろい
◇interested　　形〈人が〉興味を持っている⊇p.156

| s-061 | We have school events *at* the end of this month. |
|---|---|
| | 今月の終わりには学校行事があります。 |

<sup>207</sup>
☐ **event**
[アク?]　[ivént] イヴェント

名 行事，できごと，事件

<sup>208</sup>
☐ **end**
[énd] エンド

名 終わり　動 終わる，〜を終える
◆at the end of A　「Aの終わりに」
◆in the end　　　「最後には，結局は」

| s-062 | What do you know about computers? |
|---|---|
| | コンピュータについてどんなことを知っていますか？ |

<sup>209</sup>
☐ **know**

動 〜を知っている
[発音?]　[nóu] ノウ　★kは発音しない。
[語法]　★knowはふつう進行形にしない。
[活用形] know – knew [n(j)ú:] – known [nóun]

210 **about** 多義 前 ～について
[əbáut] アバウト 副 およそ, 約, ～ごろ ▶p.19

211 **computer** 名 コンピュータ
[kəmpjúːtər] コンピュータ ◇click 名 クリック
動 クリックする, カチッと音を立てる

---

s-063 **Please join our club.**

私たちのクラブに入ってください。

212 **join** 動 ～に入る, 参加する, ～と一緒になる
[dʒɔ́in] ヂョイン

213 **club** 名 クラブ, 部
[klʌ́b] クラブ

---

## 5. 一般動詞の3単現（3人称単数現在形）

文法
チェック

### (1) 原形＋ -s

　主語が3人称(自分や相手以外)で，単数の人やもの(he, she, it, Tom, bookなど)で，現在の状態や動作をいうとき, play, likeなどたいていの一般動詞には-sを付ける。

　　Silvia likes apples. （シルビアはりんごが好きだ。）

### (2) 原形＋ -es

　3単現の文で，動詞の語尾が -o, -s, -x, -ch, -shなどで終わる単語には-esを付ける。

　　goes, misses, fixes, teaches, washes

　　He teaches English. （彼は英語を教える。）

(3)  −y ➡ −ies

3単現の文で動詞の語尾が〈子音字＋y〉の単語は, yを取って−iesを付ける(ただし, 〈母音字＋y〉は−sを付けるだけ)。

study→studies, cry→cries

buy→buys, play→plays, say [séi] → says [séz] 発音

§4

**She studies English every day.** (彼女は毎日英語を勉強する。)

(4)  have ➡ has

haveは3単現の文ではhasとする。

**My father has dinner at nine.** (父は9時に夕食を食べる。)

---

6.  一般動詞の否定文・疑問文

文法
チェック

(1)  否定文 《主語＋do[does] not＋動詞の原形...》

**She does not study English every day.**

(彼女は毎日英語を勉強するわけではない。)

短縮形 do not = don't, does not = doesn't

(2)  疑問文 《Do[Does]＋主語＋動詞の原形...?》

**Does she study English every day?** (彼女は毎日英語を勉強しますか?)

注意!  ★否定文も疑問文も, doやdoesがある文では動詞が原形になる。

# §5 スポーツ・楽器

| s-064 | I love sports. |
|---|---|
| | 私はスポーツが大好きです。 |

**214**
☐ **love**
[lÁv] ラヴ 〔語法〕

🟦 〜を愛している，〜が大好きだ　图 愛
★love, likeなどはふつう進行形にしない。
〔活用形〕love – loved – loved

**215**
☐ **sport**
[spɔ́ːrt] スポート 〔語法〕

图 スポーツ，運動
★集合的に用いる場合はsportsと複数形にし，1つの競技という意味ではa sportとするのがふつう。

| s-065 | I play baseball on Sundays. |
|---|---|
| | 私は日曜日に野球をします。 |

**216**
☐ **play**
[pléi] プレイ

🟦〈球技〉をする，〈楽器〉を演奏する；遊ぶ
图 遊び，劇

〔語法〕★球技以外のスポーツ（武道やスキーなど）にはふつうplayは用いない。スポーツ以外にはplay cards「トランプをする」，play a game「ゲームをする」など。
★スポーツの場合は無冠詞単数形だが，楽器の演奏の場合にはplay the pianoのようにtheを付ける。

| s-066 | She is a good tennis player. |
|---|---|
| | 彼女は上手なテニス選手です。 |

**217**
☐ **player**
[pléiər] プレイア

图 選手
◇**coach**　　　图 (競技の)コーチ，指導員，監督

スポーツ

| | | |
|---|---|---|
| 218 □ **baseball**<br>[béisbɔ̀:l] ベイスボール | 图 野球 | |
| | ◇ball | 图 ①ボール，球　②野球 |
| 219 □ **tennis**<br>[ténəs] テニス | 图 テニス | |
| | ◇rácket | 图 ラケット |
| | ◇court | 图 コート |
| 220 □ **basketball**<br>[bǽskətbɔ̀:l] バスケトボール | 图 バスケットボール | |
| 221 □ **football**<br>[fútbɔ̀:l] フトボール | 图 ①アメリカンフットボール　②サッカー<br>★《米》では①，《英》では②の意味がふつう。 | |
| 222 □ **soccer**<br>[sákər] サカ | 图 サッカー | |
| 223 □ **table tennis**<br>[téibl] テイブル | 卓球 | |
| 224 □ **rugby**<br>[rʌ́gbi] ゥラグビ | 图 ラグビー | |
| 225 □ **volleyball**<br>[válibɔ̀:l] ヴァリボール | 图 バレーボール | |
| 226 □ **cricket**<br>[kríkət] クリケト | 图 クリケット<br>★英国の野球に似た競技。cricketには「コオロギ」の意味もあり，打球音がコオロギの鳴き声に似ていることから。 | |
| 227 □ **badminton**<br>[bǽdmintən] バドミントン | 图 バドミントン | |
| 228 □ **golf**<br>[gálf] ガルフ | 图 ゴルフ | |

§5

**Let's play** basketball **in the** gym.

体育館でバスケットボールをしよう。

229
□ **gym**
[dʒím] ヂム

图 体育館, ジム
★gymnasium「体育館」の短縮形。

**He is a** member **of a** football **team.**

彼はフットボールチームのメンバーです。

230
□ **member**
[mémbər] メンバ

图 一員, メンバー

231
□ **team**
[tí:m] ティーム

图 チーム, 組
◇téamwork　　图 チームワーク
◇téammate　　图 チームメイト

**Please** tell me *about* **the** rule**s of the** game.

ゲームの規則を私に教えてください。

232
□ **tell**
[tél] テル

動 〈人〉に教える, 伝える, 言う
◆tell 〈人〉 about A「Aについて〈人〉に教える, 言う」
◆tell 〈人〉 to V　　「〈人〉にVするように言う」 ▶p.266
◆to tell the truth「実を言うと」 ▶p.209

233
□ **rule**
[rú:l] ゥルール

图 規則
◆traffic rules　　「交通規則」

234
□ **game**
[géim] ゲイム

图 試合, 競技 ; ゲーム
◆a baseball game「野球の試合」

| s-070 | "When **do they** practice **judo**?"<br>"**They** practice **judo** after school." |
|---|---|
| | 「いつ彼らは柔道の練習をするのですか？」<br>「彼らは放課後に柔道の練習をします」 |

## 5

235
☐ **when**  多義

[*h*wén] ウェン

副 いつ

接 ～するときに ▶p.94

236
☐ **practice**

[prǽktis] プラクティス

動 ～を練習する，けいこする

名 練習

237
☐ **after school**

放課後に

| s-071 | We can swim in the sea. |
|---|---|
| | 私たちは海で泳げます。 |

238
☐ **can**  多義

[kən] カン

助 ①～できる

　②～でありうる

★助動詞canの後には動詞の原形が来る。疑問文は〈Can＋主語＋動詞の原形～?〉となる。

例 Can Tom swim? 「トムは泳げますか？」

★過去形はcould [kúd クッド]。否定形はcannot [kǽnat キャナット]「～できない」で，ふつう1語でつづる。短縮形はcan't。

例 He can't swim. 「彼は泳げません」

239
☐ **swim**

[swím] スウィム

動 泳ぐ

活用形 swim – swam [swǽm] – swum [swʌ́m] ；

　　　swimming

名?  ◇swímming　　名 水泳

## 240
### □ sea
[síː] スィー

図 海　★the seaとtheを付けることが多い。

◇ócean　　　　図 海, 大洋▶p.162

★太平洋などの広い大洋を言うときに使うことが多い。
例 the Pacific Ocean「太平洋」

◇pool　　　　図 プール

---

**s-072** He can run fast and catch a ball.

彼は速く走ってボールを取ることができます。

---

## 241
### □ run
[rʌ́n] ゥラン

動 走る　活用形 run – ran [rǽn] – run；running

◇rúnner　　　　図 走る人, 走者, ランナー

## 242
### □ fast
[fǽst] ファスト

副 速く　形 速い

例 a fast runner「速い走者」

反?　⇔ slow　　　　形 遅い　副 遅く

◇slówly　　　　副 遅く

## 243
### □ catch
[kǽtʃ] キャチ

動 ①〜をつかまえる　②〈乗り物〉に間に合う

図 とらえること

活用形 catch – caught [kɔ́ːt] – caught；catching

---

**s-073** She plays *the* piano very well.

彼女はとても上手にピアノを弾く。

---

## 244
### □ very
[véri] ヴェリ

副 非常に, たいへん

◆very much　　「たいへん」

## 245
### □ well
[wél] ウェル

多義　副 上手に, よく　形 健康な▶p.301

間 (次の言葉を探して)ええと▶p.200

比較変化 well – better – best

◆get well　　「元気になる」

<table>
<tr><td rowspan="6">楽器</td><td>246<br>□ **piano**<br>[piǽnou] ピアノウ</td><td>图 ピアノ<br>★楽器を演奏する場合は, play the pianoとtheを付ける。<br>◇piánist　　　　　图 ピアニスト</td></tr>
<tr><td>247<br>□ **violin**　アク?</td><td>图 ヴァイオリン<br>[vàiəlín] ヴァイオリン</td></tr>
<tr><td>248<br>□ **guitar**　アク?</td><td>图 ギター<br>[gitá:r] ギター</td></tr>
<tr><td>249<br>□ **drum**<br>[drʌ́m] ドラム</td><td>图 ドラム(ス); 太鼓<br>★バンドなどのドラム(ス)はdrumsと複数形にする。もちろん1つの<br>　太鼓はdrumだ。</td></tr>
<tr><td>250<br>□ **flute**<br>[flú:t] フルート</td><td>图 フルート</td></tr>
<tr><td>251<br>□ **trumpet**<br>[trʌ́mpət] トランペット</td><td>图 トランペット</td></tr>
</table>

§5

---

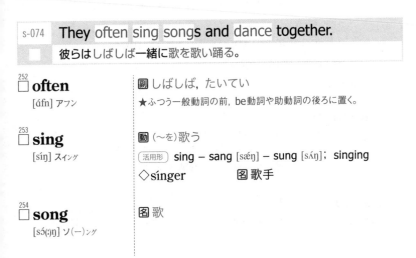

| s-074 | **They often sing songs and dance together.** |
|---|---|
| | 彼らはしばしば**一緒に**歌を歌い踊る。 |

| 252<br>□ **often**<br>[ɔ́fn] アフン | 副 しばしば, たいてい<br>★ふつう一般動詞の前, be動詞や助動詞の後ろに置く。 |
|---|---|
| 253<br>□ **sing**<br>[síŋ] スィング | 動 (〜を)歌う<br>活用形 sing – sang [sǽŋ] – sung [sʌ́ŋ]; singing<br>◇sínger　　　　图 歌手 |
| 254<br>□ **song**<br>[sɔ́(:)ŋ] ソ(ー)ング | 图 歌 |

45

## 255 **dance**
[dǽns] ダンス

動 踊る　名 踊り，ダンス

◇dáncer　　　　　　名 踊る人，ダンサー，踊り子
★−erは「人」。

---

s-075

"How often do you play the guitar?"
"Once or twice a week."

「どれくらいギターを弾きますか？」「週に 1，2 回です」

---

## 256 **How often ～?**

何回～，どれほど頻繁に～？

---

## 257 **once**
[wʌ́ns] ワンス

副 ①1回，1度　②かつて，以前

★回数を言うとき，《米》では「1回」をone timeと言うこともある。

◆at once　　　　「すぐに」

---

## 258 **twice**
[twáis] トワイス

副 2回，2度

◆three times　　「3回，3度」

★「4回」，「5回」はfour times, five timesとなる。

---

s-076

"Can you explain the paintings *to* me?"
"I'm sorry, but I can't."

「私にその絵を説明してくれますか？」「すみません。できません」

---

## 259 **Can you ～?**

～してくれますか？

★「～できますか？」とたずねているだけのこともあるが，下の例のように
　ややくだけた場面で友人などに対して依頼するときにも用いる。

例 Can you set the table? 「テーブルを用意してくれるかい？」

---

## 260 **explain**
[ikspléin] イクスプレイン

動 ～について説明する

◆explain A to 〈人〉「Aについて〈人〉に説明する」

---

261
□ **painting**

[péintiŋ] ペインティング

图 絵　★paintingはふつう絵の具で描いたもの。

◇paint　　　　　　動 (絵の具で)絵を描く,

ペンキを塗る

图 ペンキ, 塗料

262
□ **sorry**

[sári] サリ

形 すまなく思って, かわいそうで, 残念に思って

◆I'm sorry.　　「すみません, ごめんなさい」

§5

★日本語では礼を言うときに「すみません」と言うことがあるが,
　I'm sorry. はそのようには使えない。

★I'mを省略して, Sorry. だけのこともある。

◆be[feel] sorry for A

「Aをかわいそうに思う, 同情する」

# §6 動物・植物・色

s-077

"Do you have any pets?"
"Yes.  I have some birds and a dog."

「あなたは何かペットを飼っていますか?」
「はい。数羽の鳥とイヌを飼っています」

---

**263**
☐ **any**
[éni] エニ

〔多義〕

形 ①(疑問文で)何か，どれか，いくつかの
　②(否定文で)少しも(…ない)
　③(肯定文で)どんな〜も ▶p.164

〔語法〕 ★ふつう肯定文にはsome, 疑問文・否定文などでanyを使う。
★特に①の場合日本語に訳さないことが多い。

**264**
☐ **pet**
[pét] ペト

图 ペット

**265**
☐ **some**
[sám] サム

形 ①いくつかの，いくらかの　②ある ▶p.211
代 ①いくつかのもの，いくらかのもの
　②ある人たち[もの]

★疑問文・否定文にはanyを使うが，食べ物などを勧めるようなときにはsomeを使うのがふつう。

例 Would you like some tea?「お茶はいかがですか?」

◆some〜other(s)...「〜もあれば, …もある」 ▶p.211

---

| | | |
|---|---|---|
| 動物 | **266**<br>☐ **animal**<br>[ǽnəml] アニムル | 图 動物 |
| | **267**<br>☐ **bird**<br>[bə́ːrd] バード | 图 鳥 |
| | **268**<br>☐ **dog**<br>[dɔ́(ː)g] ド(ー)グ | 图 イヌ |

§6

| | |
|---|---|
| 269<br>□ **cat**<br>[kǽt] キャト | 名 ネコ |
| 270<br>□ **mouse**<br>[máus] マウス | 名 ネズミ, ハツカネズミ　[複数形] **mice** [máis] マイス<br>◇**rat**　　　　　　　　名 ネズミ<br>★同じネズミでも rat はやや大型のものを言う。 |
| 271<br>□ **monkey**<br>[発音?]<br>[mʌ́ŋki] マンキ | 名 サル　[複数形] **monkeys**<br>★小型で尾のあるサルを言う。 |
| 272<br>□ **bear**<br>[発音?]<br>[béər] ベア | 名 クマ<br>◆**polar bear**　　　　　「ホッキョクグマ」 |
| 273<br>□ **horse**<br>[hɔ́ːrs] ホース | 名 馬 |
| 274<br>□ **lion**<br>[láiən] ライオン | 名 ライオン |
| 275<br>□ **panda**<br>[pǽndə] パンダ | 名 パンダ |
| 276<br>□ **tiger**<br>[táigər] タイガ | 名 トラ |
| 277<br>□ **fox**<br>[fάks] ファクス | 名 キツネ　[複数形] **foxes** |
| 278<br>□ **pig**<br>[píg] ピグ | 名 ブタ |
| 279<br>□ **duck**<br>[dʌ́k] ダク | 名 カモ, アヒル |
| 280<br>□ **cow**<br>[káu] カウ | 名 雌牛, 乳牛；ウシ |

"How many birds do you have?"
"Three.  They are really pretty."

「あなたは何羽の鳥を飼っていますか?」
「3羽です。本当にかわいいです」

---

281
□ **many**
[méni] メニ

厖 多数の, 多くの

图 多数(のもの)

語法 ★manyは数えられる名詞(可算名詞)に, muchは数えられない名詞(不可算名詞)に用いる。▶p.321〈文法31〉

比較変化 many – more – most

同熟? = a lot of ▶p.75

例 many books = a lot of books「たくさんの本」

反? ⇔ few　　　　厖 少数の▶p.127

---

282
□ **How many ~?**

いくつの~, (数が)どれだけの~?

◆How much ~? 「(量が)どれくらい~?」

★数えられない名詞に用いる。▶p.321〈文法31〉

---

283
□ **really**
[ríːli] ゥリーリ

副 本当に

★会話で相手の言ったことに驚きなどを表して, Really?「本当に?」と言うことがある。

◇réal　　　　厖 本物の▶p.266

---

284
□ **pretty**
[príti] プリティ

厖 かわいい, きれいな

比較変化 pretty – prettier – prettiest

---

| s-079 | We have some flowers in the garden. |
|---|---|
| | 私たちの庭には花があります。 |

**285**
☐ **flower**

発音？

[fláuər] フラウア　★下線部はour「私たちの」と同じ音。

图 花

◆flower bed　「花だん」

**286**
☐ **garden**

[gá:rdn]ガードン

图 庭

| s-080 | Red roses are beautiful. |
|---|---|
| | 赤いバラは美しい。 |

**287**
☐ **rose**

[róuz] ゥロウズ

图 バラ
★rise「上がる」の過去形もrose。

**288**
☐ **beautiful**

[bjú:təfl] ビューティフル

形 美しい, きれいな
★beautifulは均整が取れた美しさ, 見事さ, 立派さなどを言うが, prettyやcuteはかわいらしさや愛らしさに重点がある。

| 色 | **289**<br>☐ **color**<br>[kʌ́lər] カラ | 图 色<br>★イギリスではcolourとつづる。 | |
|---|---|---|---|
| | **290**<br>☐ **red**<br>[réd] ゥレド | 形 赤い | 图 赤 |
| | **291**<br>☐ **blue**<br>[blú:] ブルー | 形 青い | 图 青 |
| | **292**<br>☐ **yellow**<br>[jélou] イェロウ | 形 黄色い | 图 黄色 |
| | **293**<br>☐ **green**<br>[grí:n] グリーン | 形 緑の | 图 緑 |

| 294<br>□ **pink**<br>[píŋk] ピンク | 形 ピンクの　名 ピンク |
| 295<br>□ **purple**<br>[pə́:rpl] パープル | 形 紫の　名 紫 |
| 296<br>□ **white**<br>[hwáit] ワイト | 形 白い　名 白 |
| 297<br>□ **black**<br>[blǽk] ブラク | 形 黒い　名 黒 |
| 298<br>□ **brown**<br>[bráun] ブラウン | 形 茶色い　名 茶色 |
| 299<br>□ **gray**<br>[gréi] グレイ | 形 灰色の　名 灰色 |

---

s-081　**Let's sit under the cherry tree.**

桜の木の下に座ろう。

300<br>□ **under**<br>[ʌ́ndər] アンダ

前 ～の下に<br>★under twenty は「20歳未満」。

301<br>□ **cherry**<br>[tʃéri] チェリ

名 ①桜　②サクランボ

302<br>□ **tree**<br>[trí:] トリー

名 木, 樹木

| s-082 | **We can see beautiful blossoms here.** |
| --- | --- |
| | ここでは美しい花が見えます。 |

**303**
**☐ see**
[síː] スィー

**動** 〜が見える，目に入る

(活用形) see － saw [sɔ́ː] － seen [síːn]；seeing

★can see は今見えている状態。こういうときに I see ... とはしない。

★look は「意識的に目を向ける」という意味だが，see は自然と「見える」という意味。

§6

**304**
**☐ blossom**
[blɑ́səm] ブラサム

**名** (特に桜・桃など果樹の)花

**305**
**☐ here**
[híər] ヒア

**副** ここに[へ，で]

◆Here is[are] A.「ここにAがあります」 ▶p.148

◆Here you are. 「(人にものを渡すとき)はい，どうぞ」

▶p.85

# §7 身体

s-083 **He has a strong body.**

彼は強い身体を持っている。

---

**306**
□ **strong**

[stró(:)ŋ] ストロ(ー)ング 〔反?〕

圏 強い，丈夫な；〈コーヒーなどが〉濃い

⇔weak　　　　　　　圏 弱い▶p.305

**307**
□ **body**

[bádi] バディ

图 身体，肉体

〔複数形〕 bodies

---

s-084 **She has long soft hair.**

彼女は長くてやわらかい髪を持っている。

---

**308**
□ **long**

[ló(:)ŋ] ロ(ー)ング

〔反?〕

圏 長い　圖 長く

◆for a long time「長い間」▶p.205

◆a long time ago「大昔に」

⇔short　　　　　　　圏 短い▶p.181

**309**
□ **soft**

[só(:)ft] ソ(ー)フト

圏 やわらかい

◇sóftly　　　　　　　圖 やわらかく，おだやかに

◇sóftball　　　　　　图 ソフトボール

**310**
□ **hair**

〔発音?〕

图 髪，髪の毛

[héər] ヘア

★頭髪の全体を言う時には数えられない名詞(不可算名詞▶p.321)
で，aも付けないし，複数形にもしない。a hair とすると，「1本の髪
の毛」の意味。

---

s-085 **Wash your face.**

顔を洗いなさい。

---

311
□ **wash**

[wáʃ] ワシュ

動 （〜を）洗う，洗濯する 〔3単現〕 **washes**

◆wash the dishes 「皿洗いをする」

◆washing machine「洗濯機」

身体①

312
□ **face** 〔多義〕

[féis] フェイス

名 顔 動 〜に直面する▶p.261

◆face to face 「面と向かって」

313
□ **mouth**

[máuθ] マウス

名 口

〔複数形〕 mouths [máuðz] マウズ

314
□ **ear**

〔発音?〕 [íər] イア

名 耳

315
□ **head**

[héd] ヘド

名 頭

◇héadache 名 頭痛▶p.232

316
□ **neck**

[nék] ネク

名 首

◇nécklace 名 ネックレス，首飾り

§7

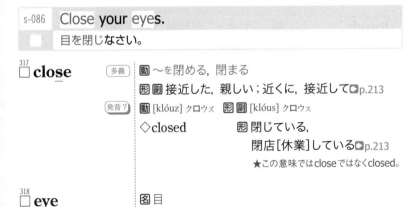

s-086 Close your eyes.

目を閉じなさい。

317
□ **close** 〔多義〕

動 〜を閉める，閉まる

形副 接近した，親しい；近くに，接近して▶p.213

〔発音?〕 動 [klóuz] クロウズ 形副 [klóus] クロウス

◇closed 形 閉じている，

閉店[休業]している▶p.213

★この意味ではcloseではなくclosed。

318
□ **eye**

[ái] アイ

名 目

★I と同じ発音。

| s-087 | Brush **your** teeth. |
|---|---|
| | 歯を磨きなさい。 |

319
☐ **brush**
[bráʃ] ブラシュ

動 ～を（ブラシで）磨く
名 ブラシ，はけ

320
☐ **tooth**
発音? [túːθ] トゥース

名 歯
複数形 **teeth** [tíːθ] ティース
◇**tóothache** 名 歯痛 ▷p.232

| s-088 | Don't touch **your** nose. |
|---|---|
| | 鼻に触るな。 |

321
☐ **Don't V**
[dóunt] ドゥント

Vするな
★命令文の否定形。be 動詞の場合はDon't be ...となる。
例 Don't be afraid.「こわがるな」

322
☐ **touch**
[tʌ́tʃ] タチ

動 ～に触れる 名 接触
3単現 **touches**
◆**keep in touch with A** 「Aと連絡を保つ」▷p.273

323
☐ **nose**
[nóuz] ノウズ

名 鼻
★knowsと同じ音。

| s-089 | Raise **your** hand. |
|---|---|
| | 手を上げなさい。 |

324
☐ **raise**
発音? [réiz] ゥレイズ

動 ～を上げる
活用形 raise – raised – raised；raising

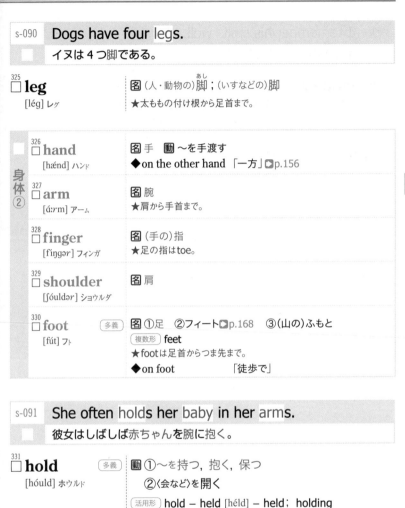

| s-090 | **Dogs have four legs.** |
|---|---|
| | イヌは4つ脚である。 |

325
□ **leg**
[lég] レグ

图 (人・動物の)脚 ; (いすなどの)脚
★太ももの付け根から足首まで。

**身体②**

326
□ **hand**
[hǽnd] ハンド

图 手　動 ～を手渡す
◆on the other hand 「一方」▶p.156

327
□ **arm**
[ɑ́ːrm] アーム

图 腕
★肩から手首まで。

328
□ **finger**
[fíŋɡər] フィンガ

图 (手の)指
★足の指はtoe。

329
□ **shoulder**
[ʃóuldər] ショウルダ

图 肩

330
□ **foot**　(多義)
[fút] フト

图 ①足　②フィート▶p.168　③(山の)ふもと
[複数形] feet
★footは足首からつま先まで。
◆on foot　　　「徒歩で」

§7

| s-091 | **She often holds her baby in her arms.** |
|---|---|
| | 彼女はしばしば赤ちゃんを腕に抱く。 |

331
□ **hold**　(多義)
[hóuld] ホウルド

動 ①～を持つ，抱く，保つ
　　②〈会など〉を開く
[活用形] hold – held [héld] – held ; holding

332
□ **baby**
[béibi] ベイビ

图 赤ん坊
[複数形] babies

| s-092 | I remember his smile well. |
|---|---|
| | 私は彼の笑顔をよく覚えている。 |

### 333
### □ remember
[rimémbər] ゥリメンバ

動 (～を)覚えている; (～を)思い出す

◆Now I remember.「今思い出した, そうだったね」

★現在形になっていることに注意。

### 334
### □ smile
[smáil] スマイル

图 ほほえみ, 笑顔

動 ほほえむ, 微笑する

活用形 smile – smiled – smiled; smiling

# §8 食事

s-093 **I usually have coffee and toast for breakfast.**
私はたいてい朝食にコーヒーとトーストを食べます。

---

## 335 □ usually
[júːʒuəli] ユージュアリ

副 たいてい, ふつうは
★ふつう一般動詞の前, be動詞や助動詞の後ろに置く。
◇úsual　　形 いつもの, 平素の

## 336 □ have 　多義
[hǽv] ハヴ

動 ①〜を食べる, 飲む
②〜を持っている▷p.31
③〜を経験する▷p.106 have a good time
3単現 has 　活用形 have – had – had; having

## 337 □ coffee
[kɔ́ːfi] コーフィ

名 コーヒー

Q「濃いコーヒー」は?　　A strong coffee▷p.54

## 338 □ toast
[tóust] トウスト

名 トースト
★数えられない名詞(不可算名詞)なので, aを付けられないし, 複数形にもならない。数を言いたいときにはa slice of toast「トースト1枚」, two slices of toast「トースト2枚」と言う。
◇céreal　　名 シリアル
★oatmeal, cornflakesなど加工穀類食品。

## 339 □ for 　多義
[fər] ファ

前 ①〜のために
②〜へ向かって▷p.110
③〜の間▷p.74

## 340 □ breakfast 　発音?
[brékfəst] ブレクファスト

名 朝食

**She** sometimes eats lunch **in the** kitchen.

彼女はときどきキッチンでランチを食べる。

---

**341**
☐ **sometimes**

[sámtaimz] サムタイムズ

圓 ときどき

★ふつう一般動詞の前, be動詞や助動詞の後ろに置く。文頭, 文末に置くこともある。

★ふつう進行形の文では用いない。

**Q** some timeはどういう意味か?(2つ)

**A** ①いつか ②(for) some time「しばらくの間」

**342**
☐ **eat**

[íːt] イート

動 (〜を)食べる

活用形 eat – ate [éit] – eaten [íːtn]

◆eat out 「外食する」

**343**
☐ **lunch**

[lántʃ] ランチ

图 昼食

◆lunch box 「弁当箱」

**344**
☐ **kitchen**

[kítʃən] キチン

图 台所, キッチン

---

**I** often cook dinner.

私はしばしば夕食を調理する。

**345**
☐ **cook**

発音? [kúk] クク

動 〜を料理する 图 料理人

**346**
☐ **dinner**

[dínər] ディナ

图 夕食

★一日で最も主要な食事がdinnerで, 昼食がdinnerのこともある。その場合, 夜に食べる軽い食事はsupper「夕食, 夜食」という。

---

Pizza **is my** favorite food.

ピザは私の一番好きな食べ物です。

---

### 347 pizza
[píːtsə] ピーツァ

图 ピザ

### 348 favorite
[féivərət] フェイヴァリト
発音?

形 お気に入りの，一番好きな　★比較級や最上級にしない。

图 お気に入りの人[もの]

### 349 food
[fúːd] フード

图 食べ物

◆Japanese food 「日本食」

---

§8

s-097　"Which would **you** like, beef or chicken?" "Chicken, please."

「ビーフかチキンか，どちらがよろしいですか？」「チキンがいいです」

---

### 350 which
[hwítʃ] ウィチ
多義

代 ①(疑問詞)どちらが[を]

　②(関係詞)〜する(もの)；それは

形 ①(疑問詞)どちらの　②(関係詞)その

★whichは限られた選択肢の中から選ぶときに使う。

### 351 would like A
[wúd láik] ウド ライク

Aを欲しいと思う

★Which do you like〜?とするより，Which would you like 〜?とする方がていねいな言い方。

◆would like to V 「Vしたい」 ▶p.137

### 352 beef
[bíːf] ビーフ

图 牛肉，ビーフ

★この意味では不可算名詞。▶p.321〈文法31〉

### 353 or
[ɔ́ːr] オー

接 ①または，あるいは

　②(命令文の後で)さもないと

### 354 chicken
[tʃíkin] チキン

图 ①鶏肉，チキン　②ニワトリ(のひよこ)

★「鶏肉」の意味なら数えられない名詞(不可算名詞)だが，「ニワトリ」の意味なら数えられる名詞(可算名詞)。▶p.321〈文法31〉

**I drink tea with milk and sugar.**

私は紅茶にミルクと砂糖を入れて飲みます。

---

355
**□ drink**
[dríŋk] ドリンク

動 (～を)飲む，酒を飲む　图 飲み物

活用形 drink – drank [drǽŋk] – drunk [drʌ́ŋk]

★「スープを飲む」はdrinkを使わずeat soup(with a spoon)がふつう。また，「薬を飲む」もdrinkを使わずtake medicineがふつう。

356
**□ tea**
[tíː] ティー

图 茶，紅茶

★数えられない名詞(不可算名詞)なので，aを付けられないし，複数形にもならない。数を言うときにはa cup of tea「1杯のお茶」と言う。ただし，レストランなどの注文の時にはTwo teas, please.「紅茶を2つください」と言う。coffeeなども同様だ。

◆green tea　　「緑茶」

357
**□ with**　多義
[wið] ウィズ

前 ①～と，～と一緒に

②〈道具〉で ▶p.143

358
**□ milk**
[mílk] ミルク

图 ミルク，牛乳

★数えられない名詞(不可算名詞)なので，aを付けられないし，複数形にもならない。数を言うときにはa bottle[glass] of milk「1瓶の[グラス1杯の]ミルク」という。

359
**□ sugar**
[ʃúgər] シュガ

图 砂糖

---

**"We have onions, carrots, and potatoes."**
**"OK. That's enough."**

「タマネギとニンジンとジャガイモがあります」「はい。それで十分です」

360
**□ onion**

图 タマネギ

発音? [ʌ́njən] アニョン　★英語の発音は「オニオン」ではない。

---

62

### 361 □ carrot
[kǽrət] キャロト

图 ニンジン

### 362 □ potato
[pətéitou] ポテイトウ

图 ジャガイモ

(複数形) potatoes

### 363 □ OK
[óukéi] オウケイ

副 はい, いいよ  形 よろしい

★納得, 承知などを示す。O.K. やOkayとも書く。

◆OK now, ...    「よし, それじゃあ」

★何かを始めるときのかけ声。

例 OK now, smile for the camera.
「それじゃあカメラに向かって微笑んで」

§8

### 364 □ enough
(発音?)

形 十分な  图 十分な量[もの]  副 十分に

[inʌ́f] イナフ

★名詞を修飾する場合は名詞の前にenoughを置き, 形容詞や副詞を修飾する場合はその後ろにenoughを置く。

例 enough money「十分なお金」, good enough「十分によい」

---

s-100  Let's make curry and rice.

カレーライスを作ろう。

### 365 □ make
(多義)
[méik] メイク

動 ①～を作る
②(make O C)OをCにする ▶p.209

(活用形) make – made [méid] – made; making

---

食品・料理

### 366 □ curry
[kə́ːri] カーリ

图 カレー

### 367 □ rice
[ráis] ゥライス

图 米, ごはん  ★数えられない名詞(不可算名詞)。 ▶p.321
◆rice cooker    「炊飯器」
◆rice ball    「おにぎり」
◆rice cake    「もち」

| | |
|---|---|
| 368<br>□ **hamburger**<br>〔アク?〕 | 图 ハンバーガー（＝burger）<br>[hǽmbəːrgər] ハンバーガ |
| 369<br>□ **hot dog**<br>[hát] ハト | ホットドッグ<br>◇**hot** 圏 熱い, 暑い；辛い◪p.98 |
| 370<br>□ **fish**<br>[fíʃ] フィシュ　〔語法〕 | 图 魚, 魚肉<br>★複数形もfishなので, five fish「5匹の魚」のように言う。ただし,<br>種類をいうときにfishesと言うこともある。<br>◇**fishing** 图 釣り, 漁業◪p.213 |
| 371<br>□ **meat**<br>〔発音?〕<br>〔語法〕 | 图 肉<br>[míːt] ミート　★meet「〜と会う」と同じ音。<br>★数えられない名詞（不可算名詞）なので, aを付けられないし, 複数<br>形にもならない。数を言いたいときにはa piece[slice] of meat<br>「ひと切れ[1枚]の肉」と言う。 |
| 372<br>□ **bread**<br>〔発音?〕 | 图 パン<br>[bréd] ブレド<br>★数えられない名詞（不可算名詞）。◪p.321〈文法31〉<br>囲 a slice of bread「ひと切れのパン」 |
| 373<br>□ **butter**<br>[bʌ́tər] バタ | 图 バター<br>★数えられない名詞（不可算名詞）。◪p.321〈文法31〉 |
| 374<br>□ **cheese**<br>[tʃíːz] チーズ | 图 チーズ<br>★数えられない名詞（不可算名詞）。◪p.321〈文法31〉 |
| 375<br>□ **egg**<br>[ég] エグ | 图 卵 |
| 376<br>□ **noodle**<br>[núːdl] ヌードル | 图 ヌードル, めん類, パスタ<br>★noodlesと複数形で使うことが多い。 |
| 377<br>□ **apple**<br>[ǽpl] アプル | 图 リンゴ |

| 378<br>□ **banana**<br>[bənǽnə] バナナ | 名 バナナ |

| 379<br>□ **orange**<br>[ɔ́(:)rindʒ] オ(ー)リンヂ | 名 ①オレンジ<br>②オレンジ色(の) |

| 380<br>□ **grape**<br>[gréip] グレイプ | 名 ブドウ, グレープ |

| 381<br>□ **melon**<br>[mélən] メロン | 名 メロン |

§8

---

**s-101**　"Are you hungry?" "No, but I'm thirsty."

「お腹はすいていますか?」「いいえ, でものどがかわいています」

| 382<br>□ **hungry**<br>[hʌ́ŋgri] ハングリ | 形 お腹のすいた, 空腹の, 飢えた<br>(比較変化) hungry – hungrier – hungriest<br>◇húnger　　名 飢え, 空腹 |

| 383<br>□ **thirsty**<br>(発音?) | 形 のどがかわいた<br>[θə́:rsti] サースティ<br>(比較変化) thirsty – thirstier – thirstiest |

---

**s-102**　"Can I have a cup of coffee?" "Yes, of course."

「コーヒーを 1 杯いただけますか?」「はい, もちろん」

★お店で注文するときにも, Can I have A?「Aをいただけますか」と言うことができる。

| 384<br>□ **Can I ~?** | ①~してもいいですか?<br>②~しましょうか?<br>例 Can I help you?「何かお困りですか?」<br>★道に迷っている人などに対して。 |

## 385
☐ **cup**

[kʌ́p] カプ

图 (コーヒー, 紅茶用の)カップ

★cupは取っ手があり, coffee, teaなどふつう温かい飲み物を入れる。

◇**glass** 　图①ガラスコップ, ガラス
　　　　　　　②(glasses)めがね▶p.90

★beer, water, milkなど冷たい飲み物を入れるガラスコップ。

例 a glass of beer「ビール1杯」

## 386
☐ **of course**

[əvkɔ́ːrs] オヴコース

もちろん　★相手の依頼に同意を示す。

◇**course** 　图 コース, 方向, 進行

---

**s-103**　**He is putting water into the bottle.**

彼は瓶の中に水を入れている。

## 387
☐ **put**

[pút] プト

働 ～を置く, 入れる

活用形 put – put – put; putting

## 388
☐ **water**

[wɔ́ːtər] ウォータ

图 水

★数えられない名詞(不可算名詞)。▶p.321〈文法31〉
★「お湯」はhot water。

## 389
☐ **into**

[íntə] イントゥ 　反?

前 ～の中へ[に]

⇔**out of** 　前 ～の外へ[に]▶p.122

## 390
☐ **bottle**

[bátl] バトル

图 瓶

例 a bottle of wine「1本のワイン」

---

**s-104**　**He is putting oil on the fire.**

彼は火に油を注いでいる。

★「事を荒立てる」の意味でも使う。

## 391
☐ **oil**

[ɔ́il] オイル

图 油

★数えられない名詞(不可算名詞)。▶p.321〈文法31〉

## 392 fire
[fáiər] ファイア

图 火, 火炎；火事

★fireは数えられない名詞(不可算名詞)として使われaを付けないが, 「火事」の意味では可算名詞になってa fireということがある。

---

s-105 "Can you wash the dishes?" "Sure. No problem."

「食器洗いをしてくれますか?」「いいよ。大丈夫」

---

## 393 dish
[díʃ] ディシュ

多義

图 ①(the dishes)食器類　②大皿
③(皿に盛った)料理 ▶p.188

★料理を盛った大皿がdish, 各自取り分ける皿はplate(▶p.144), コーヒーカップの受け皿はsaucer。

◆do the dishes 「食器を洗う」= wash the dishes

★③の「料理」の意味も注意しよう。

例 a Chinese dish「中華料理」

---

## 394 sure
[ʃúər] シュア

多義

副 (返答として)いいとも, その通り

形 確信している, 信じている

★SureをYesの代わりに使うのは口語的な打ち解けた言い方で, 《米》が多い。《英》では OK, Yes などの方がふつう。

◆be sure of A 「Aを確信している」▶p.231

---

## 395 No problem.
[prábləm] プラブレム

大丈夫だ, いいですよ

★No problem.は, 会話的な表現で, 頼まれたことを進んでするときに言う。また, 感謝や謝罪を言われたときにもNo problem.「大丈夫です」と言う。

◇próblem 图 問題 ▶p.261

---

日本では食前に「いただきます」,
食後に「ごちそうさま」と言うけれど,
英語ではそういう言い方はないんだ。
もちろん, 食事を作ってもらったら
"Thank you." と言うのは当たり前だけどね。

(1) 〈be動詞＋Ving〉「今〜している」〜現在進行中の動作〜

She is drinking tea in the kitchen.
（彼女はキッチンでお茶を飲んでいます。）〈今していること〉
She drinks tea in the kitchen.
（彼女はキッチンでお茶を飲みます。）〈習慣〉

(2) 進行形の否定文・疑問文

She is not drinking tea in the kitchen.
（彼女はキッチンでお茶を飲んでいません。）
Is she drinking tea in the kitchen?
（彼女はキッチンでお茶を飲んでいますか?）

注意! have「持っている」，like「好んでいる」のような状態を表す動詞は進行形
にはしない。

I have a brother. 「私には兄がいる」（×I am having a brother. としない）

(3) 動詞の-ing形の作り方
① たいていの動詞は ing を付ける。
go→going, see→seeing, walk→walking

② 発音しない e で終わる動詞は，e を取って ing を付ける。
come→coming, write→writing
★ただし，die「死ぬ」→dying, lie「横になる」→lying となる。

③ 〈短母音＋子音字〉で終わる動詞は，子音字を重ねて ing を付ける。
begin→beginning, get→getting, run→running, sit→sitting,
stop→stopping, swim→swimming

# §9  電話・手紙

s-106 **She is talking *to* her son on the phone.**

彼女は電話で息子に話している。

**396**
**☐ talk**
[tɔ́:k] トーク

動 話す，しゃべる  名 話
★speakとtalkは似た意味だが，talkはやや長い話に用いる。
◆talk to[with]〈人〉 「〈人〉に話をする」
◆talk about[of] A 「Aについて話をする」

**397**
**☐ on the phone**

電話で
★前置詞onに注意。

§9

s-107 **"Hello, this is Jane.  Can I speak to Tom, please?"**
**"Speaking.  What's up?"**

「もしもし，こちらジェーンです。トムはいますか？」
「僕です。どうしたの？」

**398**
**☐ hello**
[helóu] ヘロウ

間 やあ，こんにちは；もしもし

**399**
**☐ This is A.**

こちらAです。
★電話で自分の名前を名乗るときの表現。相手の名前を聞くときは，
Who is this?と言う(Who are you? は失礼にあたる)。
★目の前の人を紹介するときにもThis is A.を使う。▶p.7

**400**
**☐ Can[May] I**
**speak to A?**

Aはいらっしゃいますか？
★電話を取り次いでもらうときの慣用表現。

**401**
**☐ Speaking.**
[spí:kiŋ] スピーキング

(電話の応答で)私です。

□ **What's up?** | どうしたの?

★相手を気遣ったり心配したりして様子をたずねる表現。

★親しい人への挨拶として用い, Nothing much.「変わりないよ」と答えることが多い。

---

s-108 | **Please call me again tomorrow.**

明日もう一度私に電話をかけてください。

403
□ **call** 　　多義 | 動① (〜に)電話をかける

[kɔ́:l] コール | ②(call A B) AをBと呼ぶ ▶p.2

③〈人など〉に呼びかける

404
□ **again**

[əgén] アゲン | 副 もう一度, また

◆again and again「何度も何度も」

◆once again　　「もう一度」= once more

405
□ **tomorrow**

[təmárou] トマロウ | 副 明日に 名 明日

◆the day after tomorrow 「明後日(に)」

---

s-109 | **Dear Becky,**

親愛なるベッキー

406
□ **dear**

[díər] ディア | 形 親愛なる ★手紙の書き出しに用いる。

◇**sincérely** 副 心から, 誠実に

★Sincerely (yours) や Yours sincerely は, 手紙の結びに用い, 日本語の「敬具」にあたる。

◆**Oh, dear.** 「おやまあ」

★驚き, 悲しみ, 困惑などを表す。

例 Oh dear, I'm terribly sorry.「おやまあ, 本当にすみません」

| s-110 | **Please** write **a** letter *to* **Susan** soon. |
|---|---|
|  | すぐにスーザンに手紙を書いてください。 |

**407**
**□ write**
[ráit] ゥライト

動 (手紙などを)書く

活用形 write – wrote [róut] – written [rítn]；writing
◆write to 〈人〉　「〈人〉に書き送る」
◆write A down　「Aを書き留める」
◇wríter　　图 作家, 著者

**408**
**□ letter**
[létər]レタ

图 手紙

**409**
**□ soon**
[súːn]スーン

副 まもなく, すぐに
◆as soon as ～　「～するとすぐに」▷p.278

§9

71

# §10 移動・交通

s-111 **She drives to work.**

彼女は車を運転して仕事に行く。

410
□ **drive**
[dráiv] ドライヴ

動 (車を)運転する　★「馬に乗る」は ride a horse だ。
活用形 drive – drove [dróuv] – driven [drívn]; driving
◇ dríver　图 運転手

411
□ **work**
[wə́ːrk] ワーク

图 ① 仕事, 職場；勉強　② 作品
動 ① 働く, 勉強する　② 機能する
◆ at work　「仕事中で, 働いている」
◇ wórker　图 仕事をする人, 労働者；勉強する人

s-112 **You can bring your umbrella _to_ school.**

学校に自分の傘を持ってくることができます。

412
□ **bring**
[bríŋ] ブリング

動 ～を持ってくる, 連れてくる
活用形 bring – brought [brɔ́ːt] – brought
◆ bring A to [for] B　「AをBに持ってくる」
　　　　　　　　　　　　　 ▶p.145〈文法14〉

413
□ **umbrella**
[ʌmbrélə] アンブレラ

图 傘

s-113 **Please take me out to a ball game.**

野球の試合に私を連れていってください。

414
□ **take**　多義
[téik] テイク

動 ① ～を連れていく, 持っていく　② ～を取る
　③ ～を利用する, 〈乗り物〉に乗る　④〈時間〉がかかる
活用形 take – took [túk] – taken [téikn]; taking
◆ take 〈人〉 out　「〈人〉を連れ出す」

### 415 out 〔多義〕

[áut] アウト

圖 ①外に ②不在で ③すっかり ④消えて

★この例文でoutは「外に」の意味だが，outが無くてもほぼ同じ意味になる。

---

**s-114** Let's *take* a bus.

バスに乗ろう。

---

乗り物

| | |
|---|---|
| 416 **bus**<br>[bás] バス | 图 バス<br>〔複数形〕 buses |
| 417 **truck**<br>[trʌ́k] トラク | 图 トラック |
| 418 **train**<br>[tréin] トレイン | 图 電車, 列車<br>圖 (〜を)訓練する |
| 419 **boat**<br>〔発音?〕 [bóut] ボウト | 图 ボート, 船<br>★英語の発音は「ボート」より「ボウト」に近い。 |
| 420 **ship**<br>[ʃíp] シプ | 图 船 |
| 421 **taxi**<br>[tǽksi] タクスィ | 图 タクシー |

§10

---

**s-115** "How far is the park?" "Only about five kilometers."

「公園はどれくらいの距離にありますか？」「ほんの 5 キロほどです」

### 422 How far 〜?

[háu fáːr] ハウ ファー

どれくらいの距離に〜，どれほど遠くに〜？

◇far 　圖 遠くに 　圏 遠い▶p.104

---

<sup>423</sup> **park**
[páːrk] パーク

图 公園
働〈車・自転車〉を駐車する
◆parking lot　「駐車場」

<sup>424</sup> **only**
[óunli] オウンリ

剾 ほんの，たった　邢 ただひとつの，唯一の
◆not only A but (also) B　「AだけでなくBも」

<sup>425</sup> **kilometer**
[kilámətər] キラミタ

图 キロメートル
◇méter　　　　图 メートル
◇céntimeter　　图 センチメートル

---

s-116　He stayed *at* a hotel for a week.
　　彼は1週間ホテルに滞在した。

---

<sup>426</sup> **stay**
[stéi] ステイ

働 滞在する，いる，とどまる　图 滞在
★過去形の作り方は🔲p.323〈文法32〉

<sup>427</sup> **hotel**
アク? [houtél] ホウテル

图 ホテル

<sup>428</sup> **for**
[fər] ファ
多義

剾 ①〜の間　②〜のために🔲p.59
　　③〜へ向かって🔲p.110

---

s-117　Please *tell* me the way *to* the beach.
　　砂浜に行く道を教えてください。

---

<sup>429</sup> **way**
[wéi] ウェイ
多義

图 ①道　②方法，やり方
◆tell 〈人〉 the way to A　「〈人〉にAへ行く道を教える」

<sup>430</sup> **beach**
[bíːtʃ] ビーチ

图 砂浜

---

| s-118 | **She walked across the street.** |
| --- | --- |
| | 彼女は道を横切って歩いた。 |

### 431 walk
[wɔ́:k] ウォーク

動 歩く，歩いて行く　名 散歩，歩くこと
◆go for a walk　　「散歩をする」
◆take A for a walk　「Aを散歩に連れていく」

### 432 across
[əkrɔ́(:)s] アクロ(ー)ス

前 〜を横切って，〜の向こう側に
副 横切って，向こう側に

### 433 street
[strí:t] ストリート

名 道，街路
★ふつうstreetは両側に建物がある町中の道を言う。roadは町と町を結ぶ道を言うことが多い。

| s-119 | **I visited a lot of places yesterday.** |
| --- | --- |
| | 私は昨日たくさんの場所を訪問した。 |

### 434 visit
[vízət] ヴィズィト

動 (〜を)訪問する　名 訪問
★動詞のvisitは他動詞がふつうなので，visit Kyoto, visit himのように，前置詞は不要。
◇vísitor　　　　名 訪問者

### 435 a lot of A
[lát] ラト

たくさんのA(= many A ; much A)
★a lot ofは数えられる名詞(可算名詞)にも数えられない名詞(不可算名詞)にも付けられる。■p.321〈文法31〉
◆lots of A　　　「たくさんのA」　★口語的。

### 436 place
[pléis] プレイス

名 場所；位置，地位
動 〜を置く(= put)

### 437 yesterday
[jéstərdei] イェスタデイ

副 昨日(は)
名 昨日

**I climb mountains every weekend.**

私は毎週末山に登る。

**438**
☐ **climb**

発音? [kláim] クライム ★単語末の−mbのbはふつう発音しない。

動（〜に）登る

**439**
☐ **mountain**
[máuntn] マウンテン

名 山

◇ **Mt.** 名 …山

★mountの省略形で，山の名称に付ける。

例 Mt. Fuji「富士山」

**440**
☐ **weekend**
[wíːkènd] ウィーケンド

名 週末

**The birds fly from north to south in the fall.**

その鳥は秋に北から南へ飛ぶ。

**441**
☐ **fly**
[flái] フライ

動 飛ぶ，（飛行機で）行く

活用形 fly − flew [flúː] − flown [flóun]；flying

**442**
☐ **from A to B**

AからBまで ★場所，時間などで使う。

例 from nine to five「9時から5時まで」

**The sun rises in the east.**

太陽は東から昇る。

**443**
☐ **sun**
[sʌ́n] サン

名 太陽 ★ふつうtheが付く。

**444**
☐ **rise**
[ráiz] ゥライズ

動 上がる，上昇する；増える

活用形 rise − rose [róuz] − risen [rízn]

方角

| | | |
|---|---|---|
| 445<br>□ **north**<br>[nɔ́ːrθ] ノース | 图 北 | |
| | ◆North America | 「北アメリカ」 |
| | ◆North Atlantic | 「北大西洋」 |
| | ◆North Pole | 「北極」 |
| | ◇nórthern | 厖 北の，北にある |
| | 例 Hokkaido is in the northern part of Japan.<br>「北海道は日本の北部にある」 | |
| 446<br>□ **south**<br>[sáuθ] サウス | 图 南 | |
| | ◆South Africa | 「南アフリカ」 |
| | ◆South America | 「南アメリカ」 |
| | ◇southern 発音? | 厖 南の ▶p.111　[sʌ́ðərn] サザン |
| 447<br>□ **east**<br>[íːst] イースト | 图 東 | |
| | ◆East Asia | 「東アジア」 |
| | ◇éastern | 厖 東の |
| 448<br>□ **west**<br>[wést] ウェスト | 图 西 | |
| | ◆the West | 「西洋」　★ヨーロッパおよびアメリカ。 |
| | ◇wéstern | 厖 ①西の　②西洋の |
| | | ★②の意味で使われる方が多い。 |

§10

# §11 日常生活

s-123 **He** lives *in* **a** small town near **a** big river.

彼は大きな川の近くの小さな町に住んでいる。

---

449
□ **live**

[lív] リヴ

名? 

動 住む，生きる

活用形 live – lived – lived；living

◇life　　　　图 生活，人生；生命

---

大小

450
□ **small**

[smɔ́:l] スモール

形 小さい，狭い；少ない

★小ささを表すsmallとlittleはしばしば交換可能。

例 a small town = a little town

★littleには「かわいらしい」という感情が入るが，smallにはあまりない。

451
□ **little**

[lítl] リトル

形 ①小さい　②少量の　③ほとんどない

副 少し，ほとんど…ない

452
□ **large**

[lá:rdʒ] ラーヂ

形 大きい，広い；多量の

★大きさを表すlargeとbigはしばしば交換可能。

例 a large house = a big house, a large city = a big city

453
□ **big**

[bíg] ビグ

形 ①大きい　②年上の

例 a big brother「兄」

---

454
□ **town**

[táun] タウン

图 ①町　②繁華街

★数えられる名詞（可算名詞）で使うtown「町」はcity「市」より小さくvillage「村」より大きい。無冠詞で使うtownは「繁華街」の意味。

例 go to town to do some shopping

「買い物するために繁華街に行く」

◇village　　　　图 村

---

455
□ **near**
[níər] ニア

形 〜の近くに　副 近くに[へ]

456
□ **river**
[rívər] ゥリヴァ

图 川

---

s-124　**He has a job at a college.**

彼は大学で仕事をしている。

457
□ **job**
[dʒáb] ヂャブ

图 仕事, 職, 勤め口
★work「仕事」は数えられない名詞(不可算名詞)だが, jobは数えられる名詞(可算名詞)。▶p.321〈文法31〉

458
□ **college**
[kálidʒ] カリヂ

图 大学
◇univérsity　　图 大学
★しばしば大学院も併せ持つ総合大学のことをいう。

---

s-125　**He gets up early in the morning.**

彼は朝早く起きる。

459
□ **get up**
[gèt Áp] ゲト アプ　反?

起きる, 起床する
⇔ go to bed　　「就寝する, 寝る」
★「目を覚ます」はwake up▶p.224。getは▶p.153。
活用形 get – got [gát] – got / gotten [gátn]; getting

460
□ **early**
[ə́ːrli] アーリ

副 早く　形 早い
比較変化 early – earlier – earliest

**He cleans his room every day.**

彼は毎日自分の部屋を掃除する。

461
☐ **clean**
[klíːn] クリーン

動 (〜を)きれいにする，掃除する

形 きれいな，清潔な

◇cléaner　　图①掃除機　②洗剤
　　　　　　　③クリーニング店主

462
☐ **room**
[rú(ː)m] ゥルーム

图 部屋

---

s-127 **He reads the newspaper *at* his desk.**

彼は机で新聞を読む。

463
☐ **newspaper**
[núːzpèipər] ヌーズペイパ

图 新聞

★単にpaperだけで「新聞」の意味で使うこともある。🡒p.9

◇**news**　　　　图 ニュース，報道；便り，知らせ
[n(j)úːz] ヌーズ(ニューズ)

例 I have big news.「すごい知らせがあるんだ」

★数えられない名詞(不可算名詞)なので，aは付けない。数を言いたいときにはa piece of news「1つのニュース」とする。

464
☐ **desk**
[désk] デスク

图 (勤務・勉強用の)机

◆be[sit] at the[one's] desk
　　　　　　「机に向かい勉強[勤務]している」

◇table　　　图①(飲食用の)テーブル，食卓
　　　　　　②表 🡒p.167

---

s-128 **He watched TV last night.**

彼は昨夜テレビを見た。

465
□ **watch** 　多義
[wάtʃ] ワチ

動 〜をじっと見る

名 腕時計

★ある期間注意深く見ること。

466
□ **TV**
[tíːvíː] ティーヴィー

名 テレビ(放送)(＝television)

★「テレビを見る」という意味ではwatch TV [television]と無冠詞。

◆TV set 　　　　「テレビの受信機」
◇télevision 　　名 テレビ(放送)
◇rádio 　　　　名 ラジオ
◇chánnel 　　　名 チャンネル

467
□ **last** 　多義
[lǽst] ラスト

形 ①この前の　②最後の　副 最後に　名 最後

動 続く

◆last year 　　　「去年」

★前置詞無し，無冠詞で副詞的に用いることができる。

§11

---

s-129 "Did you enjoy the movie?" "Yes, I did. It was exciting."

「映画を楽しみましたか？」「はい。ワクワクしました」

---

468
□ **did**
[díd] ディド

助 動 doの過去形

★助動詞として，疑問文・否定文で使ったり，動詞do「する」の過去形としても使う。 ▶p.35 do

469
□ **enjoy**
[indʒɔ́i] インヂョイ

動 〜を楽しむ

◆enjoy Ving 　　「Vするのを楽しむ」

Q 1. I enjoyed at the party. の誤りを正せ。

A 1. I enjoyed the party. が正しい。enjoyは他動詞。
▶p.91〈文法9〉

Q 2. I enjoyed (　) with her.

①talking ②to talk

A 2. ①「私は彼女と話をするのを楽しんだ」

<sup>470</sup>
☐ **movie**

[múːvi] ムーヴィ

图 映画　★movieは主に《米》。《英》ではcinemaが多い。

◆go to (see) a movie　「映画を見に行く」

◇cínema　　　图 映画

<sup>471</sup>
☐ **was**

[wʌ́z] ワズ

動 励 am, isの過去形 ☐p.86〈文法8〉

◇were　　　　　動 励 areの過去形

<sup>472</sup>
☐ **exciting**

[iksáitiŋ] イクサイティング

形〈人を〉わくわくさせるような, 興奮させる
☐p.326〈文法33〉

---

| s-130 | He didn't sleep well last night. |
| --- | --- |
| | 昨夜彼はよく眠れなかった。 |

<sup>473</sup>
☐ **didn't**

[dídnt] ディドント

= did not

<sup>474</sup>
☐ **sleep**

[slíːp] スリープ

動 眠る　图 眠り

---

| s-131 | "Can you help me *with* my homework?"<br>"Sorry, I'm busy now." |
| --- | --- |
| | 「私の宿題を手伝ってもらえますか?」 |
| | 「ごめんなさい。今忙しいのです」 |

<sup>475</sup>
☐ **help**

[hélp] ヘルプ

動 ①〈人〉を手伝う, 手助けする
　　②〜を促進する, 役立つ

◆help〈人〉with A「〈人〉をAのことで手伝う」

◆help〈人〉to V　「〈人〉がVするのを手伝う, 促す」

◆May [Can] I help you?「何にしましょうか?」☐p.88

**Q** I helped his homework.
の間違いを正せ。

**A** I helped him with his homework. が正しい。helpは〈人〉を目
的語にとる。

---

82

476
□ **homework**

[hóumwə̀ːrk] ホウムワーク 〔語法〕

图 宿題

★homeworkは数えられない名詞(不可算名詞)で, aを付けられないし, 複数形にもならない。

◆do one's homework 「宿題をする」

477
□ **busy**

[bízi] ビズィ

形 忙しい

〔比較変化〕busy – busier – busiest

◆The line is busy. 「(電話が)話し中だ」

---

| s-132 | She asked him about his dream. |
| --- | --- |
| | 彼女は夢について彼にたずねた。 |

478
□ **ask** 〔多義〕

[ǽsk] アスク

動 ①〈人〉にたずねる, (〜を)たずねる
　②〈人〉に頼む ▶p.212

◆ask〈人〉about A 「Aについて〈人〉にたずねる」
◆ask〈人〉to V 「〈人〉にVするよう頼む」

§11

479
□ **dream**

[dríːm] ドリーム

图 夢；願望　動 夢を見る

★過去形, 過去分詞形はdreamedもdreamt [drémt]もある。

---

| s-133 | I go to bed late. |
| --- | --- |
| | 私は遅くに寝る。 |

480
□ **go to bed**

就寝する, 寝る
★go to bed, stay in bedなどの表現では, bedは無冠詞単数形。

◆go to sleep 「寝入る, 寝る」= fall asleep

481
□ **late**

[léit] レイト 〔反?〕

副 遅く　形 遅い　★時刻や時期に関して使う。

⇔ early 副 早く　形 早い

◆be late for A 「Aに遅れる」

83

s-134 **He _take_s a bath before dinner.**

彼は晩ごはん前にお風呂に入る。

482 **bath**

[bǽθ] バス

图 風呂

◆take a bath 「入浴する，風呂に入る」

◇báthroom 图 浴室

◇shówer 图 シャワー

◇shampóo 图 シャンプー

483 **before**

[bifɔ́ːr] ビフォー

前 〜の前に　接 〜する前に

副 以前に

◆before long 「まもなく」

s-135 **He was tired. So he sat _on_ the chair.**

彼は疲れていた。だからいすに座った。

484 **tired**

[táiərd] タイアド

形 ①疲れている　②飽きている

◆be tired of A 「Aに飽きている」

485 **so** (多義)

[sóu] ソウ

接 だから，それで

副 とても，それほど ▶p.103

486 **chair**

[tʃéər] チェア

图 いす

★sit on the chairで「いすに座る」だが，肘掛けいすなど深く沈み込む場合はsit in the chairとなる。

★背のないいすはstool。

s-136 **I moved to the center of the city three years ago.**

私は 3 年前に都市の中心に引っ越した。

487
☐ **move**
[múːv] ムーヴ

動 ①引っ越しする，動く　②～を動かす

[活用形] move – moved – moved；moving

488
☐ **center**
[séntər] センタ

图 中心，中央

★〈英〉ではcentreとつづる。

489
☐ **city**
[síti] スィティ

图 市，都市

[複数形] cities

490
☐ **ago**
[əgóu] アゴウ

副 (今から)～前に

★agoの前には必ず期間を表す語句がある。過去形の動詞と共に用いる(現在完了形とは用いない)。

---

s-137　**I had a lot of fun at the party.**

パーティーはとてもおもしろかった。

491
☐ **fun**
[fÁn] ファン

图 おもしろいこと，楽しさ

◆have fun　　　「楽しむ」
◆make fun of A　「Aをからかう」

492
☐ **party**
[páːrti] パーティ

图 パーティー

[複数形] parties

---

s-138　**"Can I use your pencil?" "Yes.　Here you are."**

「君の鉛筆を使ってもいいですか？」「はい。どうぞ」

493
☐ **use**
[júːz] ユーズ

動 ～を使う，利用する

图 [júːs ユース] 使うこと，使用

494
☐ **Here you are.**

(はい)どうぞ，ここにあります。

★人にものを渡すときに使う表現。
★hereは▶p.53

| 主語 | 現在形 | 過去形 | 過去形の否定[短縮形] |
|---|---|---|---|
| I | am | was | was not [wasn't] |
| he, she, it | is | was | was not [wasn't] |
| we, you, they | are | were | were not [weren't] |

**He** was **sick last Monday.**（彼は先週の月曜日病気でした。）

**They** were not **at home yesterday.**（昨日彼らは家にいなかった。）

# §12 買い物・衣服

| s-139 | He *went* shopping at the department store. |
|---|---|
| | 彼はその百貨店へ買い物に行った。 |

495
□ **shopping**
[ʃápiŋ] シャピング

名買い物
◆go shopping 「買い物に行く」
◆shopping bag 「買い物袋」
◇shop 名店 動買い物をする

496
□ **store**
[stɔ́ːr] ストー

名店

497
□ **department store**
[dipáːrtmənt] ディパートメント

百貨店, デパート
★departmentだけだと, 百貨店内のそれぞれの売り場のことを言うので, 百貨店全体はdepartment storeと言う。

§12

| s-140 | I always buy things at the market. |
|---|---|
| | 私はいつもその市場でものを買う。 |

498
□ **always**
[ɔ́ːlweiz] オールウェイズ

副いつも, 常に

499
□ **buy**
[bái] バイ

動 ～を買う
活用形 buy – bought [bɔ́ːt] – bought; buying
◆buy A for 〈人〉 「〈人〉のためにAを買う」
= buy 〈人〉 A
例 buy a present for her = buy her a present
「彼女にプレゼントを買う」

500
□ **thing**
[θíŋ] スィング

名 もの, こと

87

<sup>501</sup>
□ **market**
[má:*r*kit] マーキト

图 市場, マーケット；取引

---

s-141 "Can I help you?" "Yes, I want a shirt."

「何にしましょうか？」「うん，シャツが欲しいんだ」

---

<sup>502</sup>
□ **Can I help you?**
＝**May I help you?**

何にしましょうか？；どうしましたか？

★店員が客に対して言う決まり文句。また，困っている人を見かけたときに「どうしました？」と声をかけるときにも使う。mayの方がていねいでかたい表現。

★help ▶p.82

<sup>503</sup>
□ **want**
[wánt] ワント

動 〜が欲しい，〜を望む

◆want to V 「Vしたい」

◆want A to V 「AにVしてほしい，させたい」

---

s-142 "Do you have any caps?"
"Yes, we do.  How about this one?"

「帽子はありますか？」「はい，あります。これはいかがですか？」

---

<sup>504</sup>
□ **How about A?**
＝**What about A?**

Aはどうですか？

★How about A? は，ものを勧めたり，誘ったりするときに使う。

★How about Ving? 「Vしてはどうですか？」とVingを使うこともできる。

<sup>505</sup>
□ **one**
[wán] ワン

代 もの

★前に出た数えられる名詞(可算名詞)の代わりに使う。

例 "Do you have a pen?" "Yes, I have one(＝ a pen)."

「ペンを持っていますか？」「はい，持っています」

s-143 **He** put on a jacket **and** went out.

彼は上着を着て出かけた。

---

506
**□ put A on**

Aを着る，身につける

★put A on は服やアクセサリーなどを身につける動作を言い，服を着ている状態を言うにはwearを使う。▶p.97

★このonは前置詞ではなく副詞。だからput a jacket on の語順でも，put on a jacket の語順でもよい。Aが代名詞のときには，put A onの語順になる。

507
**□ go out**
[góu áut] ゴウ アウト

外出する，出かける

---

s-144 **He came** home **and** took off **his** shoes.

彼は家に帰って，靴を脱いだ。

## 12

508
**□ home**
[hóum] ホウム

副 家に，自宅へ，故郷に

名 家，自宅，故郷

★come home, get home, go home, stay homeなどは，前置詞を付けず，homeを副詞として使うのがふつう。

◆at home 「自宅で，家で；くつろいで」

509
**□ off**
[ɔ́(ː)f] オ(ー)ﾌ

副 離れて

510
**□ take A off**

Aを脱ぐ

★このoff は副詞。take off one's shoes の語順でも，take one's shoes off の語順でもよい。Aが代名詞のときには，take A offの語順になる。

| | | |
|---|---|---|
| <sup>511</sup> □ **shirt**<br>[ʃə́ːrt] シャート | 图 シャツ<br>★日本語の「ワイシャツ」はwhite shirtから出来たという説もある。 | |
| | ◇T-shirt | 图 Tシャツ |

<sup>512</sup> □ **tie**
[tái] タィ

图 ネクタイ
動 ～を結ぶ, つなぐ

<sup>513</sup> □ **jacket**
[dʒǽkit] ヂャキト

图 上着, ジャケット

<sup>514</sup> □ **cap**
[kǽp] キャプ

图 ①(ふちのない)帽子
② (ピンなどの)ふた

<sup>515</sup> □ **hat**
[hǽt] ハト

图 (ふちのある)帽子

<sup>516</sup> □ **belt**
[bélt] ベルト

图 ベルト, 帯

<sup>517</sup> □ **shoe**
[ʃúː] シュー

图 靴
◆a pair of A 「1組のA」
★2つで1組のものに使う。
★shoeは片方の靴のことなので, ふつうshoesと複数形で使う。また, 数を言うときには, a pair of shoes「1足の靴」, two pairs of shoes「2足の靴」のように言う。

<sup>518</sup> □ **glasses**
[glǽsiz] グラースィズ

图 めがね
★「めがね」の意味では常にglassesと複数形。これも数を言うときには, two pairs of glasses「2つのめがね」のように言う。
◇glass 图 ガラスコップ, ガラス ▸p.66

<sup>519</sup> □ **pants**
[pǽnts] パンツ

图 ズボン, パンツ ★複数扱い。
◆a pair of pants 「ズボン1本」

## 9. 自動詞と他動詞

文法チェック

> ① I live *in* Kyoto. (私は京都に住んでいる。)
> ② I like **vegetables.** (私は野菜が好きだ。)

英語の動詞は自動詞と他動詞の2種類に分けられる。①のように動詞の後に前置詞(ここではin)がないと名詞を置けないものを自動詞と言い, ②のように動詞の後に前置詞なしで名詞(ここではvegetables)が来るものを他動詞と言う。また, 他動詞の後ろに来る名詞を目的語と言う。

自動詞… come, go, arrive, talk など
他動詞… bring, take, reach, discuss など

上の動詞は, それぞれ自動詞か他動詞か, ほぼ固定的に決まっているが, 動詞の中には自動詞としても他動詞としても使うものが多くある。

> ① He returned *to* his country. (彼は自分の国に戻った。)
> ② He returned **the book to the library.** (彼は図書館にその本を返した。)

§12

上の例では①が自動詞, ②が他動詞。return以外にも, change, get, keep など, 多くの動詞が自動詞としても他動詞としても使われる。

## 10. 空間・時間を表す前置詞

### (1) in A「Aの中[内]に」

▶Aを〈空間・範囲〉ととらえている。時間軸でも, 年・季節・月, 週, 午前, 午後など一定の範囲ならinを用いる。

in a box「箱の中に」
a ball in the box「箱の中のボール」
a boy in the room「部屋の中の少年」
in 2022「2022年に」
in summer「夏に」    in September「9月に」
in this week「今週に」    in the morning「午前中に」

### (2) on A「Aの上に, Aに接して」

▶空間的には「Aの表面に接して」。時間的には,日付・曜日などに用いる。

a letter on the desk「机の上の手紙」
knock on the door「ドアをノックする」
on July 28「7月28日に」
on Sunday「日曜日に」

### (3) at A「Aに, Aで」

▶Aを〈点〉ととらえている。空間や範囲がある場所でも, 出発点・到着点など点ととらえればatを使う。時間を表すときも, 時点(時刻)など点ととらえればatが使われる。

stop at this station「この駅に止まる」
at the door「玄関に」
at the end of this month「今月の終わりに」
at 10:30「10時30分に」

# 中2, 中3レベルの
## 英単語・英熟語　500

# §13　学校

s-145 **We came through the gate at the back of the schoolyard.**
私たちは校庭の裏にある門を通って入った。

520
☐ **through**
[θrú:] スルー
前 〜を通り抜けて，通って
副 通り抜けて，ずっと

521
☐ **gate**
[géit] ゲイト
名 門，門扉

522
☐ **back**
[bǽk] バク
名 後ろ，背後；裏
副 後ろに，元に
◆at the back of A「Aの後ろに」

523
☐ **schoolyard**
[skú:ljà:rd] スクールヤード
名 校庭
◇yard　　　名 ①庭　②ヤード
例 a front yard「前庭」

s-146 **When I found her in the library, she was studying.**
図書館で彼女を見つけたとき，彼女は勉強していた。

524
☐ **when**　(多義)
[hwén] ウェン
接 〜するときに
副 いつ ▶p.43
★when節「〜するときに」は，文頭にも文末にも置くことができる。
　＝She was studying when I found her in the library.
★when「〜するときに」やif「もし〜なら」の副詞節の中では，未来の
　ことでも助動詞willを用いず現在時制を使う。▶p.100 if
例 When he comes home, I will show him my new toy.
　「彼が帰ってきたら，僕は新しいおもちゃを彼に見せよう」

## 525 find
[fáind] ファインド
多義

動 ①〜を見つける
②〜とわかる, 〜と思う

活用形 find − found [fáund] − found; finding

## 526 library
[láibrèri] ライブレリ

图 図書館; 書斎, 書庫

---

s-147 "Why **were you** absent **yesterday?**" "**Because I was** sick."
「なぜあなたは昨日休んだのですか？」「病気だったからです」

---

## 527 why
[ʰwái] ワイ

副 なぜ, どうして

★理由をたずねる疑問詞。答えるときは, Because〜.「〜だから」と言う。

◆Why don't you 〜?　「〜したらどうですか?;
　　　　　　　　　　　〜しませんか?」 ▶p.233

## 528 absent
[ǽbsənt] アブセント

形 欠席の, 不在の

★absentは学校の授業など, いて当然の所にいないときに用いる。したがって, 突然訪問した相手が留守にしているときはabsentを用いず, He is out.「彼は外出している」などと言う。

§13

## 529 because
[bikʌ́z] ビカヅ

接 〜だから, 〜なので

◆because of A　　　「A〈原因〉のために」 ▶p.173

例 The train was late <u>because</u> it snowed.
=The train was late <u>because</u> <u>of</u> the snow.
「雪のせいで電車は遅れた」

## 530 sick
[sík] スィク

形 病気の, 病んでいる; 吐き気がして

反? ⇔well　　　　　　　　形 健康な, 元気な ▶p.301
同? ＝ill　　　　　　　　形 病気の, 悪い ▶p.265
◇síckness　　　　　　　图 病気

**"What subject do you like?" "Industrial arts."**

「どの教科が好きですか？」「技術です」

531
□ **subject** 多義 | 图 ①教科, 学科, 科目
[sʌ́bdʒekt] サブヂェクト | ②主題, テーマ ◘p.288

532
□ **industrial arts** | (教科の)技術, 工作
[indʌ́striəl ɑ̀ːrts] | ◇indústrial　圏 産業の, 工業の
インダストリアル アーツ | ◆the Industrial Revolution 「産業革命」
| ◇índustry　图 産業

s-149
Everyone worried *about* the first exam.
　　　誰もが**最初の**試験のことを心配していた。

533
□ **everyone** | 代 みんな, すべての人, 誰でも
[évriwʌ̀n] エヴリワン 同? | = everybody
| ★everyone, everybodyは単数扱い。
| ★呼びかけの時にはeverybodyの方がよく使われる。
| 例 Hello, everybody.「皆さん, こんにちは」

534
□ **worry** | 動 心配する；〈人〉を心配させる
[wə́ːri] ワーリ | 活用形 worry – worried – worried ; worrying
| ◆worry about A　「Aについて心配する」
| ◆be worried about A「Aについて心配している」
| ★このworriedは形容詞。
| ◆Don't worry.　　「心配しないで」

535
□ **exam** | 图 試験
[igzǽm] イグザム | ★examination「試験, 検査」の短縮形だが,「試験」の意味では
| examの方がよく使われる。

---

**s-150** **We** have to wear **a** uniform **in our school.**

私たちの学校では制服を着なければならない。

---

536
☐ **have to** V
[hǽftə] ハフタ

Vしなければならない

★must V（❏p.133）と似た意味だが，下のように否定の時はmust not V「Vしてはいけない」（禁止）とは意味が違う。

◆**don't have to** V「Vしなくてよい，Vする必要がない」

例 You don't have to run fast.「速く走る必要はない」

　　cf. You must not run fast.「速く走ってはいけない」

537
☐ **wear**
[wéər] ウェア

🔲 ～を着ている

（活用形）wear – wore [wɔ́ːr] – worn [wɔ́ːrn]；wearing

★put A onは服やアクセサリーなどを身につける動作を言い，服を着ている状態を言うにはwearを使う。❏p.89

538
☐ **uniform**
[júːnəfɔ̀ːrm] ユーニフォーム

🔲 制服，ユニフォーム

§13

---

**s-151** **I'll** never forget **his** speech.

私は彼の演説を決して忘れないだろう。

---

539
☐ **never**
[névər] ネヴァ

🔲 決して…ない，一度も…ない

★notより強い否定を表す。

540
☐ **forget**
[fərgét] ファゲト

🔲 （～を）忘れる

◆**forget to** V　「Vし忘れる」

541
☐ **speech**
[spíːtʃ] スピーチ

🔲 演説，スピーチ

◆**make a speech**「演説する」

# §14 天気・天文

s-152 "How's the weather in Kyoto?" "It's sunny and hot."

「京都の天気はどうですか？」「晴れていて暑いです」

542
**weather**
[wéðər] ウェザ

图 天気　★aは付けない。
例 It's very nice weather today. 「今日はとてもいい天気ですね」

543
**sunny**
[sʌ́ni] サニ

圏 晴れた，日当たりのよい
◇sun　　　　　图 太陽　★theを付ける。

544
**hot**
[hát] ハト

圏 暑い，熱い；辛い

s-153 It is cloudy and cool in New York.

ニューヨークは曇っていて涼しい。

545
**cloudy**
[kláudi] クラウディ

圏 曇っている，曇りの
◇cloud　　　　图 雲 ▶p.101

546
**cool**
[kú:l] クール

圏 ①涼しい，ひんやりとした；冷たい；冷静な
②かっこいい，すてきな

s-154 It will be fine tomorrow.

明日はいい天気になるだろう。

547
**will**
[wíl] ウィル

勵 Vするだろう；Vするつもりだ　★未来を表す。
★過去形はwould [wúd]，否定形はwill not（短縮形はwon't）だ。
◆Will you ～?　「～してくれませんか？；
　　　　　　　　　～しませんか？」

548
□ **fine** 　多義　 圏 ①天気のよい，晴れた
[fáin] ファイン 　　　　②元気な ▶p.4
　　　　　　　　　　　　③すばらしい，きれいな

---

s-155 | **It will rain the day after tomorrow.**
明後日は雨が降るだろう。

---

549
□ **rain** 　　圗 (itを主語にして)雨が降る
[réin] ゥレイン 　圀 雨

550
□ **the day after** 　明後日(に)
　　**tomorrow**

---

s-156 | **We won't have snow this week.**
今週は雪は降らないだろう。

---

551
□ **won't** 　　= will not
[wóunt] ウォウント 　★won't以外に，'ll notの形もあるが，あまり使われない。

552
□ **snow** 　圀 雪
[snóu] スノゥ 　圗 雪が降る
　　　◇snówy 　　圏 雪の多い

553
□ **this** 　圏 この，次の，現在の
[ðís] ズィス 　代 これは[が，を] ▶p.7
　　★this の後ろに時を表す名詞を伴って，副詞句を作る。
　　例 this morning「今朝」，this month「今月」

**If it is rainy tomorrow, we'll play a video game.**

もし明日雨が降っていれば，テレビゲームをするだろう。

554
□ **if**
[if] イフ

多義　圏 ①もし～なら
　　　②～かどうか ▶p.302

語法　★when「～するときに」やif「もし～なら」の副詞節の中では，未来の
　　　ことでも助動詞willを使わず，現在時制にする。

　　　If it ˣwill be rainy tomorrow, ... としてはいけない。

555
□ **rainy**
[réini] ゥレイニ

形 雨降りの，雨の多い

★It is raining. は「今雨が降っている」だが，It is rainy. は「雨模様
である」ということで，雨が降ったりやんだりしているのかもしれない。

556
□ **video game**
[vídiòu] ヴィディオゥ

テレビゲーム

★テレビ以外のディスプレイのゲームもvideo gameと言う。

**The sky is bright and clear.**

空は明るく，晴れている。

557
□ **sky**
[skái] スカイ

图 空　★ふつうtheが付く。

558
□ **bright**
[bráit] ブライト

多義　形 ①明るい，輝いている
　　　②頭のよい

例 a bright student「頭のよい学生」

559
□ **clear**
[klíər] クリア

多義　形 ①晴れた　②明らかな ▶p.151
動 ～をかたづける
◇cléarly　　　　　副 はっきりと，明らかに

s-159 **We can** change wind energy *into* electricity.

私たちは風力エネルギーを電気に変えることができる。

---

560
□ **change**  多義
[tʃéindʒ] チェインヂ

動 ①〜を変える；変わる　②着替える
名 ①変化　②おつり ▶p.148
◆change A into B「AをBに変える」

561
□ **wind**
[wínd] ウィンド

名 風
◇windy　　　　形 風のある，風の強い

562
□ **energy**
[énərdʒi] エナヂ

名 エネルギー
◆solar energy　「太陽エネルギー」
◆clean energy　「クリーンエネルギー」
★汚染物質が発生しない，風力や太陽光などを言う。
◇energétic　　　形 精力的な，エネルギッシュな

563
□ **electricity**
[ilèktrísəti] イレクトリスィティ

名 電気
◇eléctric　　　　形 電気の，電動の ▶p.240

§14

---

s-160 **The moon is** behind **the** clouds.

月は雲の背後にある。

---

564
□ **moon**
[mú:n] ムーン

名 月　★ふつうtheが付く。

565
□ **behind**
[bihàind] ビハインド

前 ①〜の後ろに，背後に　②〜に遅れて
副 後ろに，背後に

566
□ **cloud**
[kláud] クラウド

名 雲
◇clóudy　　　　形 曇っている，曇りの ▶p.98

---

## The earth moves around the sun.

地球は太陽の周りを回る。

567
☐ **earth**
[ə́ːrθ] アース

名 地球

★ふつうtheが付く。他の惑星と対比するときは，the Earthとすることが多い。

568
☐ **around**
[əráund] アラウンド

前 〜を回って，〜の周りに，〜のあちこちに

副 回って，あちこちに

# §15 旅・移動・交通

| s-162 | **This road leads _to_ Rome.** |
|---|---|
| | この道はローマに通じる。 |

**569 □ road**
[róud] ゥロウド

图 道, 道路
★streetは ▶p.75

**570 □ lead**
[líːd] リード

働 通じる, 至る；〜を導く
◆lead to A 「Aに通じる, 至る」
◇léader 图 指導者, リーダー

| s-163 | **I saw so many tourists there.** |
|---|---|
| | そこでとてもたくさんの旅行者を見た。 |

**571 □ so** 多義
[sóu] ソウ

圖 とても, それほど
圈 だから, それで ▶p.84

**572 □ tourist**
[túərist] トゥアリスト

图 観光客, 旅行者
◇tour 图 旅行, 巡業
★複数の場所を巡る視察や観光旅行など。
◇tóurism 图 観光事業, 観光産業

**573 □ there**
[ðéər] ゼア

圖 そこに, そこで
◆There is A. 「Aがある」 ▶p.124
◇here 圖 ここに ▶p.53

§15

| s-164 | **Many of the men and women are far away _from_ their hometowns.** |
|---|---|
| | 多くの男たちや女たちが故郷から遠く離れている。 |

574
□ **man**
[mǽn] マン

图 男

(複数形) men [mén] メン

575
□ **woman**
[wúmən] ウマン

图 女

(複数形) women [wímin] ウィミン

576
□ **far**
[fáːr] ファー

副 遠くに[へ], はるかに 　形 遠い

(比較変化) far – farther / further – farthest / furthest

★距離を表す場合はfarther–farthestを, 程度を表す場合は
further–furthestを使うのが原則だが, そうならないこともある。

◆How far ～? 　「どのくらい遠く～か?」

(反?) ⇔ near 　　　副 近くに[へ] 　前 ～の近くに

577
□ **away**
[əwéi] アウェイ

副 離れて, 去って

◆ ... away from A「Aから…離れて」

例 The hotel is three miles away from the station.

「そのホテルは駅から3マイル離れている」

578
□ **hometown**
[hóumtáun] ホウムタウン

图 故郷

★英語のhomeは心の安らぐ場所をいい, hometownも生まれたとこ
ろに限らず, 住み慣れたところなどにも使う。

---

s-165 | **The** plane **flew** over **the** rainbow.

飛行機が虹を越えて飛んでいった。

★flew ▶p.76 fly

579
□ **plane**
[pléin] プレイン

图 飛行機

◇**áirplane** 　　　图 飛行機

580
□ **over**
[óuvər] オウヴァ

(多義) 前 ①～を越えて；～の上に 　②～をおおって

③～以上(の) ▶p.196

副 越えて, おおって

104

### 581
☐ **rainbow**

[réinbòu] ゥレインボウ

图 虹

★虹の色は red, orange, yellow, green, blue, indigo「あい色」, violet「すみれ色」の7色とするのがふつう。

---

| s-166 | He traveled **around the** world **last year.** |
|---|---|
| | 去年彼は世界をあちこち旅した。 |

### 582
☐ **travel**

[trǽvl] トラヴル

動 旅行する

图 旅行 ★ふつう長期にわたる旅行をいう。

### 583
☐ **world**

[wə́ːrld] ワールド

图 世界

◆**all over the world** 「世界中で[の]」

---

| s-167 | When you travel overseas, you should follow local customs. |
|---|---|
| | 海外旅行をするときには, 現地の習慣に従うべきだ。 |

### 584
☐ **overseas**

[òuvərsíːz] オウヴァスィーズ

副 海外に, 外国に   形 海外の, 外国の

圝 over(越えて)＋seas(海)

§15

### 585
☐ **should**

[ʃúd] シュド

助 ～すべきだ, ～するほうがいい

### 586
☐ **follow**   多義

[fálou] ファロウ

動 ①～に従う, ～を守る

②～について行く ▶p.173

### 587
☐ **local**

[lóukl] ロウクル

形 地元の, 現地の

★localは「田舎の」という意味はない。

例 a Tokyo local TV station「東京地区のテレビ局」

### 588
☐ **custom**

[kʌ́stəm] カスタム

图 習慣, 慣習

★社会や集団の習慣。個人の習慣はhabit(▶p.301)。

| s-168 | **I had a good time in Hawaii during the spring vacation.** |
|---|---|
| | 私は春休みの間ハワイで楽しんだ。 |

**589**
☐ **have a good time** | 楽しむ, 楽しい時を過ごす

★このhaveは「～を経験する」の意味。

**590**
☐ **during**
[dɔ́:riŋ] ドゥーリング

**前** ～の間(ずっと)

★期間を表すforは, 後ろの名詞にtheなどが付かない。duringは「いつ」のことか特定の期間を表し, 後ろの名詞にthe, this, these, that, those, my(所有格)などが付くことが多い。

**例** I stayed at the hotel for three days.
　「3日間そのホテルに滞在した」
　I stayed at the hotel during that week.
　「その1週間そのホテルに滞在した」

**591**
☐ **vacation**
[vəkéiʃən] ヴァケイション

**名** 休暇, 休日

★vacationは個人的な休みにも使う。holidayは祝日などの休み。

| s-169 | **She had a lot of interesting experiences abroad.** |
|---|---|
| | 彼女は海外でたくさんの興味深い経験をした。 |

**592**
☐ **experience**
[ikspíəriəns] イクスピアリエンス

**名** 経験, 体験
**動** ～を経験する, 体験する

**593**
☐ **abroad**
[əbrɔ́:d] アブロード

**副** 海外に[へ, で], 外国に[へ, で]

| s-170 | **She picked them up at the airport.** |
|---|---|
| | 彼女が空港に彼らを車で迎えに行った。 |

**594**
☐ **pick A up** 多義
[pík ʌ́p] ピク アプ

①A〈人〉を車で迎えに行く　②Aを拾い上げる

★Aが代名詞以外のとき, pick up A の語順もある。

## 595
□ **airport**

[éərpɔ̀ːrt] エアポート

图 空港

◇air 图 空気, 大気 ▶p.132

◇port 图 港

---

s-171 **We picked up cans on the road.**

私たちは道路の缶を拾い上げた。

## 596
□ **can**

[kǽn] キャン

图 缶

★助動詞のcanは ▶p.43, 302

---

s-172 **He returned home one month later.**

彼は1ヵ月後に家に戻った。

## 597
□ **return**

[ritə́ːrn] ゥリターン

動 ①戻る, 帰る

②～を戻す, 返す ▶p.91〈文法9〉

◆return to A 「Aに戻る」

## 598
□ **later**

[léitər] レイタ

副 あとで, 後に

◆See you later. 「じゃあ後ほど, さようなら」

★three years later「3年後に」など, 数詞を伴ったlaterは,〈過去または未来のあるときから後に〉という意味で, 今から「3年後」の意味なら, in three yearsのように言う。たとえば,「3日後に会おう」は ×Let's meet three days later. ではなく ○Let's meet in three days. と言う。

§15

---

s-173 **I waited *for* him until noon.**

私は正午まで彼を待った。

## 599
□ **wait**

[wéit] ウェイト （同音語?）

動 待つ

◇weight 图 重さ

◆wait for A 「Aを待つ」

## 600 until
[əntíl] アンティル

副接 〜まで(ずっと)

◇till　　　　　　副接 〜まで(ずっと) (＝until)

## 601 noon
[nú:n] ヌーン

图 正午

◇afternóon　　　图 午後 ▶p.5

---

s-174

"How can I get to the museum?"
"Take the subway and get off at the next station."

「どうすれば博物館に行けますか？」
「地下鉄に乗って，次の駅で降りなさい」

---

## 602 get to A

Aに着く，達する

◆How can I get to A? 「どうすればAに行けますか」

## 603 museum
[mju:zíəm] ミューズィアム

图 博物館，美術館

## 604 subway
[sʌ́bwèi] サブウェイ

图 地下鉄　★イギリスでは the Underground; the Tubeと言う。
源 sub(下の)＋way(道)

## 605 get off

(〜を)降りる

## 606 next
[nékst] ネクスト
多義

形 ①次の　②(next to A)Aの隣に ▶p.16
副 次に

## 607 station
[stéiʃən] ステイション

图 ①駅　②局，署，所
例 a police station「警察署」, a gas station「ガソリンスタンド」

---

s-175

I have to change trains and get on the Yamanote Line.

電車を乗りかえて山手線に乗らなければならない。

---

608
□ **change trains** | 電車を乗りかえる

609
□ **get on A** | A〈電車・バスなど〉に乗る

610
□ **line** | 图 線；(鉄道などの)路線
[láin] ライン

---

s-176 | We'll reach the top of the hill soon.
| 私たちはまもなく丘の頂に着くでしょう。

611
□ **reach** | 圃 ～に着く
[rí:tʃ] ゥリーチ | (同熟?) reach A = arrive at A；get to A
Q I reached to the town. | A I reached the town.「町に着いた」
の誤りを正せ。 | ★動詞reachの後にtoを付けてはいけない。

612
□ **top** | 图 頂上, 頂
[táp] タプ | ◆at the top of A「Aの頂上に」
| (反?) ⇔bóttom     图 一番下, 最下部, 底, 末席, 奥
| 例 at the bottom of the sea「海の底に」

§15

613
□ **hill** | 图 丘, 坂
[híl] ヒル

---

s-177 | I'm going to visit my uncle tomorrow.
| 明日おじさんを訪ねるつもりです。

614
□ **be going to V** | Vするつもりだ；まさにVしそうだ
| ★will同様未来を表すが, be going toは前もってやるつもりだった
| 行為や, ごく近い将来に起こりそうなことなどに使う。

615
□ **uncle** | 图 おじ
[ʌ́ŋkl] アンクル

**"How was your school trip to Europe?" "It was great."**

「ヨーロッパへの修学旅行はどうでしたか？」「すばらしかったです」

616
□ **trip**
[tríp] トリプ

图 旅行, 移動　★ふつう短期の旅行や移動をいう。

◆go on a trip　「旅行に行く」= take a trip

617
□ **great**
[gréit] グレイト

形 偉大な, 大きな, すばらしい

---

s-179　**My aunt is coming back to England.**

おばがイングランドに帰ってくる。

618
□ **aunt**
[ǽnt] アント

图 おば

619
□ **come back**

戻る, 帰ってくる

---

s-180　**My cousin will leave for France in a month.**

いとこは 1 ヵ月後にフランスに向けて出発するだろう。

620
□ **cousin**
発音?　[kʌ́zn] カズン

图 いとこ

621
□ **leave**
[líːv] リーヴ
多義

動 ①出発する　②〜を去る
　③〜を残す, 置いておく ▶p.235
◆leave for A　「Aに向かって出発する」

622
□ **for**
[fər] ファ
多義

前 ①〜へ向かって
　②〜のために ▶p.59
　③〜の間 ▶p.74

623
□ **in**
[ín] イン

前 ①(現在から)〜後に　②〈場所〉に, 〜の中に ▶p.14
　③〈月・年・季節など〉に ▶p.24　④〈手段・方法〉で
副 ①中に　②在宅して, 家にいて

---

s-181 | **I want to go to Spain someday.**

　　私はいつかスペインに行きたい。

---

624
□ **want to V**
[wánt tə] ワント トゥ

Vしたい
◇want　　　動 〜が欲しい, 〜を望む ▶p.88

625
□ **someday**
[sámdèi] サムデイ

副 (未来の)いつか, そのうち
★過去の「ある日」はone day。

---

s-182 | **That scientist was born in the southern part of Germany.**

　　その科学者はドイツの南部で生まれた。

---

626
□ **scientist**
[sáiəntəst] サイエンティスト

名 科学者
源 science(科学)＋ist(専門家)

§15

627
□ **be born**
[bɔ́ːrn] ボーン

生まれる
★bornはもともとbear「〈子〉を産む」の過去分詞。

628
□ **southern**

形 南の, 南方の ▶p.77

発音？　[sʌ́ðərn] サザン

629
□ **part**
[páːrt] パート

名 部分, 一部
◆(a) part of A　「Aの一部」
◆take part in A　「Aに参加する」 ▶p.260

630
□ **Africa**
[ǽfrikə] アフリカ

图アフリカ
◇**African** 形アフリカ(人)の　图アフリカ人

631
□ **Asia**
[éiʒə] エイジャ

图アジア
◇**Asian** 形アジア(人)の　图アジア人

632
□ **Europe**
[júərəp] ユアロプ

图ヨーロッパ
◇**European** 形ヨーロッパ(人)の　图ヨーロッパ人

633
□ **France**
[fræns] フランス

图フランス
◇**French** 形フランス(人)の　图フランス人, フランス語

634
□ **Germany**
[dʒɔ́ːrməni] ヂャーマニ

图ドイツ
◇**German** 形ドイツ(人)の　图ドイツ人, ドイツ語

635
□ **Holland**
[hάlənd] ハランド

图オランダ
◆**the Netherlands** 「オランダ」
◇**Dutch** 形オランダ(人)の　图オランダ人, オランダ語

636
□ **Italy**
[ítəli] イタリ

图イタリア
◇**Italian** 形イタリア(人)の　图イタリア人, イタリア語

637
□ **Spain**
[spéin] スペイン

图スペイン
◇**Spanish** 形スペイン(人)の　图スペイン人, スペイン語

638
□ **England**
[íŋglənd] イングランド

图イングランド
★イングランドはイギリスの一地方。国としてのイギリスはBritainや(the) UKを使う。▶p.11
◇**English** 形イングランド(人)の　图イングランド人, 英語

639
□ **Scotland**
[skάtlənd] スカトランド

图スコットランド
◇**Scottish** 形スコットランド(人)の
图スコットランド人, スコットランド語

640
□ **Ireland**
[áiərlənd] アイアランド

图アイルランド
◇**Irish** 形アイルランド(人)の
图アイルランド人, アイルランド語

641
□ **Wales**
[wéilz] ウェイルズ

图ウェールズ

# §16 文化・スポーツ

s-183 **I got one concert ticket for an adult and one for a child.**

大人 1 枚と子ども 1 枚のコンサートチケットを手に入れた。

---

642
□ **get** 多義
[gét] ゲト

動 ① ～を手に入れる
　② (get C) C になる ☐ p.153

活用形 get – got [gát] – got / gotten [gátn]; getting

---

643
□ **concert**
[kánsərt] カンサト

图 コンサート

---

644
□ **ticket**
[tíkət] ティケト

图 チケット, 切符

---

645
□ **adult**
[ədʌ́lt] アダルト

图 大人, 成人
形 大人の

---

646
□ **child**
[tʃáild] チャイルド

图 子ども

複数形 children [tʃíldrən] チルドレン

§16

---

s-184 **I think that this musician is fantastic.**

私はこの音楽家はすばらしいと思う。

---

647
□ **think**
[θíŋk] スィンク

動 ～と思う, 考える

活用形 think – thought [θɔ́:t] – thought; thinking

◆think that ～　　「～と考える」
◆think of [about] A　「A について考える」

名? ◇thought　　图 考え, 思考

---

<sup>648</sup>
☐ **that**

[ðǽt] ザト

接 ～ということ

★接続詞thatの後には文が来る。

★think, hope, knowなどの直後にthatが来るとき, thatはしばしば省略される（⬛ s-185）。

<sup>649</sup>
☐ **musician**

名 音楽家

語 music（音楽）＋ian（の専門家）

アク？ [mjuːzíʃən] ミューズィシャン

<sup>650</sup>
☐ **fantastic**

[fæntǽstik] ファンタスティク

形 すばらしい, すてきな

---

s-185 | **I** hope **you'll** become **a** pilot *in the* future.

☐ 将来あなたがパイロットになるよう願っています。

---

<sup>651</sup>
☐ **hope**

[hóup] ホウプ

動 ～を望む, 願う 名 希望

活用形 hope – hoped – hoped ; hoping

◆hope to V 「Vしたいと思う」

◆hope (that) ～ 「～を望む, 願う」

<sup>652</sup>
☐ **become**

[bikám] ビカム

動 ～になる

活用形 become – became [bikéim] – become ;

becoming

★becomeの後には名詞, 形容詞, 分詞などを置くことができる。

<sup>653</sup>
☐ **pilot**

[páilət] パイロト

名 パイロット

<sup>654</sup>
☐ **future**

[fjúːtʃər] フューチャ

反？

名 未来, 将来

◆in the future 「将来に」

⇔ past 名 過去

前 ～を過ぎて ⬛p.170

| s-186 | **She said she started to take piano lessons.** |
|---|---|
| | 彼女はピアノのレッスンを受け始めたと言った。 |

### 655 say
[séi] セイ

動 〜と言う 　3単現 **says** [séz] セズ ★発音注意!
活用形 say – said [séd] – said; saying
◆say (that) 〜 　「〜と言う」

### 656 start to V

同?

V し始める
= begin to V
◆start Ving 　「V し始める」= begin Ving

### 657 lesson
[lésn] レスン

名 レッスン, 課, 授業
★多人数の授業には class, 個人授業には lesson を用いることが多い。

| s-187 | **That actress is popular among the young ladies.** |
|---|---|
| | その女優は若い女性の間で人気がある。 |

### 658 actress
[ǽktrəs] アクトレス

名 女優
◇áctor 　　　名 男優, 俳優

### 659 popular
[pápjələr] パピュラ

形 人気のある; 大衆的な, 通俗的な

### 660 among
[əmʌ́ŋ] アマング

前 〜の間で
★among の後にはふつう3つ以上のものが含まれた集合体を表す言葉がくる。一方 between の後には2つのものがくる。

### 661 young
[jʌ́ŋ] ヤング

反?

形 若い
⇔ old 　　　　　形 年をとった ▷p.26

### 662 lady
[léidi] レイディ

名 婦人 　★lady は woman や girl より上品な言葉。
複数形 ladies

§16

| s-188 | "Pop music is a bridge between Korea and Japan." <br> "*That's* right." |
|---|---|
| | 「ポップミュージックは韓国と日本の間の橋だ」「その通りです」 |

<br>

663 **pop**
[páp] パプ

形 流行の, ポップな
★popularの短縮語。

664 **bridge**
[brídʒ] ブリヂ

名 橋

665 **between**
[bitwì:n] ビトウィーン

前 (2つのもの)の間に
◆between A and B 「AとBの間に」

666 **right** 多義
[ráit] ゥライト

形 ①正しい, ふさわしい ②右の
副 ①正しく ②右に
名 ①正しいこと ②右 ▶p.201 ③権利 ▶p.261
◆That's right. 「その通りです」
◆all right 「よろしい」＝OK

<br>

| s-189 | She wrote many books about western culture and traditions. |
|---|---|
| | 彼女は西洋の文化と伝統について多くの本を書いた。 |

<br>

667 **western**
[wéstərn] ウェスタン

形 西洋の, 欧米の

668 **culture**
[kʌ́ltʃər] カルチャ

名 文化
◇**cúltural** 形 文化の, 文化的な

669 **tradition**
[trədíʃən] トラディション

名 伝統

| s-192 | I went to the theater to *see* a drama. |
|---|---|
| | 演劇を見るために私は劇場に行った。 |

**677**
**□ theater**
[θíːətər] スィーアタ

图 劇場
★《英》ではtheatreとつづる。

**678**
**□ to V**

①Vするために　②Vすること ▶p.159〈文法16〉

**679**
**□ drama**
[drɑ́ːmə] ドラーマ

图 劇, 戯曲, 演劇

| s-193 | He jumped **off** the stage. |
|---|---|
| | 彼は舞台から跳び降りた。 |

**680**
**□ jump**
[dʒʌ́mp] ヂャンプ

動 跳ぶ, 跳躍する

**681**
**□ stage**
[stéidʒ] ステイヂ

图 ①舞台
　　②段階

| s-194 | Her image remains in my mind. |
|---|---|
| | 彼女の面影が私の心に残っている。 |

**682**
**□ image**
[ímidʒ] イミヂ　(動?)

图 イメージ, 面影, 印象；像
◇imágine　　　　　　　動 ～を想像する ▶p.272

**683**
**□ remain**
[riméin] ゥリメイン

動 ①残る
　　②～のままである

**684**
**□ mind**
[máind] マインド

图 心, 精神　動 ～を嫌だと思う
◆make up one's mind 「決心する」
◆change one's mind 「考えを変える」

s-195 | "Mother tongue" means native language.

「母語」とは母国の言葉を意味する。

---

**685**
☐ **mother tongue**　母語　★mother ×languageとはしない。
[tʌ́ŋ] タング　◇tóngue　　　图 舌

**686**
☐ **mean**　　　　動 〜を意味する
[míːn] ミーン　　(活用形) mean – meant [mént] – meant

**687**
☐ **native**　　　形 出生地の, 母国の；ある場所に特有の
[néitiv] ネイティヴ　例 a native speaker of English「英語を母語とする人」

---

s-196 | "I can't understand the meaning of this sentence."
"I can't, either."

「私はこの文の意味を理解できない」「私もです」

---

**688**
☐ **understand**　動 〜を理解する
[ʌ̀ndərstǽnd] アンダスタンド　(活用形) understand – understood [ʌ̀ndərstúd] – understood

**689**
☐ **meaning**　图 意味
[míːniŋ] ミーニング

**690**
☐ **sentence**　图 文
[séntəns] センテンス　◇phrase　　图 句, 成句, フレーズ

**691**
☐ **either**　(多義)　副 ①(否定文で)〜もまた(ない)
[íːðər] イーザ　　②(either A or B)AかBか
★中学英語, 高校入試ではほとんどが①の意味。

§16

**He recorded the CNN special program.**

彼は CNN の特別番組を録画した。

692
□ **record**
[rikɔ́ːrd] ゥリコード

画 (〜を)記録する, 録音[録画]する

图 [rékərd] ゥレカド　記録, 録音[録画]

693
□ **special**
[spéʃl] スペシュル

形 特別な

694
□ **program**
[próuɡræm] プロウグラム

图 番組, 計画

★《英》ではprogrammeとつづる。

**She wants to win a race in the Olympics.**

彼女はオリンピックの競走で勝ちたいと思っている。

695
□ **win**
[wín] ウィン

画 〜に勝つ；〜を勝ちとる

活用形 win – won [wʌ́n] – won；winning

696
□ **race**
[réis] ゥレイス

图 ①競走, レース；競争, 争い
　　②人種

697
□ **Olympics**
[əlímpik(s)] オリンピク(ス)

图 オリンピック

★名詞で使うときはOlympicsとすることが多く, 形容詞として使うときにはOlympicとする。

例 an Olympic record「オリンピック記録」

**He hit the ball quickly.**

彼はすばやくボールを打った。

698
□ **hit**
[hít] ヒト

**動** ①〜をたたく，打つ
②〈天災などが〉〜をおそう，〜に打撃を与える

活用形 hit – hit – hit；hitting

699
□ **quickly**
[kwíkli] クウィクリ

**副** すばやく，急いで，すぐに

◇quick　　　　**形** すばやい，速い（⇔ slow）

★このように形容詞に −ly を付けて副詞にするパターンは多い。

例 careful「注意深い」— carefully「注意深く」

★quick(ly) は動作・行動などが「すばやい」，fast（▶p.44）は継続的な動きでスピードが「速い」。

## 11.　形容詞と副詞

文法
チェック

**(1)　形容詞の2用法**

**①名詞を修飾**

a new car「新しい車」, this tall building「この高い建物」

**②be 動詞などの後で主語を説明**

She is young.（彼女は若い。）

He is absent.（彼は欠席している。）

**(2)　副詞の用法**

副詞は動詞，形容詞などを修飾する。

He runs fast.（彼は速く走る。）

She always works hard.（彼女はいつも一生懸命働く。）

**(3)　形容詞＋−ly＝副詞**

形容詞に −ly をつけると副詞になるものが多い。

happy「幸せな」; happily「幸せに」

quick「すばやい」; quickly「すばやく」

§16

# §17 日常生活

| s-200 | **She looked** out of the window. |
|---|---|
|  | 彼女は窓の外を見た。 |

700
☐ **out of**
~の外に[へ], ~から
〔反?〕 ⇔ into　　　　圃 ~の中に[へ]

701
☐ **window**
[wíndou] ウィンドウ
图 窓

| s-201 | Just then **he** knocked **on the** front door. |
|---|---|
|  | ちょうどそのとき彼が正面玄関をノックした。 |

702
☐ **just**
[dʒʌ́st] ヂャスト
〔多義〕 圃 ①ちょうど, ちょうど今(~したばかり)
　②ちょっと, ただ
◆Just a moment.「ちょっと待ってください」▢p.149

703
☐ **then**
[ðén] ゼン
圃 そのとき(に), それから; そうすると

704
☐ **knock**
[nák] ナァ
動 ノックする, (~を)たたく

705
☐ **front**
[fránt] フラント
厖图 正面(の), 前方(の)
◆in front of A 「Aの正面に, 前に」▢p.199

706
☐ **door**
[dɔ́ːr] ドー
图 ドア, 戸, 扉, 玄関

s-202 **Don't lose the key *to* the door.**

ドアのかぎをなくすな。

707 **lose**
[lú:z] ルーズ

動 ①〜を失う，なくす　②〈試合など〉に負ける

活用形 lose – lost [lɔ́st] – lost；losing

◆get lost 「道に迷う」

708 **key**
[kí:] キー

名 かぎ　★lockは「錠」。

◆a key to A 「Aのかぎ，秘訣」

例 a key to success「成功の秘訣」

s-203 **The living room is *on* the first floor.**

居間は1階にある。

709 **living room**
[lívɪŋ] リヴィング

居間, リビングルーム

◆dining room 「ダイニングルーム, 食堂」

710 **floor**
[flɔ́:r] フロー

名 階, 床

★英米で階の言い方が異なるので注意。 ▷p.333〈文法38〉

s-204 **I keep a calendar in the bedroom.**

私は寝室にカレンダーを置いておく。

§17

711 **keep** 多義
[kí:p] キープ

動 ①〜を保つ, 置いておく
②(keep C)ずっとCのままである ▷p.157

712 **calendar**
[kǽləndər] キャリンダ

名 カレンダー

713 **bedroom**
[bédrù(:)m] ベドル(ー)ム

名 ベッドルーム, 寝室

◇bed 名 ベッド

## 12. there構文〈There＋be動詞＋名詞〉

① There is a book **on the table.**（テーブルの上に本がある。）
② There are three books **on the table.**（テーブルの上に3冊の本がある。）
③ There is not a tree **in our garden.**（私たちの庭には木がありません。）
④ Is there a tree **in your garden?**（あなたの庭には木がありますか?）

▶〈There＋be 動詞＋名詞〉で「〜がある[いる]」と存在を表す。be 動詞が述語動詞で、その後ろの名詞が主語。このthere に「そこに」という意味はない。

▶there 構文の主語の名詞は初めて話題に出てくるもの、相手にとって未知のことである。したがって、すでに話題になっておりthe, this, that, my などが付いた名詞はthere構文の主語にしない。

   × There is <u>the</u> book on the table.

  → ○ The book is on the table.（その本はテーブルの上にある。）

▶③否定文でも④疑問文でもthere は主語の位置に現れる。

---

| s-205 | There is a good restaurant in the hotel. |
|---|---|
| | このホテルにはいいレストランがある。 |

714
□ **There is A.** | Aがある。

715
□ **restaurant** | 图レストラン, 料理店
[réstərənt] ゥレストラント

---

| s-206 | There are no stars tonight. |
|---|---|
| | 今夜は星ひとつない。 |

716
□ **no** | 图 ひとつも…ない, 少しも…ない
[nóu] ノゥ | 圖 いいえ, いや ▷p.10

---

717
□ **star**
[stáːr] スター

图 星

718
□ **tonight**
[tənáit] トゥナイト

副图 今夜(は)

---

s-207 **The robot can go up and down stairs easily.**

そのロボットはかんたんに階段を上がったりおりたりできる。

---

719
□ **robot**
[róubɑt] ゥロウバト

图 ロボット

720
□ **up and down**

(〜を)上がったり下がったり, 上下に

721
□ **stair**
[stéər] ステア

图 ①(stairs)階段
　　②(階段の)一段
◇**dównstáirs**　　副 階下に[へ, で], 1階へ
◇**úpstáirs**　　　副 階上に[へ, で], 2階へ
例 go upstairs「2階へ行く」

722
□ **easily**
[íːzəli] イーズィリ

副 かんたんに, 容易に
◇**éasy**　　　形 かんたんな ◘p.37

§17

---

s-208 **Don't dump trash here.**

ここにゴミを捨てるな。

---

723
□ **dump**
[dʌ́mp] ダンプ

動〈ゴミなど〉を捨てる, 処分する

724
□ **trash**
[trǽʃ] トラシュ

图 ゴミ, くず ◘p.333〈文法38〉
★garbage ◘p.219

## s-209 "Can I use the bathroom?" "Certainly."

「お手洗いを貸してもらえますか?」「もちろん」

725 **bathroom**
[bǽθrùːm] バスルーム

图 浴室, 風呂場;手洗い, トイレ
★bathroomにはふつうトイレ, 洗面台があるので, 個人の住宅ではトイレのことをbathroomと言うことが多い。

◇tóilet 图 トイレ

726 **certainly**
[sə́ːrtnli] サートンリ

副 ①(質問・依頼への返答で)もちろん, その通り
②確かに, 疑いなく

◇cértain 形 ①(名詞を修飾して)ある, 特定の
②確信している(＝sure)

▶p.231

## s-210 I need *to* change my clothes.

私は服を着替える必要がある。

727 **need**
[níːd] ニード

動 ～を必要とする 图 必要
◆need to V 「Vする必要がある」

728 **clothes**
[klóuz] クロウズ

图 衣服, 身につけるもの ★集合的に複数扱い。
◇cloth 图 布

## s-211 My life changed completely.

私の生活は全く変わった。

729 **life**
[láif] ライフ

图 生活, 人生;生命

730
□ **completely**

[kəmplí:tli] コンプリートリ

副 完全に，すっかり

◇**compléte** 形 ①完全な，全部そろった
②全くの
動 ～を完成する，記入して仕上げる

例 complete the painting「その絵を完成させる」

---

s-212 **The bell rang _a_ few hours ago.**

2, 3 時間**前**にベルが鳴った。

---

731
□ **bell**

[bél] ベル

名 ベル；鐘

732
□ **ring**

[ríŋ] ゥリング

動 鳴る，響く

活用形 ring – rang [rǽŋ] – rung [rʌ́ŋ]

733
□ **few**

多義

[fjú:] フュー

形 代 ①(a few)少し(の), 2, 3 (の)，少数(の)
②ほとんどない(もの)，わずかしかない(もの)

★a few は「少しある」という意味だが，aのないfewは「ほとんどない」
という否定的な意味なので要注意。▶p.265

例 I have a few good friends.「私には少数のよい友達がいる」
I have few good friends.「私にはよい友達がほとんどいない」

★fewは数えられる名詞に用い，littleは数えられない名詞に用いる。
▶p.321〈文法31〉

§17

734
□ **hour**

発音?

[áuər] アウア ★hは発音しないので，our「私たちの」と同音だ。

名 1時間，60分

---

s-213 **You can get maps _on the_ Internet. They are really useful.**

インターネットで地図を手に入れられます。それは本当に便利です。

---

735
□ **map**

[mǽp] マプ

名 地図

127

<sup>736</sup>
☐ **Internet**
[íntərnèt] インタネト

图 インターネット
★ふつうtheを伴う。「ネット上で[に]」はon the Internet。

<sup>737</sup>
☐ **useful**
[júːsfl] ユースフル

形 便利な，役に立つ
◇use　　　　　動 〜を使う，利用する ▶p.85
　　　　　　　 图 使うこと，使用

---

s-214 　**He received a Christmas card from his friend.**
　　　彼は友だちからクリスマスカードを受け取った。

<sup>738</sup>
☐ **receive**
[risíːv] ゥリスィーヴ

動 〜を受け取る
活用形 receive – received – received；receiving
◇recéipt　　　 图 ①領収書，レシート　②受領

<sup>739</sup>
☐ **Christmas**
[krísməs] クリスマス

图 クリスマス
◆Christmas Eve　　　「クリスマスイブ」(12月24日)
◆Christmas Day　　　「クリスマスの日」(12月25日)
◆Happy Christmas.　「クリスマスおめでとう」
◇célebrate　　　　　動 〈祝日・めでたいこと〉を祝う
例 celebrate Christmas「クリスマスを祝う」

<sup>740</sup>
☐ **card**
[káːrd] カード

图 カード，券，はがき(正式にはpostcard)

---

s-215 　**We go to church to pray to God.**
　　　神に祈るために私たちは教会に行く。

<sup>741</sup>
☐ **church**
[tʃáːrtʃ] チャーチ

图 教会
★キリスト教の教会。

---

742 □ **pray**
[préi] プレイ

動 祈る
◇prayer　　　　名 祈り

743 □ **god**
[gád] ガド

名 神
★godならいろんな宗教の「神」だが, Godとすると, キリスト教の神。

---

| s-216 | She pushed his wheelchair along the street. |
| | 彼女は通りに沿って彼の車いすを押した。 |

744 □ **push**
[púʃ] プシュ

動 ～を押す
3単現 pushes

745 □ **wheelchair**
[hwíːltʃeər] ウィールチェア

名 車いす
◇wheel　　　　名 車輪；(steering wheel)ハンドル

746 □ **along**
[əlɔ́ŋ] アロング

前 ～に沿って
副 沿って, 進んで

---

| s-217 | Please see the schedule for the festival. |
| | 祭りの予定を見てください。 |

747 □ **schedule**
[skédʒuːl] スケヂュール

名 予定(表)

748 □ **festival**
[féstəvl] フェスティヴル

名 お祭り, 祝祭, 祭日

---

| s-218 | They're building a tower near the shore. |
| | 彼らは岸の近くに塔を建てている。 |

<sup>749</sup>
☐ **build**
[bíld] ビルド

🔲 ～を建てる

(活用形) build – built [bílt] – built; building

◇**búilding**　　图 建物

<sup>750</sup>
☐ **tower**
[táuər] タウア

图 塔, タワー

<sup>751</sup>
☐ **shore**
[ʃɔ́ːr] ショー

图 岸, 海岸

---

| s-219 | A stone rolled down the slope. |
|---|---|
| | 石が坂を転がった。 |

<sup>752</sup>
☐ **stone**
[stóun] ストウン

图 石

<sup>753</sup>
☐ **roll**
[róul] ゥロウル

🔲 転がる

[ことわざ] A rolling stone gathers no moss. 「転石苔むさず」

▶p.199 gather

<sup>754</sup>
☐ **slope**
[slóup] スロウプ

图 坂

---

| s-220 | Nothing good happened today. |
|---|---|
| | 今日はいいことが何も起こらなかった。 |

<sup>755</sup>
☐ **nothing**
[nʌ́θiŋ] ナスィング

代 何も…ない, 少しも…ない

图 つまらないこと　★単数扱い。

★nothing goodのように, 形容詞は後ろに置いて修飾する。形容詞を前に置いてgood nothingとしてはいけない。

<sup>756</sup>
☐ **happen**
[hǽpn] ハプン

🔲 起こる, 生じる

---

# §18　仕事・ビジネス

## 13.　動名詞の使い方

文法
チェック

　Vingは「Vすること」という名詞句として使われる。ingを付けることで動詞を名詞化しているので、動名詞と呼ぶ。

### (1)　進行形と動名詞の違い

> ① My mother is cooking. (母は料理をしている。)
> ② My job is teaching English. (私の仕事は英語を教えることだ。)

▶①はbe + Vingで「Vしている」という進行形の述語動詞。My mother ≠ cookingの関係に注意。

▶②はVing ...で、「…すること」という動名詞。My job = teaching Englishの関係に注意。

### (2)　不定詞と動名詞

　不定詞(to V)も動名詞(Ving)と同じく、「Vすること」という用法があり、よく似ている。しかし、特に動詞の目的語として使う場合は、動詞によって動名詞を使うか不定詞を使うかが決まっているものがあるので、注意が必要だ。

> I want to go to Spain someday. (私はいつかスペインに行きたい。)◎s-181
> He finished reading the book. (彼はその本を読み終えた。)

§18

▶〈動詞+ Ving〉とする動詞

　動詞の中には、〈動詞+ to V〉としても〈動詞+Ving〉としてもあまり意味が変わらないものもある。たとえば、start to Vもstart Ving も「Vし始める」という意味である。しかし、enjoy Ving「Vすることを楽しむ」、finish Ving「Vし終える」などは、Vingの代わりにto Vとすることはできないし、反対にwant to V「Vしたい」やhope to V「Vすることを望む」などは、to V をVingとすることはできない。

(3) 〈前置詞＋Ving〉

> I am interested in studying abroad. (私は留学することに興味がある。)

▶前置詞（in, onなど）の後には to V を置けないが, 動名詞（Ving）は置ける。

---

s-221 **They had an international meeting on air pollution.**

彼らは大気汚染についての国際会議を開いた。

---

757 **international**
[ìntərnǽʃənl] インタナショヌル

形 国際的な

源 inter（の間）＋national（国家の）

◇nátion　　　　名 国 ▶p.195

---

758 **meeting**
[míːtiŋ] ミーティング

名 会議

---

759 **on**　　　　(多義)
[ɑn] アン

前 ①〜に関して

②〈曜日・日付〉に ▶p.21

③〈場所〉の上に, 上で

★上の例文での意味では about「〜について」と同じような意味だが, on は専門的な話題について用いることが多い。

---

760 **air**
[éər] エア

名 空気, 大気

◆air conditioner「エアコン, クーラー」

★cooler は「冷蔵庫などの冷却器」で, 「クーラー」ではない。

---

761 **pollution**
[pəlúːʃən] ポルーション

名 汚染, 公害

◆environmental pollution　「環境汚染」

---

s-222  **Making a good** presentation **is a** difficult task.

　いい発表をすることはむずかしい仕事だ。

762
□ **presentation**
[prìzəntéiʃən] プリゼンテイション

图 発表, 提案, プレゼン

763
□ **difficult**
[dífikλlt] ディフィカルト 反?

圏 むずかしい, 困難な
⇔ **éasy**　　　　圏 かんたんな ▶p.37

764
□ **task**
[tǽsk] タスク

图 仕事, 任務, 作業
★work「仕事」と違って, 数えられる名詞。▶p.72

---

s-223  **You** must choose **the right** topic.

　君は適切な話題を選ばなければならない。

765
□ **must**
[məst] マスト

勔 〜しなければならない
★have to V「Vしなければならない」と同じような意味だが, don't have to V「Vする必要はない」とmust not Vは意味が違う。

◆**must not** V　　「V してはいけない」
★禁止を表す。
例 You must not take a picture here.
　「ここで写真を撮ってはいけません」

§18

766
□ **choose**
[tʃúːz] チューズ

勔 (〜を)選ぶ
活用形 **choose** – **chose** [tʃóuz] – **chosen** [tʃóuzn]

767
□ **topic**
[tápik] タピク

图 話題, (エッセイや講演などの)テーマ, 題目

**I set small goals each day.**

私は毎日小さな目標を定める。

768
□ **set**
[sét] セト

動 ①〜を定める，設定する
②〜を配置する，置く
③〈太陽が〉沈む
活用形 set − set − set；setting
名 一組

769
□ **goal**
[góul] ゴウル

名 目標，目的；ゴール

770
□ **each**
[íːtʃ] イーチ

形 それぞれの，各〜　副 代 それぞれ
★everyと同じような意味だが，eachの方が個別的にとらえている。
★〈each＋名詞〉は単数扱い。ただし，人間の場合はthey, themなどで受けることもある。
◆each other　「お互い」　★代名詞。 ▶p.175

**He is a clerk at the post office.**

彼は郵便局の職員だ。

771
□ **clerk**
[kláːrk] クラーク

名 職員，店員，事務員，係

772
□ **post office**
[póust àfəs] ポウストアフィス

郵便局
◇post　　　名 郵便(物)　動 〜を投函する
★「郵便ポスト」はmailbox《米》, letterbox《英》。
◇póstcard　　名 はがき
◇póster　　　名 ポスター
◇óffice　　　名 オフィス，会社，事務所

| s-226 | She is a nurse at the hospital. |
|---|---|
|  | 彼女は病院の看護師だ。 |

773
□ **nurse**
[nə́ːrs] ナース

图 看護師

774
□ **hospital**
[háspitl] ハスピトル

图 病院
◆go to[enter] the hospital 「入院する」
◆leave the hospital 「退院する」

| s-227 | The police officer spoke in a loud voice. |
|---|---|
|  | その警察官は大きな声で話した。 |

775
□ **police**
アク? [pəlíːs] ポリース

图 警察
★組織としての警察は the police で, 複数扱い。1人の警察官は a police officer だ。

776
□ **officer**
[áfəsər] アフィサ

图 役人, 公務員, 警官 (= police officer)
★おまわりさんに呼びかけるときにも使える。
例 Excuse me, officer. 「すみません, おまわりさん」

777
□ **loud**
[láud] ラウド

形 〈音・声が〉大きい, うるさい
副 大きな声で

§18

778
□ **voice**
[vɔ́is] ヴォイス

图 声
◆in a loud voice 「大きな声で」

135

## s-228 Training **to be an** astronaut **is** hard.

宇宙飛行士になるための訓練はむずかしい。

### 779 □ training
[tréiniŋ] トレイニング

图 訓練
◇train　　　　　動 (～を)訓練する
　　　　　　　　图 列車, 電車

### 780 □ astronaut
[ǽstrənɔ̀:t] アストロノート

图 宇宙飛行士
源 astro(星)＋naut(水夫)

### 781 □ hard　多義
[há:rd] ハード

形 ①むずかしい(＝difficult)　②かたい
副 一生懸命に ▶p.34

## s-229 We're searching *for* treasure.

私たちは宝物を探している。

### 782 □ search
[sə́:rtʃ] サーチ

動 探す；〈場所〉を探す
◆search for A　　「Aを探す」
◆search〈場所〉for A　「Aを求めて〈場所〉を探す」
例 search the bag for the key「かぎがないかとバッグを探す」

### 783 □ treasure
[tréʒər] トレジャ

图 宝物

s-230 **I would like to share information _with_ you.**

私はあなたと情報を共有したい。

784
☐ **would like to** V | Vしたい

★would likeはwantと同じような意味だが，wantよりもていねい。

◆would like A 「Aを欲しいと思う」▶p.61

785
☐ **share**
[ʃéər] シェア

🔲 ～を共有する，分かち合う
🔲 分け前，取り分

◆share A with B「BとAを共有する」

786
☐ **information**
[ìnfərméiʃən] インファメイション

🔲 情報

★数えられない名詞。▶p.321〈文法31〉

§18

# §19 健康・食事

s-231 **Smoking is bad for health.**

喫煙は健康に悪い。

---

### 787
☐ **smoking**
[smóukiŋ] スモウキング

图 喫煙
◇smoke　　　　　　图 煙, 喫煙
◆second-hand smoke「受動喫煙」

### 788
☐ **bad**
[bǽd] バド

形 悪い (⇔good)
比較変化 bad – worse [wə́ːrs] – worst [wə́ːrst]
◆That's too bad.
　　　　「それはいけませんね；お気の毒に」▷p.233

### 789
☐ **health**
[hélθ] ヘルス　　形?

图 健康
◇héalthy　　　　　　形 健康的な

---

s-232 **He hurt his leg in an accident.**

彼は事故で脚をけがした。

---

### 790
☐ **hurt**
[hə́ːrt] ハート

動〈人の体〉をけがする, 〈人〉を傷つける；
　〈体の一部が〉痛む, 〈注射などが〉痛みを与える
活用形 hurt – hurt – hurt；hurting

### 791
☐ **accident**
[ǽksədənt] アクスィデント

图 事故
★「事故にあう」は have an accident。
　×meet an accident とは言わない。

| s-233 | **The** drugstore **is** over there. |
|---|---|
| | ドラッグストアはあそこにある。 |

<sup>792</sup>
□ **drugstore**
[drʌ́gstɔ̀ːr] ドラッグストー

图 ドラッグストア
★ドラッグストアは薬の販売だけでなく, 雑貨, 雑誌, 本, 化粧品も売り, 簡単な飲食もできる。
◇drug　　　　　图①薬, 薬品　②麻薬

<sup>793</sup>
□ **over there**

あそこに, 向こうに

| s-234 | **The child went to the** dentist **for the first time.** |
|---|---|
| | その子は初めて歯医者に行った。 |

<sup>794</sup>
□ **dentist**
[déntəst] デンティスト

图 歯医者
圞 dent(歯)＋ist(人)

<sup>795</sup>
□ **for the first time**

初めて　★first「第一の」は ▶p.22
◆at first　　　　「初めのうちは」▶p.213

| s-235 | **The** farmers **grow** organic vegetables. |
|---|---|
| | その農家は有機野菜を栽培する。 |

<sup>796</sup>
□ **farmer**
[fɑ́ːrmər] ファーマ

图 農家, 農民, 農場主
◇farm　　　　　图 農場, 飼育場
◇fárming　　　　图 農業, 農作業；農場経営

<sup>797</sup>
□ **grow**
[gróu] グロウ

動〈農作物を〉栽培する；成長する, 育つ
活用形 grow – grew [grúː] – grown [gróun]
★「人を育てる」という用法はないので, ×grow a childとしてはいけない。「子どもを育てる」はbring up a child。
◆grow up　　　　「成長する, 大人になる」

§19

## organic

[ɔ́ːrgǽnik] オーギャニク

形 有機農法の，有機栽培の

## vegetable

[védʒətəbl] ヴェヂタブル

名 野菜

◇múshroom 名 きのこ，マッシュルーム

---

| s-236 | I went strawberry hunting in the forest. |
|---|---|
|  | 私は森にいちご狩りに行った。 |

---

## strawberry

[strɔ́ːbèri] ストローベリ

名 いちご

◇blúeberry 名 ブルーベリー

## hunting

[hʌ́ntiŋ] ハンティング

名 狩り

◇hunt 動 ～を狩る

## forest

[fɔ́rəst] ファレスト

名 森

---

| s-237 | They sell fresh fruit at the supermarket. |
|---|---|
|  | スーパーマーケットで新鮮な果物を売っている。 |

---

## they

[ðéi] ゼイ

多義

代 (ある地域・店などの)人たちは[が]；
彼らは[が]，それらは[が]

★上の例文のようにtheyを訳さない場合も多い。

## sell

[sél] セル

動 ～を売る；〈ものが〉売れる

活用形 sell – sold [sóuld] – sold；selling

反？ ⇔ buy 動 ～を買う ▶p.87

## fresh

[fréʃ] フレシュ

形 新鮮な，新しい

## 806 ☐ **fruit**
[frú:t] フルート

图 果物；成果

★ふつうfruitは数えられない名詞で単数形で用いるが，特に果物の種類を言うときや，「成果」の意味で用いるときは数えられる名詞として扱いfruitsとなることがある。

◆fruit and vegetables 「果物と野菜」

★常にこの順番。

## 807 ☐ **supermarket**
[súpərmà:rkət] スーパマーケット

图 スーパーマーケット

---

s-238

Would you like something *to* eat? We have bean salad and sandwiches.

何か**食べ物**はいりませんか？ 豆サラダとサンドイッチがあります。

---

## 808 ☐ **something**
[sʌ́mθìŋ] サムスィング

囮 何かあるもの[こと]

★somethingを修飾する形容詞はsomethingの後ろに置く。

例 × new something → ○ something new 「何か新しいもの」

## 809 ☐ **bean**
[bí:n] ビーン

图 豆 ★数えられる名詞。

◇sóybean 图 大豆

## 810 ☐ **salad**
[sǽləd] サラド

图 サラダ

## 811 ☐ **sandwich**
[sǽndwitʃ] サンドウィチ

图 サンドイッチ

複数形 sandwiches

★つづり字注意。短縮して「ハムサンド」などとするのは日本語で，英語ではそういう言い方はない。

§19

**Have a bowl of her tomato soup. It's delicious.**

彼女のトマトスープを1杯食べなさい。おいしいよ。

812
□ **bowl**
[bóul] ボウル

图 鉢, わん, ボウル

例 a bowl of rice「茶わん1杯のご飯」

813
□ **tomato**

图 トマト

アク? [təméitou] トメイトウ　(複数形) tomatoes

814
□ **soup**
[súːp] スープ

图 スープ　★数えられない名詞。

★スプーンでスープを飲むときにはdrinkは使わずeat[have] soupと言う。カップで直接飲むときにはdrink soupも使える。

815
□ **delicious**
[dilíʃəs] ディリシャス

形 おいしい

**She baked a peach pie.**

彼女はピーチパイを焼いた。

816
□ **bake**
[béik] ベイク

動〈パン・クッキーなど〉を焼く

★直火ではなく, オーブンで調理するときに使う。焼き網で焼くときはgrillを使う。

817
□ **peach**
[píːtʃ] ピーチ

图 桃, ピーチ

(複数形) peaches

818
□ **pie**
[pái] パイ

图 パイ

| s-241 | He cut the chocolate cake with a knife. |
|---|---|
| | 彼はナイフでチョコレートケーキを切った。 |

**819 cut**
[kʌt] カト

動 〜を切る

活用形 cut – cut – cut；cutting

**820 chocolate**
[tʃɔ́(ː)kələt] チョ(ー)コラト

图 チョコレート

◇cándy　　　图 キャンディ, チョコレート菓子

★ 日本語の「チョコバー」は英語でa candy bar。candyはアメ, チョコレートを使った菓子全般を言う。

**821 cake**
[kéik] ケイク

图 ケーキ

★「ケーキひと切れ」はa piece of cakeという。

◇cream　　　图 クリーム
◇jam　　　　图 ジャム
◇jelly　　　　图 ゼリー

**822 with**
[wið] ウィス

多義

前 ①〈道具〉で

②〜と, 〜と一緒に ▶p.62

**823 knife**

発音?

图 ナイフ, 小刀

[náif] ナイフ　★kを発音しない。

◇fork　　　　图 フォーク
◆a knife and fork「ナイフとフォーク」
★成句になっているのでふつうこの順番で, aは1つだけ。
◇spoon　　　图 スプーン

§19

| s-242 | I like drinking cold tea. |
|---|---|
| | 私は冷たいお茶を飲むのが好きです。 |

## 824 □ like Ving

Vするのが好きだ

★like to Vとlike Vingは同じような意味で用いる場面もあるが、「〜したい」という意味ではlike to Vを用いる。

## 825 □ cold

[kóuld] コウルド 〔反?〕

圏 冷たい, 寒い　图 寒さ；風邪(かぜ)

⇔ hot　　　　圏 熱い, 暑い ▶p.98

◆catch (a) cold 「風邪をひく」

---

**s-243　They use plastic trays in the cafeteria.**

そのカフェテリアではプラスチックのお盆を使っている。

## 826 □ plastic

[plǽstik] プラスティク

圏图 プラスチック(の)

## 827 □ tray

[tréi] トレイ

图 盆, トレー

## 828 □ cafeteria

[kæ̀fətíəriə] キャフェティアリア

图 カフェテリア, (セルフサービスの)食堂

---

**s-244　Please finish eating everything on your plate.**

皿にあるすべてのものを食べ終えてください。

## 829 □ finish

[fíniʃ] フィニシュ

動 〜を終える　★finish to Vとしてはならない。

◆finish Ving 「Vし終える」

## 830 □ everything

[évriθiŋ] エヴリスィング

代 すべてのもの[こと], 何もかも

★everythingは単数扱い。

## 831 □ plate

[pléit] プレイト

图 皿

★一人一人が使う皿がplate, 料理の盛られる大皿がdish。

144

# §20 買い物・衣服

## 14. SVOOの文型（主語＋動詞＋目的語＋目的語）

文法
チェック

> ① I gave Susan a present. (私はスーザンに贈り物をあげた。)
> ＝I gave a present to Susan.
> ② She bought Greg a picture book. (彼女はグレッグに絵本を買った。)
> ＝She bought a picture book for Greg.

▶ SVOO(主語＋動詞＋目的語＋目的語)の文型では, 動詞の後に2つの目的語(O)がくる。1つめのOに〈人〉をおき, 2つめのOに〈もの〉をおくのがふつうだ。

▶ SVOOの文はSVOに書き換えられる場合が多い。その場合, ① giveのようにtoを使う動詞と, ② buyのようにforを使う動詞がある。

　　① giveタイプの動詞:send「〜を送る」, show「〜を見せる」, teach「〜を教える」
　　② buyタイプの動詞:get「〜を手に入れる」, leave「〜を残しておく」

---

s-245　**"I want to give her a present." "That's a good idea."**
　　　「彼女にプレゼントをあげたい」「それはいい考えだ」

---

832
□ **give**
[gív] ギヴ

動 ①〜を与える, あげる
　②〈会など〉を開く, もよおす
◆give A up　　「Aをやめる, あきらめる」▶p.267

§20

833
□ **present**
[préznt] プレズント

名 プレゼント, 贈り物

834
□ **idea**
[aidíːə] アイディーア

名 考え, 思いつき
◆Good idea.「(間投詞的に)いい考えだ, それはいい」
◆I have an idea.「私にいい考えがある」

**She was *in* a lovely dress.**

彼女はかわいい服を着ていた。

835
□ **lovely**
[lʌ́vli] ラヴリ

圏 かわいい，美しい；すばらしい

★−lyで終わる単語はたいてい副詞だが，lovelyはふつう形容詞。

836
□ **dress**
[drés] ドレス

图 服，服装 動 〜に服を着せる

★dressは女性や女児の服をいうことが多い。clothesは男女の服をいう。

◇**drésser**　　图 ドレッサー，鏡台（付き化粧だんす）　★主に《米》。

---

s-247　**"May I help you?" "Yes, I'm looking for a coat."**

「お手伝いいたしましょうか？」「はい，コートを探しています」

837
□ **may**　（多義）
[méi] メイ

動 ①〜してもよい

②〜かもしれない，〜する可能性がある

◆May I 〜?　　「〜してもよろしいですか？」

★Can I 〜?よりもていねい。

◆May[Can] I help you?

「何にしましょうか？；どうしましたか？」 ▶p.88

838
□ **look for A**

Aを探す

839
□ **coat**
[kóut] コウト

图 コート

---

s-248　**This is too expensive. Do you have a cheaper one?**

これは高価すぎます。もっと安いものはありませんか？

840
□ **too**　[多義]　圖 ①あまりにも, 〜すぎ
[tú:] トゥー　②〜もまた, 同様に ▶p.3

841
□ **expensive**　圏 高価な, 〈値段が〉高い
[ikspénsiv] イクスペンスィヴ

842
□ **cheap**　圏 安価な, 〈値段が〉安い
[tʃí:p] チープ　★cheaper「より安い」はcheapの比較級。▶p.327〈文法34〉

---

s-249　**Please show me another style.**
　　別のスタイルを見せてください。

843
□ **another**　圏 別の, もうひとつの
[ənʌ́ðər] アナザ　★anotherの前には, an, the, thisなどを置くことができない。
　　★数えられない名詞にはanotherは付けられない。

844
□ **style**　图 スタイル, 型
[stáil] スタイル

---

s-250　**This skirt has a wonderful shape.**
　　このスカートはすばらしい形です。

845
□ **skirt**　图 スカート
[skə́ːrt] スカート

846
□ **wonderful**　圏 (驚くほど)すばらしい, すてきな
[wʌ́ndərfl] ワンダフル

847
□ **shape**　图 形, 姿, 格好
[ʃéip] シェイプ　◇**shaped**　圏 形をした　★複合語で使う。
　　例 star-shaped「星形の」

§20

| s-251 | "This is your size and the price is very low." "Perfect. I'll take it." |
|---|---|
| | 「これはあなたのサイズですし，値段はとても安いです」「すばらしい。それをもらいます」 |

848
□ **size**
[sáiz] サイズ

图 サイズ，寸法

849
□ **price**
[práis] プライス

图 価格，値段

850
□ **low**
[lóu] ロウ 　反?

形〈高さ・温度などが〉低い，〈値段が〉安い
⇔ high 　　形 高い

851
□ **perfect**
[pə́ːrfikt] パーフィクト

形 完全な，申し分のない，すばらしい

852
□ **I'll take A.**

Aを買います。

| s-252 | Here's your change. |
|---|---|
| | これはおつりです。 |

853
□ **Here is A.**

これはAです，ここにAがあります。
★人に物を渡すときに用いる。

854
□ **change** 　多義
[tʃéindʒ] チェインヂ

图 ①おつり　②変化
動 ①～を変える；変わる　②着替える ▶p.101

| s-253 | I'll wrap the gift *in a* moment. |
|---|---|
| | すぐに贈り物を包みます。 |

855
□ **wrap**
[rǽp] ゥラプ

動 ～を包む，くるむ，巻く

活用形 wrap – wrapped – wrapped；wrapping

856
□ **gift**
[gíft] ギフト

图 贈り物

857
□ **moment**
[móumənt] モウメント

图 瞬間，一瞬

◆in a moment 「ただちに，すぐに」

| s-254 | I could not buy the wine simply because I had no money with me. |
|---|---|
| | 単にお金を持っていなかったので，私はワインを買うことができなかった。 |

858
□ **could**
[kúd] クド

助 ～できた ★canの過去形。

◆Could you ～? 「～してくださいませんか?」

★Can you～?よりていねいな言い方。

859
□ **wine**
[wáin] ワイン

图 ワイン，ぶどう酒

860
□ **simply**
[símpli] スィンプリ

副 単に

861
□ **money**
[mʌ́ni] マニ

图 お金

★数えられない名詞。▶p.321〈文法31〉

§20

# §21 感情・感覚

## 15. SVCの文型（主語＋動詞＋補語）

> ① She is a good teacher. (彼女はいい教師だ。)
> ② He became famous. (彼は有名になった。)
> ③ Meg got angry. (メグは怒った。)
> ④ I feel happy. (私は幸せな気持ちだ。)

▶ SVCの文型では「SはCである」(S＝C)の関係が成り立ち，Cには名詞や形容詞などがくる。

▶ 他にこの文型で使われる動詞は，keep「ずっと〜ままである」，look「〜に見える」，seem「〜に思える」，sound「〜に聞こえる」，taste「〜の味がする」などである。

---

| s-255 | **What's up?　You** look **sad.** |
| --- | --- |
|  | どうしたの？　悲しそうだね。 |

**862**
☐ **look**
[lúk] ルク
多義

> 動 ①(look C)Cに見える
> ②(look at A)Aを見る ▸p.31
> ③(命令文で)ほら，いいかい ▸p.172
> ★look CのCには, happy, sad, good, greatなどの形容詞がくる。

**863**
☐ **sad**
[sǽd] サド

> 形 悲しい

| s-256 | *What's* wrong?　Are you sleepy? |
|---|---|
| | どこか具合が悪いのですか？　眠いのですか？ |

864
☐ **wrong**

[rɔ́(ː)ŋ] ゥロ(ー)ング

形①具合が悪い，故障して
　②間違った，誤った（⇔ right「正しい」）
◆What's wrong?「どこか具合が悪いのですか？」

865
☐ **sleepy**

[slíːpi] スリーピ　(動?)

形 眠い
◇sleep　　　　動 眠る　图 眠り ▶p.82

| s-257 | I feel unhappy *for* no clear reason. |
|---|---|
| | 私ははっきりとした理由もなくみじめな気持ちだ。 |

866
☐ **feel**

[fiːl] フィール

動①（feel C）Cに感じる
　②～を感じる

867
☐ **unhappy**

[ʌnhǽpi] アンハピ

形 悲しい，みじめな；不幸な，不運な
源 un(否定)＋happy
★un-を形容詞などに付けた反意語はたくさんある。
例 unlucky「不運な」，unable「できない」，unclear「はっきりしない」，uneasy「不安な」，unusual「ふつうでない」

868
☐ **clear**　(多義)

[klíər] クリア

形①明らかな　②晴れた ▶p.100
動 ～をかたづける
◇cléarly　　　　副 はっきりと，明らかに

869
☐ **reason**

[ríːzn] ゥリーズン

图 理由，わけ
◆for no reason 「どういうわけか，理由もなく」

§21

| s-258 | **This cookie tastes sweet.** |
|---|---|
| | このクッキーは甘い味がする。 |

**870**
☐ **cookie**
[kúki] クキ

图 クッキー, ビスケット　★主に《米》。

◇**bíscuit**　　　　图 ①ビスケット　★主に《英》。
　　　　　　　　　　②ホットビスケット　★主に《米》。

**871**
☐ **taste**
[téist] テイスト

働 (taste C)Cな味がする　图 味

活用形 taste – tasted – tasted; tasting
★Cにはgood, greatなど, 形容詞がくる。

**872**
☐ **sweet**
[swíːt] スウィート

形 甘い
★sweat「汗」とつづり字が似ているので注意。

| s-259 | **I enjoy drawing pictures of fireworks in my free time.** |
|---|---|
| | 私はひまな時に花火の絵を描いて楽しむ。 |

**873**
☐ **enjoy Ving**
[indʒɔ́i] インヂョイ

Vするのを楽しむ, Vして遊ぶ
★×enjoy to Vとしてはいけない。

**874**
☐ **draw**
[drɔ́ː] ドロー

働 ①〈絵〉を描く, 〈線〉を引く　②～を引く, 引っ張る
活用形 draw – drew [drúː] – drawn [drɔ́ːn]
★draw a pictureはペンなどで線画を描くことを言い, paint a pictureは絵の具などで色を塗って絵を描くことを言う。
◇**dráwing**　　　　图 絵, 線画, 図画

**875**
☐ **firework**
[fáiərwɔ̀ːrk] ファイアワーク

图 花火
★複数形で使うことが多い。

**876**
☐ **free**
[fríː] フリー

形 自由な, ひまな

---

s-260 **She finally stopped crying.**

彼女はやっと泣きやんだ。

877 □ **finally**
[fáinəli] ファイナリ

圖 ①ついに, やっと ②最後に
◇**final** 圈 最後の, 最終の

878 □ **stop Ving**
[stáp] スタプ

Vするのを止める
★stop to Vは「立ち止まってVする」という意味になる。

879 □ **cry**
[krái] クライ

動 (声をあげて)泣く；叫ぶ, 大声で言う 图 泣き声
[活用形] cry – cried – cried；crying

---

s-261 **He was excited about going to the zoo.**

動物園に行くことで彼はわくわくしていた。

880 □ **excited**
[iksáitid] イクサイティド

圈〈人が〉興奮している, わくわくしている
▶p.326〈文法33〉

◇**exciting** 圈〈人を〉わくわくさせるような,
興奮させる

881 □ **zoo**
[zú:] ズー

图 動物園

---

s-262 **He'll get angry if you break the vase.**

もしその花びんを壊したら, 彼は怒るだろう。

882 □ **get**
[gét] ゲト
[多義]

動 ①(get C)Cになる ②〜を手に入れる ▶p.113
[活用形] get – got – got / gotten；getting
★①はSVC, ②はSVOの文型で用いたときの意味で, 同じgetでも意味・使い方が違う。▶p.91〈文法9〉
★get Cは一時的な状態の変化を表し, 永続的な状態には用いない。
例 He became [×got] tall.
★Cには, angry, excited, tired, wetなどの形容詞が多い。

## □ angry
[ǽŋgri] アングリ

形 怒っている, 腹を立てて

◆be angry with[at] 〈人〉「〈人〉に怒っている」

◇ánger　　　图 怒り

## □ break　多義
[bréik] ブレイク

動 ～を壊す, 割る, 破る　图 休憩 ▶p.234

活用形 break – broke [bróuk] – broken [bróukn]

## □ vase
[véis] ヴェイス

图 花びん

◆flower pot　　　「植木鉢」

---

| s-263 | I'm glad to hear your voice. |
|---|---|
|  | 君の声を聞けてうれしい。 |

## □ glad
[glǽd] グラド

形 〈人が〉うれしい

★gladは名詞の前には置けない。×a glad girl

◆be glad to V　「V してうれしい」

## □ hear
[híər] ヒア

動 ～を聞く, 聞こえる

活用形 hear – heard [hə́ːrd] – heard

語法 ★listenは注意を傾けて「聞く」という意味だが, hearはたとえ注意を 向けなくても「耳に聞こえる」という意味。

★hearはふつう進行形, 命令形にしない。

◆hear of A　「Aについて耳にする, うわさを聞く」

---

| s-264 | I was surprised *to* see that new machine. |
|---|---|
|  | その新しい機械を見て私は驚いた。 |

## □ surprised
[sərpráizd] サプライズド

形 〈人が〉驚いている

◆〈人〉be surprised at A.「Aに〈人〉が驚いている」

◇surpríse　　　動 〈人〉を驚かす　图 驚き

◇surprísing　　　形 〈人を〉驚かすような, 驚くべき

▶p.326〈文法33〉

## 889 machine
[məʃíːn] マシーン

图 機械

---

s-265 "Thank you for sending me your photos." "My pleasure."
「君の写真を送ってくれてありがとう」「どういたしまして」

---

## 890 Thank you for A[Ving].

A[Ving]のことでありがとう。
◇thank　　　　　　　動〈人〉に感謝する

---

## 891 send
[sénd] センド

動 〜を送る
活用形 send − sent [sént] − sent
◆send〈人〉A = send A to〈人〉「〈人〉にAを送る」

---

## 892 photo
[fóutou] フォウトウ

图 写真
◇phótograph　　　图 写真　　★この短縮形がphoto。
◇photógrapher　　图 写真家

---

## 893 pleasure
[pléʒər] プレジャ

图 楽しみ, 喜び
◆My pleasure.　「どういたしまして」
★礼を言われたときの返答。

---

s-266 I always try to be kind to other people.
私はいつも他の人たちに親切にしようとしている。

---

## 894 try
[trái] トライ

動 (try to V) Vしようとする, 試みる；〜を試す
3単現 tries　　活用形 try − tried − tried；trying

§2

---

## 895 kind
[káind] カインド

形 親切な, やさしい
◆It's (very) kind of you.
　　　　　　　　「ご親切にありがとう」 ▷p.233
◇kíndness　　　　图 親切(心), 思いやり

155

## 896 other
[ʌ́ðər] アザ

形 他の, 別の

代 他のもの；(無冠詞でothers)他人, 他の人たち

◆each other 「お互い」 ▶p.175

◆some〜other(s)... 「〜もあれば, …もある」 ▶p.211

## 897 people
[pí:pl] ピープル

名 人々；国民, 民族 ★people「人々」は複数扱い。

例 two people「2人の人」

---

s-267 **I'm interested _in_ Japanese dolls.**

私は日本の人形に興味がある。

---

## 898 interested
[íntərəstid] インタレスティド

形 〈人が〉興味を持っている

◆be interested in A 「Aに興味がある」

◆be interested in Ving 「Vしたいと思う」

★want to Vより遠回しな言い方。

◇ínteresting 形 〈もの・ことが〉興味深い, おもしろい ▶p.37

◇ínterest 名 興味, 関心

## 899 doll
[dάl] ダル

名 人形

---

s-268 **People respect him _for_ being honest.**

人々は彼が正直なので尊敬している。

---

## 900 respect
[rispékt] ゥリスペクト

動 〈人〉を尊敬する

名 尊敬, 敬意

◆respect〈人〉for A 「Aのことで〈人〉を尊敬する」

---

156

---

901
## □ honest
[ánəst] アネスト　名?

形 正直な

◇hónesty　　　名 正直, 誠実さ

◇hónestly　　　副 正直に, 誠実に；正直に言って

---

s-269 **The priest believes that all temples are sacred.**

その僧はすべての寺は神聖だと信じている。

---

902
## □ priest
[príːst] プリースト

名 僧, 司祭

★キリスト教だけでなく他の宗教の聖職者にも用いる。

---

903
## □ believe
[bilíːv] ビリーヴ

動 〜を信じる, 〜だと思う

---

904
## □ temple
[témpl] テンプル

名 寺(院), 聖堂

★主にキリスト教以外の仏教や古代ギリシャ・ローマなどの寺院・聖堂に使う。キリスト教の教会はchurch。▶p.128

---

905
## □ sacred
[séikrid] セイクリド

形 神聖な

---

s-270 **They keep silent in class.**

授業中彼らはずっと黙ったままだ。

---

906
## □ keep
[kíːp] キープ　多義

動 ①(keep C)ずっとCのままである
②〜を保つ, 置いておく▶p.123

---

907
## □ silent
[sáilənt] サイレント

形 静かな, 沈黙の

◇sílence　　　名 沈黙, 静けさ▶p.298

§21

**The rock looks like a human face.**

その岩は人間の顔のように見える。

| | |
|---|---|
| 908 □ **rock**<br>[rák] ゥラク | 图 岩 |
| 909 □ **look like A** | Aのように見える，Aに似ている |
| 910 □ **like**<br>[láik] ライク | 前 〜のように，〜のような，〜に似た<br>例 a dress like yours「あなたのドレスに似たもの」<br>◆just like A　「ちょうどAのように」 |
| 911 □ **human**<br>[hjú:mən] ヒューマン | 形 人間の　图 (humans)人間<br>◆human being　「人間」 |

**Don't laugh *at* a person *in* trouble.**

困っている人を笑うな。

| | |
|---|---|
| 912 □ **laugh**<br>[lǽf] ラフ | 動 (声に出して)笑う<br>◆laugh at A　　「Aを笑う」<br>◇láughter　　图 笑い ▷p.209 |
| 913 □ **person**<br>[pə́:rsn] パースン | 图 人<br>◇pérsonal　　形 個人の，個人的な<br>例 personal information「個人情報」 |
| 914 □ **trouble**<br>[trʌ́bl] トラブル | 图 苦労，心配，困難<br>◆(be) in trouble「困っている」 |

## 16.　不定詞の使い方

〈to＋動詞の原形〉を不定詞という。不定詞は目的語や修飾語句を伴って, 句としてひとつのまとまりを作ることができる。

不定詞には名詞的用法, 形容詞的用法, 副詞的用法の3つの基本的な使い方がある。

### (1)　不定詞の名詞的用法

#### ①目的語として　⊇p.111 want to V

> I want a new car. (私は新しい車が欲しい。)
> I want to go abroad. (私は外国に行きたい。)

▶ wantは「～を欲しい」という意味で, 後ろに目的語となる名詞をとる。上の文の目的語a new carの位置に名詞的用法のto V ...が置けると考えればよい。このように不定詞を目的語にとれる動詞についてはp.131 (2)〈不定詞と動名詞〉を参照。

#### ②主語として

> The book is really interesting.
> (その本は本当におもしろい。)
> To study English is really interesting.
> (英語を勉強することは本当におもしろい。)

▶ 不定詞は文の主語として用いることができる。上の文の主語The bookの位置にTo V ...が置けると考えればよい。It ... to Vについてはp.216 〈24. 形式主語のit〉を参照。

#### ③補語として

> My dream is to become an actor. (私の夢は俳優になることです。)

▶ My dream＝to become an actorという関係に注意。

▶× My dream is becoming an actor.としてはならない。不定詞はまだなされていないこれからのことを表せるが,動名詞はすでになされていることに使う場合が多い。たとえば, promise to Vは「(これから)Vすることを約束する」という意味でVingを使わないし, finish Ving「Vし終える」はto Vを使わない。動名詞についてはp.131を参照。

(2) 不定詞の形容詞的用法 ▶s-238 something to eat

Please bring something to drink. (飲み物を持ってきてください。)

I have a lot of homework to do. (私はやるべき宿題がたくさんあります。)

▶名詞の後ろにto V ...を置いて, to Vが前の名詞を修飾する。

名詞+to V ... 「Vする[名詞]」

(3) 不定詞の副詞的用法 ▶s-192 to V「Vするために」/ s-264 be surprised to V

I went to the theater to see a drama.

(演劇を見るために 私は劇場に行った。)

I was surprised to hear the news. (その知らせを聞いて私は驚いた。)

▶〈文+to V ...〉と文にto V(不定詞)を付けて,「Vするために〜」という目的を表す。
▶surprised「驚く」, glad「うれしい」, happy「うれしい」, excited「どきどきしている」などの感情を表す形容詞は,〈be+感情を表す形容詞+to V〉という形をとり, to V が感情の原因・理由を表す。

# §22 比較

---

**s-273** | **He is as tall as I.**

彼は私と同じくらいの背の高さだ。

---

915
**□ as ... as 〜**

[əz] アズ

〜と同じくらい…

★前のasは副詞で，…の位置に形容詞・副詞を置く。後ろのasは接続詞で，〜の位置に比較の対象を置く。上の例文で，... as I am. または ...as me. とすることもある。

916
**□ tall**

[tɔ́:l] トール

形 背が高い，〈建物などが〉高い

---

**s-274** | **He is tall*er* than I.**

彼は私より背が高い。

---

917
**□ than**

[ðən] ザン

接 〜よりも

★thanは形容詞や副詞の比較級（taller, betterなど ▶p.327〈文法34〉）と共に使う。

★上の例文で，He is taller than I am. あるいは ...than me. とすることもある。

---

**s-275** | **The animal is as heavy as an elephant.**

その動物は象と同じくらい重い。

---

918
**□ heavy**

[hévi] ヘヴィ

形 重い

比較変化 heavy – heavier – heaviest

919
**□ elephant**

[éləfənt] エリファント

名 象

§22

---

**s-276** | **I like skiing better than skating.**

私はスケートよりスキーの方が好きだ。

---

<sup>920</sup>
□ **skiing**
[skíːiŋ] スキーイング

图 スキー　★競技としての「スキー」はskiではなくskiingだ。
◇ski　　　　　　　働 スキーをする
　　　　　　　　　图 スキー板

<sup>921</sup>
□ **better**
[bétər] ベタ

剾 (wellの比較級)よりよく, より以上に
形 (goodの比較級)よりよい

<sup>922</sup>
□ **skating**
[skéitiŋ] スケイティング

图 スケート　★スキーと同様, 競技としてはskating。
◇skate　　　　　働 スケートをする
　　　　　　　　　图 スケート靴

---

s-277　The Pacific Ocean **is larger than** the Atlantic Ocean.
　　　　太平洋は大西洋よりも大きい。

<sup>923</sup>
□ **ocean**
[óuʃən] オウシャン

图 海, 大洋

<sup>924</sup>
□ **the Pacific Ocean**
[pəsífik] パスィフィク

太平洋

<sup>925</sup>
□ **the Atlantic Ocean**
[ətlǽntik] アトランティク

大西洋

---

s-278　Light **travels faster than** sound.
　　　　光は音よりも速く進む。

<sup>926</sup>
□ **light**　　多義
[láit] ライト

图 光, 明かり
形 軽い ; 明るい

<sup>927</sup>
□ **sound**　　多義
[sáund] サウンド

图 音, 響き
働 (sound C)Cに聞こえる, 思える

162

---

| s-279 | **We must** learn more **about** global warming. |
|---|---|
| | 私たちは地球温暖化についてもっと学ばなければならない。 |

928
☐ **learn**
[lə́ːrn] ラーン

動 〜を学ぶ，習得する；〜を知る

★studyには「身につける」という含みはないが，learnは「学んで身につける」ことを含む。

◆learn to V　「Vできるようになる」

929
☐ **more**
[mɔ́ːr] モー

名形副 より多く(のもの；人)；もっと

★much, manyの比較級。最上級はmost。

★多くの2音節，3音節の形容詞・副詞にmoreをつけて比較級をつくる。▶p.327〈文法34〉

例 useful — more useful

930
☐ **global**
[glóubl] グロウブル

形 地球の，地球規模の

◆global warming「地球温暖化」

◇glóbally　　副 世界的に，地球規模で

931
☐ **warm**
[wɔ́ːrm] ウォーム

動 〜を暖める，暖まる　形 暖かい

◇wárming　　名 温暖化

---

| s-280 | **The** environment **is getting** worse. |
|---|---|
| | 環境はより悪くなってきている。 |

932
☐ **environment**
[enváiərnmənt]
エンヴァイアンメント

名 環境

◆environmental pollution　「環境汚染」

933
☐ **worse**
[wə́ːrs] ワース

形 より悪い　副 より悪く

★bad, ill, badlyの比較級。最上級はworst。

反?　⇔ bétter　　形 よりよい　副 よりよく

§22

**Lake Biwa is larger than any other lake in Japan.**

琵琶湖は日本にある他のどの湖よりも大きい。

---

934
**lake**

[léik] レイク

图 湖

---

935
**any** 多義

[éni] エニ

形 ①(肯定文で)どんな〜も

②(疑問文で)いくつかの, 何か, どれか ▶p.48

③(否定文で)少しも(…ない)

---

936
**than**
**any other 〜**

他のどの〜よりも

★比較級と一緒に用いることで, 最上級の意味を表すことができる。

例 Tom is taller than any other student in his class.

「トムはクラスの他のどの生徒よりも背が高い」

= Tom is the tallest student in his class.

「トムはクラスで一番背が高い生徒だ」

---

**What is _the_ most important message in the book?**

この本で一番大切なメッセージは何ですか？

---

937
**most** 多義

[móust] モウスト

形 副 图 ①最も多く(のもの, 人)；最も, 一番

②大部分(の), たいてい(の人, もの) ▶p.168

★much, manyの最上級。

★多くの2音節, 3音節の形容詞・副詞にmostをつけて最上級をつくる。▶p.327〈文法34〉

例 useful — most useful

---

938
**important**

[impɔ́ːrtənt] インポータント

形 重要な, 重大な, 大切な

◆It is important (for A) to V

「(Aが)Vすることは重要だ」

◇impórtance 图 重要性, 大切さ ▶p.228

---

939
□ **message**
[mésidʒ] メスィヂ

图 メッセージ, 伝えたいこと, 伝言

---

s-283 | **Whales are one of *the* larg*est* animals.**
クジラは最も大きな動物のひとつだ。

940
□ **whale**
[hwéil] ウェイル

图 クジラ

941
□ **one of A**

Aのひとつ

★〈one of the ＋最上級＋名詞〉で，「最も～なもののひとつ」という意味だ。

---

s-284 | **The best way to learn a lot is to learn for yourself.**
多くのことを学ぶ最善の方法は独力で学ぶことだ。

942
□ **best**
[bést] ベスト

圏 最善の, 最もよい
圖 最もよく　图 最善
★good, well の最上級。
◆do one's best 「最善を尽くす」

943
□ **way**　多義
[wéi] ウェイ

图 ①方法, やり方　②道
◆tell 〈人〉 the way to A 「〈人〉にAに行く道を教える」
◆(in) this way 「このように」

944
□ **for oneself**
[wʌnsélf] ワンセルフ

独力で, 自分で

§22

165

They say **the** worst earthquake occurred in 1556.

1556 年に最悪の地震が起こったと言われている。

945
□ **they say**
　　**(that)〜**

〜と言われている, 〜だそうだ

★過去に聞いたことでも, they say は現在時制でよい。

946
□ **worst**
[wə́:rst] ワースト

形 最悪の

副 最も悪く　名 最悪

★bad, ill, badly の最上級。

947
□ **earthquake**
[ə́:rθkwèik] アースクウェイク

名 地震

948
□ **occur**
[əkə́:r] オカー

動 起こる, 生じる

活用形 occur – occurred – occurred; occurring

---

s-286 I prefer peace _to_ war.

私は戦争よりも平和を好む。

949
□ **prefer**
[prifə́:r] プリファー

動 〜を好む, 〜が好きだ

活用形 prefer – preferred – preferred; preferring

◆prefer A to B 「BよりAを好む」

950
□ **peace**
[pí:s] ピース

名 平和

◇péaceful　　形 平和な, おだやかな

951
□ **war**
[wɔ́:r] ウォー

名 戦争

# §23　数量

| s-287 | Now check the graph below. |
|---|---|
| | さて下のグラフを確認しなさい。 |

952
□ **now** （多義）

[náu] ナウ

副 ①(文頭で)さて, さあ
　②今(では), 現在 ▶p.14

953
□ **check**

[tʃék] チェク

動 ～を確認する, 調べる

954
□ **graph**

[grǽf] グラフ

名 グラフ

955
□ **below**

[bilóu] ビロウ

副 下に[の, へ]
前 ～の下に

| s-288 | Let's compare the figures in the table. |
|---|---|
| | 表の数字を比較しよう。 |

956
□ **compare**

[kəmpéər] コンペア

動 ～を比較する
◆compare A with B 「AをBと比較する」

957
□ **figure**

[fígjər] フィギャ

名 ①数字　②図　③(輪郭でわかる)姿, 形

958
□ **table** （多義）

[téibl] テイブル

名 ①表　②(飲食用の)テーブル, 食卓
◆time table 「時刻表」

§23

| s-289 | He is six feet and one inch tall. |
|---|---|
| | 彼の身長は 6 フィート 1 インチだ。 |

959 □ **foot**
[fút] フト

多義

图 ①フィート　②足 ▷p.57　③(山の)ふもと

複数形 **feet**

★1フィートは30.48センチ。1 foot = 1/3 yard = 12 inches

★He is six foot one.とfootを用いることもある。また、次のように後ろの名詞を修飾する場合はふつうfootを用いる。

例 a five-foot pole「5フィートの棒」

960 □ **inch**
[ínt∫] インチ

图 インチ

★1インチは2.54センチ。▷p.332〈文法36〉

---

s-290 Most of us enter university at the age of 18 or 19.

私たちの大半は 18 か 19 の年齢で大学に入学する。

---

961 □ **most**
[móust] モウスト

多義

图形副①大部分(の), たいてい(の人, もの)
②最も多く(のもの, 人)；最も, 一番 ▷p.164

◆most of A　　「たいていのA, Aの大部分」

★most of AのAには代名詞や、〈the, this, these, those, 所有格など＋名詞〉がくる。

例 most of his books「彼の本の大部分」
　 most of these games「これらのゲームの大部分」

★無冠詞でthis, theseなどを伴わない名詞にはmostを付けられる。

例 most people「たいていの人々」, most books「たいていの本」

962 □ **enter**
[éntər] エンタ

動〈場所〉に入る, 〈学校〉に入学する

963 □ **university**
[jùːnəvə́ːrsəti]
ユーニヴァースィティ

图 大学

◇**cóllege**　　图 大学 ▷p.79

964 □ **age**
[éidʒ] エイヂ

图 年齢, 年

◆at the age of A「A〈数字〉歳で」

| s-291 | He ran the whole course of a hundred kilometers. |
|---|---|
| | 彼は 100 キロの全コースを走った。 |

---

**965**
☐ **whole**
[hóul] ホウル

圏 全体の, すべての, 全…
★the whole Aは「1つのものの全体」を表す。

**966**
☐ **course**
[kɔ́ːrs] コース

图 コース, 方向, 進行

**967**
☐ **hundred**
[hʌ́ndrəd] ハンドレド

图圏 100(の) ▶p.27〈文法4〉
◆hundreds of A「何百ものA」

---

| s-292 | My normal temperature is 36.5 degrees Celsius. |
|---|---|
| | 私の平熱はセ氏 36.5 度です。 |

---

**968**
☐ **normal**
[nɔ́ːrml] ノームル

圏 ふつうの, 正常な, 標準の

**969**
☐ **temperature**
[témpərtʃər] テンパチャ

图 温度, 体温, 気温

**970**
☐ **degree**
[digríː] ディグリー

图 (温度・角度などの)度

**971**
☐ **Celsius**
[sélsiəs] セルスィアス

图 セ氏

---

| s-293 | It is a quarter past seven.  You have half _an hour_. |
|---|---|
| | 今は 7 時 15 分過ぎです。あと 30 分あります。 |

§23

**972**
☐ **quarter**
[kwɔ́ːrtər] クウォータ

图 4分の1, 15分(1/4時間), 25セント(1/4ドル)

<sup>973</sup>
☐ **past**
[pǽst] パスト

前 ～を過ぎて
名 過去 ▶p.114

<sup>974</sup>
☐ **half**
[hǽf] ハフ

名 半分 （複数形）halves
形 半分の 副 半分は
◆half of A 「Aの半分」

---

## 17. 時刻の表し方・読み方

文法
チェック

"What time is it now?" "It's two (o'clock)."
「今何時ですか?」「2時です」

★ o'clock には、「～分」は付けない。

| | | |
|---|---|---|
| **8:10 (a.m.)** | eight ten (a.m.) | 「(午前)8時10分」 |
| | ten <u>past</u> eight (a.m.) | 「(午前)8時10分<u>過ぎ</u>」 |
| | = ten after eight 《米》 | |
| | ★「午前」はa.m.の他にA.M.やAMやamとすることもある。 | |
| **7:50 (p.m.)** | seven fifty (p.m.) | 「(午後)7時50分」 |
| | ten <u>to</u> eight (p.m.) | 「(午後)8時10分<u>前</u>」 |
| | ★「午後」はp.m.の他にP.M.やPMやpmとすることもある。 | |
| **3:15** | three fifteen | 「3時15分」 |
| | a <u>quarter</u> past three | 「3時15分過ぎ」 |
| | = a quarter after three 《米》 | |
| **4:45** | four forty−five | 「4時45分」 |
| | a <u>quarter</u> to five | 「5時15分前」 |
| **11:30** | eleven thirty | 「11時30分」 |
| | <u>half</u> past eleven | 「11時<u>半</u>」 |

★なお数字で時刻を表すとき、8:10は《米》で、《英》では8.10とピリオドを用いる。

# §24　生物

| s-294 | There are many kinds *of* living *thing*s in the pond. |
|---|---|
| | その池には多くの種類の生物がいる。 |

## 975 kind
[káind] カインド

图 種類　★形容詞のkind「親切な」とは別の単語。▶p.155

◆a kind of A　「一種のA」

★Aには無冠詞単数形の名詞。kinds of AのAは、数えられる名詞なら複数形。

例 a kind of car「一種の車」, three kinds of cars「3種類の車」

## 976 living
[líviŋ] リヴィング

圏 生きている, 現存する

◆living thing　「生物, 生き物」

## 977 pond
[pάnd] パンド

图 池, 沼

| s-295 | Owls are famous *for* flying quietly. |
|---|---|
| | フクロウは静かに飛ぶことで知られている。 |

## 978 owl
[άul] アウル

图 フクロウ

## 979 famous
[féiməs] フェイマス

圏 有名な, 名高い, 知られている

◆be famous for A「Aのことで有名だ」

## 980 quietly
[kwáiətli] クワイエトリ

圓 静かに

◇quíet　　　　圏 静かな, おとなしい ▶p.31

§2

171

s-296 **A penguin** appeared **on the** ice.

氷の上にペンギンが現れた。

981
□ **penguin**
[péŋgwin] ペングウィン

图 ペンギン

982
□ **appear**
[əpíər] アピア

動 現れる

983
□ **ice**
[áis] アイス

图 氷

★iceは数えられない名詞なので, 数を言うときには, a piece of ice, two pieces of iceとする。

s-297 Look! **The last leaf is** falling.

ほら, 最後の葉が落ちる。

984
□ **look**
[lúk] ルク

動 ①(命令文で)ほら, いいかい
　②(look at A) Aを見る ▶p.31
　③(look C) Cに見える ▶p.150

985
□ **last** (多義)
[lǽst] ラスト

形 ①最後の　②この前の ▶p.81
副 最後に　图 最後　動 続く ▶p.272

986
□ **leaf**
[líːf] リーフ

图 葉
(複数形) leaves

987
□ **fall** (多義)
[fɔ́ːl] フォール

動 落ちる　图 秋
(活用形) fall – fell [fél] – fallen [fɔ́ːlən]; falling

s-298 **Alice** followed **the** rabbit.

アリスはウサギの後を追った。

988
☐ **follow** 　多義　 動 ①～について行く
[fálou] ファロウ 　　②～に従う, ～を守る ➡p.105

989
☐ **rabbit** 名 ウサギ
[rǽbət] ゥラビト ★rabbitより大きい「野ウサギ」はhare。

s-299 **A vet takes care of sick animals.**
　　獣医は病気の動物たちの世話をする。

990
☐ **vet** 名 獣医
[vét] ヴェト ★vetはveterinarian「獣医」の短縮形。

991
☐ **take care of A** Aの世話をする, めんどうを見る
◆Take care (of yourself).「お気をつけて, お大事に」
★別れの挨拶として。

992
☐ **care** 名 世話, 介護, 注意
[kéər] ケア 動 (care about A) Aを気づかう

s-300 **There are many endangered species because of pollution.**
　　汚染のために絶滅の危機にひんしている種がたくさんある。

993
☐ **endangered** 形 絶滅の危機にひんしている
[endéindʒərd] 語源 en(中に入れる)+danger(危険)+ed
エンデインヂャド ◇endánger 動 ～を危険にさらす

994
☐ **species** 名 (生物の)種(しゅ)
[spíːʃi(ː)z] スピーシ(ー)ズ ★単数形も複数形もspecies。

995
☐ **because of A** A〈原因〉のために, Aだから
★because of で1つの前置詞で, 後ろに名詞がくる。
◇becáuse 接 ～だから, ～なので ➡p.95

§24

*For* example, many types of turtles are now *in* danger.

たとえば，多くの種類のカメが今危機にひんしています。

996 □ **example**
[igzǽmpl] イグザンプル

图 例

◆for example 「たとえば」

997 □ **type**
[táip] タイプ

图 型, 種類, タイプ

★kind(▷p.171)と同様に単数形のtype ofの後の名詞は無冠詞単数形。

998 □ **turtle**
[tə́ːrtl] タートル

图 カメ, ウミガメ

◇tórtoise　图 陸ガメ

999 □ **danger**
[déindʒər] デインヂャ

图 危険, 危機

◆be in danger 「危険な状態にある」

The dinosaurs suddenly disappeared about 65 million years ago.

約六千五百万年前に恐竜は突然消えた。

1000 □ **dinosaur**
[dáinəsɔ̀ːr] ダイノソー

图 恐竜

1001 □ **suddenly**
[sʌ́dnli] サドンリ

剾 突然

◇súdden　圏 突然の

1002 □ **disappear**
[dìsəpíər] ディサピア

働 消える, 姿を消す, 存在しなくなる

溷 dis(否定)＋appear(現れる ▷p.172)

1003 □ **million**
[míljən] ミリョン

图 圈 100万(の)

★hundred「100」, thousand「1000」と同じように, 数詞がついて, two million「200万」, three million「300万」となっても−sは付けない。ただし, 下の表現は別。

◆millions of A 「何百万ものA」

---

**s-303** **All animals can communicate _with_ each other.**

すべての動物はお互い意思を伝えられる。

---

1004
□ **communicate**
[kəmjúːnəkèit]
コミューニケイト

動 意思を伝える, 伝達する
◇communicátion 图 情報の伝達, 意思疎通, 通信
　　　　　　　　　　　　　　　　　　　　　▶p.228

1005
□ **each other**
[ìːtʃ ʌ́ðər] イーチ アザ

お互い
★each otherは代名詞なので, communicate with each other
のwithを省略してはいけない。
◇each　　　　　形 それぞれの, 各～
　　　　　　　　副 代 それぞれ ▶p.134
◇óther　　　　 形 他の, 別の
　　　　　　　　代 他のもの;(無冠詞でothers)
　　　　　　　　　他人, 他の人たち ▶p.156

---

**s-304** **The field is full _of_ grass.**

野原は草でおおわれている。

---

1006
□ **field**
[fíːld] フィールド

图 ①野原　②畑, 田　③分野
例 a new scientific field「科学の新しい分野」
◆rice field　　　　「田, 田んぼ」

1007
□ **full**　(多義)
[fúl] フル

形 ①いっぱいの, 満ちた
　②満腹している
◆be full of A　　「Aでいっぱいだ, あふれている」

1008
□ **grass**
[grǽs] グラス

图 草(地), 芝生(地), 牧草(地)

§24

**I will dig a hole and bury the dead bird deep in the ground.**

私は穴を掘り死んだ鳥を地中深く埋めるつもりだ。

1009
□ **dig**
[díg] ディグ

動 ～を掘る

活用形 dig – dug [dʌ́g] – dug；digging

1010
□ **hole**
[hóul] ホウル

名 穴

1011
□ **bury**
[béri] ベリ

動 ～を埋める

3単現 buries

活用形 bury – buried – buried；burying

1012
□ **dead**
[déd] デド

形 死んだ，死んでいる

◇die　　　　　動 死ぬ ▶p.181
◇death　　　 名 死 ▶p.215

1013
□ **deep**
[díːp] ディープ

副 深く　形 深い

◇déeply　　　 副 深く

1014
□ **ground**
[gráund] グラウンド

名 土，地面，地中，地下；グラウンド

◇únderground　名 地下，地下鉄
★「地下鉄」は《米》ではsubway。

## 18.　前置詞と接続詞

### (1)　前置詞の働き

> I went to London by plane.　(私は飛行機でロンドンに行った。)
> 　　　　　　　　　　　　　　〈動詞を修飾〉
>
> I was surprised at the news.　(私はそのニュースに驚いた。)
> 　　　　　　　　　　　　　　〈形容詞を修飾〉
>
> I work at the bookstore near the station.
>
> 　　　　　　　　　　　　(私は駅近くの書店で働いている。)
> 　　　　　　　　　　　　　　　　〈名詞を修飾〉

▶前置詞とはat, of, to, with などのように, 名詞や代名詞の前に置く語である。前置詞の後に来る名詞や代名詞は,「前置詞の目的語」と呼ばれる。代名詞の場合は目的格(me, you, him, her, them, it)を使う。

　例 He looked at her. (彼は彼女を見た。)
　　　　　　　前置詞の目的語

▶前置詞の目的語に, 動名詞(Ving)が使われることもある。

　例 Thank you for sending me your photos.
　　(君の写真を送ってくれてありがとう。)

▶〈前置詞+名詞・代名詞〉のかたまり(前置詞句)は, 動詞, 形容詞, 副詞, 名詞を修飾することができる。

▶out of A「A の外に[へ]」 ▶p.122のような表現は, out of でひとかたまりの前置詞と見なせばよい。because of A「A のために, A だから」 ▶p.173や, in front of A「A の正面に」 ▶p.199も, それぞれひとかたまりの前置詞だと考えられる。

### (2)　接続詞の種類

#### ①等位接続詞 ～ and, or, but

> ① I have a dog and a cat. (私は犬と猫を飼っている。)
> ② Do you go to school by bike or by bus?
> 　(学校には自転車で行きますか, それともバスで行きますか?)
> ③ He was happy but his wife was tired.
> 　(彼は幸せだったが, 彼の妻は疲れていた。)

▶ and, or, but は①語と語, ②句と句, ③文と文などを対等な関係で結びつける。

▶ ③のように文と文が接続詞によって結ばれたものを, 重文と呼ぶ。

▶ 3つ以上の語や句をつなぐ場合は, 最後の語や句の前にandやorを置く。

例 He visited Italy, France, and Spain last year.
（彼は去年イタリアとフランスとスペインを訪問した。）

### ②副詞節を導く接続詞 〜 when, if, because など

I went to London when I was thirteen.
（13歳の時に私はロンドンに行った。）
＝When I was thirteen, I went to London.
I was late for work because I missed my train.
（電車に乗りそこねたので私は仕事に遅れた。）
＝Because I missed my train I was late for work.

▶ whenやifやbecauseなどの接続詞でまとめられた部分を従属節といい, その外にある部分を主節という。

　　主節　　　　　従属節
　主語＋述語…　接続詞　主語＋述語…

▶ after, before, since, untilなどは, 前置詞としても, 接続詞としても使うことができる。

例 I waited for him until noon.
（私は正午まで彼を待った。）

I waited for him until he came home.
（彼が帰ってくるまで私は彼を待った。）

▶ during(▶p.106)は前置詞, while(▶p.224)は接続詞としてしか使えない。

例 I had a good time during my stay in London.
＝ I had a good time while I was staying in London.
（私はロンドンに滞在している間楽しく過ごした。）

★ 接続詞that についてはp.331〈36. that 節の働き〉参照。

# §25 地理・歴史・社会

## 19. 受動態

文法
チェック

> She is loved by the children. (彼女は子どもたちに愛されている。)

▶〈主語＋be＋動詞の過去分詞〉で，「～される，～されている」という受動態をつくる。過去分詞についてはp.323〈32. 動詞の活用〉参照。

▶能動態の目的語を主語にしたのが受動態の文だ。

　The children love her. (子どもたちは彼女を愛している。)

　→ She is loved by the children.

▶能動態の主語（動作主）は，受動態では〈by＋動作主〉として表すことがある。しかし，動作主を表す必要がなければ，特に示さない。

　They speak English in Australia.

　→ English is spoken in Australia. (オーストラリアでは英語が話されている。)

---

s-306 **There are seven billion people on the planet.**

この惑星には七十億の人がいる。

---

1015
**billion**
[bíljən] ビリョン

名形 10億（の）

★million「100万」と同様，ふつう−sはつけないが，billions of A「何十億ものA」は別だ。

1016
**planet**
[plǽnit] プラニト

名 惑星

§25

**s-307**　A huge stadium will be built near the city hall.

市役所の近くに巨大な競技場が建てられるだろう。

1017
☐ **huge**
[hjúːdʒ] ヒューヂ

形 巨大な, ばくだいな
★largeよりもさらに大げさな表現。

1018
☐ **stadium**
[stéidiəm] ステイディアム

名 競技場, 野球場, スタジアム

1019
☐ **city hall**
[síti hɔ́ːl] スィティ ホール

市役所, 市庁舎
◇hall　　　名①会館, ホール
　　　　　　②玄関, 廊下

---

**s-308**　Our country is located in East Asia.

わが国は東アジアに位置している。

1020
☐ **country**　多義
[kʌ́ntri] カントリ

名①国　②いなか ▶p.305

1021
☐ **be located**
[lóukeitid] ロウケイティド

ある, 位置する
★be located＋〈場所〉の形で,「〈場所に〉ある, 位置する」という意味で使う。もともとlocateは動詞だが, 能動態ではめったに使わない。

---

**s-309**　The islands can be seen from space.

その島々は宇宙から見ることができる。

1022
☐ **island**

名 島
発音? [áilənd] アイランド　★islandのsを発音しないので注意。

1023
☐ **space**
[spéis] スペイス

名①宇宙　②空間

---

| s-310 | **They are** fighting **over the** empty land. |
|---|---|
| | 彼らはその空き地のことで争っている。 |

1024
□ **fight**
[fáit] ファイト

動 争う，戦う，戦闘する
◆ fight for A　　「Aのために戦う」
◇ fighting　　　　図 戦い，戦闘；けんか

1025
□ **empty**
[émpti] エンプティ

形 空いている，誰もいない，空の

1026
□ **land**
[lǽnd] ランド

図 土地，陸地
動 着陸する
例 land on the moon「月に着陸する」

| s-311 | **Many of the babies** died **a** short **time after** birth. |
|---|---|
| | 誕生後短時間で死ぬ赤ちゃんがたくさんいた。 |

1027
□ **die**
[dái] ダイ

動 死ぬ
活用形 die – died – died；dying
◇ death　　　図 死 ▶p.215
◇ dead　　　　形 死んだ，死んでいる ▶p.176

1028
□ **short**
[ʃɔ́ːrt] ショート　　反?

形 短い
⇔ long　　　　形 長い　副 長く ▶p.54
◆ in short　　　「手短に言うと，要約すると」
★文頭などで。結論を述べるときに使う。

1029
□ **birth**
[bə́ːrθ] バース

図 誕生
◇ birthday　　　図 誕生日 ▶p.20

§25

**Our ancestors were different *from* us.**

私たちの祖先は私たちと違っていた。

1030
☐ **ancestor**

[ǽnsestər] アンセスタ

图 祖先, 先祖, 先人

1031
☐ **different**

[dífərənt] ディファレント

围 違った, 異なった, 別の

◆be different from A「Aとは違っている」

◇dífference　图 違い, 相違(点), 差

◇dífferently　圖 異なって, 違うように

---

**The bomb exploded and killed many soldiers.**

爆弾が爆発し, 多くの兵士を死なせた。

1032
☐ **bomb**

発音? [bám] バム

图 爆弾　動 ～を爆撃する

◆atomic bomb　「原子爆弾」

1033
☐ **explode**

[iksplóud] イクスプロウド

動 爆発する

1034
☐ **kill**

[kíl] キル

動 ～を殺す, 死なせる

◆be killed　「(事故・戦争などで)死ぬ」

1035
☐ **soldier**

[sóuldʒər] ソウルヂャ

图 兵士, 兵, 軍人

# 高校入試に必要な
## 英単語・英熟語 500

Step 3

# §26 食事

s-314 **"Shall I bring the menu?" "Yes, please."**

「メニューをお持ちしましょうか？」「はい，お願いします」

---

1036
□ **Shall I [we] ～?**

[ʃǽl] シャル

(Shall I ～?)～しましょうか？；

(Shall we ～?)（いっしょに）～しませんか？

★shallは助動詞で，1人称(I, we)の疑問文で用いることが多い。相手の意志をたずねて，それに従うことを暗示するていねいな表現だ。Shall I ～? は「（私が）～しましょうか？」と申し出るときに使い，Shall we ～? は「（いっしょに）～しませんか？」と提案するときに使う。この意味ではWill I[we] ～? は使わない。

例 "Shall we go to the cinema?" "Yes, let's."/ "No, let's not."

「映画を見に行きませんか？」

「ええ，そうしましょう」／「いいえ，やめておきましょう」

★Shall I～?は《米》ではかたく聞こえるので，代わりにDo you want me to V? などを用いることが多い。

---

1037
□ **menu**

[ménjuː] メニュー

名 メニュー

---

s-315 **"Can I take your order?"**
**"Yes, I'll have a steak and a beer."**

「注文をうかがいましょうか？」「はい，ステーキとビールをいただきます」

---

1038
□ **order**

[ɔ́ːrdər] オーダ

名 ①注文　②命令

動 ～と命じる，言いつける

◆**in order to V**　「Vするために」 ▶p.288

---

1039
□ **I'll have A.**

Aをいただきます。

★レストランなどで注文するときの決まり文句。

§26

1040
□ **steak**

発音?  [stéik] ステイク

図 ステーキ

★steakは「焼き肉料理」という意味で数えられない名詞で使うこともあるが, レストランで注文するときには数えられる名詞としてaやtwoなどを付け, 複数ならsteaksとする。 ▶p.321〈文法31〉

◇**bárbecue**　図 バーベキュー(肉),
　　　　　　　　　バーベキューパーティ
　　　　　　　　動 ～をバーベキューにする

1041
□ **beer**

[bíər] ビア

図 ビール

★beerも数えられない名詞だが, レストランなどで注文するときには「ビール1杯[1本]」という意味で, 数えられる名詞としても使える。

---

s-316　**"All right.　Anything else?" "That's all."**

「わかりました。他に何かいりますか?」「それだけです」

---

1042
□ **All right.**

わかりました, よろしい, オーケー　▶p.116 right

1043
□ **anything**

[éniθìŋ] エニスィング

図 (疑問文やif節などで)何か

★疑問文・否定文ではsomethingの代わりにanythingを使う。ただし, 人に何かをすすめるような場面ではsomethingを使う。

例 Would you like something to eat?

「何か食べ物はいりませんか?」 ▶s-238

◆**Anything else?**「他に何かありませんか?」

★注文を受けたときに店員が言う決まり文句。

1044
□ **else**

[éls] エルス

副 他に, その他

★some-, any-, no-が付く語(someone, anything, nobodyなど)や疑問詞(what, who, whereなど)の後ろに用いる。

例 something else「他の何か」, where else「他のどこに」

1045
□ **That's all.**

それだけです, それで全部です。(= That's it.)

★Anything else? とたずねられたときに「それだけです」と返す言葉。

185

s-317 **"Would you like dessert?" "No, thank you.　I'm full."**
「デザートはいかがですか?」「いいえ,結構です。お腹がいっぱいです」

1046
□ **dessert**
[dizə́:rt] ディザート

图 デザート
★desert [dézərt]「砂漠」とまぎらわしいので注意。

1047
□ **No, thank you.**

いいえ,結構です。
★すすめられたものを断るときに用いる。No thanks. とも言う。

1048
□ **full**　多義
[fúl] フル

图①満腹している
　②いっぱいの,満ちた ▶p.175
◆be full of A　「Aでいっぱいだ,あふれている」

s-318 **"Will you pass me the salt?" "Sure."**
「塩を回してくれますか?」「うん」

1049
□ **pass**　多義
[pǽs] パス

動①〜を手渡す,回す
　②〈時などが〉過ぎ去る,たつ ▶p.199

1050
□ **salt**
[sɔ́:lt] ソールト

图 塩
◇pépper　　图 コショウ,トウガラシ

s-319 **We have corn, milk, and lemon juice in the fridge.**
冷蔵庫にトウモロコシと牛乳とレモンジュースがある。

1051
□ **corn**
[kɔ́:rn] コーン

图 トウモロコシ,コーン

1052
□ **lemon**
[lémən] レモン

图 レモン

## 26

1053
☐ **juice**
[dʒúːs] ヂュース

图 ジュース

1054
☐ **fridge**
[frídʒ] フリヂ

图 冷蔵庫

◇**refrígerator**　图 冷蔵庫　★短縮形が fridge。

---

| s-320 | How do you like **your eggs**, fried **or** boiled? |
|---|---|
| | 焼くかゆでるか，卵をどう料理するのが好きですか？ |

1055
☐ **How do you
like A?**

Aはどのように料理するのが好きですか？

★好みの調理法をたずねる表現。レストランではウェイターが How
would you like A? とたずねるのが決まり文句（would の方がてい
ねい）。

1056
☐ **fry**
[frái] フライ

圖 (肉などをフライパンで)焼く，いためる，油で揚げる

◆**fried egg**　　「目玉焼き」

★fried egg は両面焼きで黄身がこわれている。片面焼きは sunny-
side up。

◇**roast**　　　　图〈肉〉を焼く，あぶる，ローストする

1057
☐ **boil**
[bóil] ボイル

圖 〜を沸かす，ゆでる，煮る；沸騰する

◆**boiled egg**　　「ゆで卵」

---

| s-321 | What is the difference *between* scrambled eggs *and* an omelet? |
|---|---|
| | スクランブルエッグとオムレツの違いは何ですか？ |

1058
☐ **difference**
[dífərəns] ディファレンス

图 違い，相違(点)，差

◇**different**　　　圏 違った，異なった，別の ▶p.182

1059
☐ **scramble**
[skrǽmbl] スクランブル

圖 〜をかきまぜる

◆**scrambled egg**「スクランブルエッグ」

1060
□ **omelet**
[ámələt] アメレト

图 オムレツ

---

s-322

"That spaghetti-and-sausage smells good."
"Please help yourself."

「あのスパゲッティー・ソーセージはいいにおいがする」
「自由にとってください」

---

1061
□ **spaghetti**
[spəgéti] スパゲティ

图 スパゲッティー
◇ **pásta**　　　　图 パスタ
★スパゲッティー, マカロニなどの総称。

1062
□ **sausage**
[sɔ́(:)sidʒ] ソ(ー)スィヂ

图 ソーセージ

1063
□ **smell**
[smél] スメル

動 (smell C)Cのにおいがする; (～を)におう
图 におい, 香り

1064
□ **help yourself**

自由にとって食べて[飲んで]ください

---

s-323

Wasabi gives flavor to the dish and also keeps it
from going bad.

わさびは料理に味わいを与え, また腐らないようにもする。

---

1065
□ **flavor**
[fléivər] フレイヴァ

图 味, 風味, 香り

1066
□ **dish**　　　多義
[díʃ] ディシュ

图 ①(皿に盛った)料理　②大皿
　　③(the dishes)食器類 ▶p.67

### 1067 □ also
[ɔ́ːlsou] オールソウ

副 〜もまた, また

★tooよりもかたい語で, ふつう一般動詞の前, be動詞・助動詞の後におく。

§26

### 1068 □ keep A from Ving

AがVしないようにする, AにVさせないでおく

### 1069 □ go bad

腐る

★go C(形容詞など)のgoは移動の意味はなく, 変化を表す。

例 go mad「気が狂う」, go wrong「故障する, 失敗する」

---

**s-324** They use bamboo chopsticks at every meal.

彼らは食事のたびに竹の箸を使う。

### 1070 □ bamboo
[bæmbúː] バンブー

名 竹

◆bamboo shoot「タケノコ」

### 1071 □ chopstick
[tʃɑ́pstìk] チャプスティク

名 箸

★「箸いちぜん」はa pair of chopsticks。

### 1072 □ meal
[míːl] ミール

名 食事

---

**s-325** She added a few drops of oil _to_ the dish.

彼女は料理に数滴の油を加えた。

### 1073 □ add
[ǽd] アド

動 〜を加える, 足す

◆add A to B 「AをBに加える」

### 1074 □ drop
[drɑ́p] ドラプ

名 しずく, 1滴

動 〜を落とす；落ちる

---

*Soy* sauce is made from soybean**s**.

しょうゆは大豆でできている。

**1075**
☐ **sauce**

[sɔ́ːs] ソース

図 ソース

◆soy sauce 「しょうゆ」

**1076**
☐ **be made from A**

A〈原料〉でできている

★be made of A〈材料〉との違いは ▶p.227

**1077**
☐ **soybean**

[sɔ́ibìːn] ソイビーン

図 大豆

★soyだけで「大豆」の意味になることもある。

The chef is ready to serve dinner.

料理長は夕食を出す用意ができている。

**1078**
☐ **chef**

[ʃéf] シェフ

図 料理長, シェフ, 料理をする人

◇cook 図 料理人 動 ～を料理する ▶p.60

**1079**
☐ **ready**

[rédi] ゥレディ

形〈人・物が〉用意[準備]ができている

◆be ready to V
「Vする準備ができている, 進んで[喜んで]Vする」

◆be ready for A 「Aの準備ができている」

**1080**
☐ **serve**

[sɔ́ːrv] サーヴ

動〈飲食物〉を出す 図 (テニスなどの)サーブ

◇sérvice 図 事業, 業務, 礼拝

★日本語の「サービス」のような「無料の景品」という意味はない。

You should eat a well-balanced diet.

あなたはバランスの取れた食事を食べるべきだ。

§26

1081
□ **well-balanced**

[wélbǽlənst]

ウェルバランスト

圏 バランスの取れた, (食事などが)健康に良い

◇bálance　　　图 バランス, 均衡

　　　　　　　　動 ～のバランスを取る

1082
□ **diet**

[dáiət] ダイエト

图 ①食事　②ダイエット, 食餌制限

★栄養面から見た日常の食事。

例 a healthy diet「健康的な食事」, a vegetarian diet「菜食」

◆go on a diet　　「ダイエットをする」

---

s-329　**The recipe for grilled chicken includes honey and garlic.**

グリルで焼いた**チキン**の**レシピ**には**ハチミツ**と**ニンニク**が含まれている。

---

1083
□ **recipe**

[résəpi] ゥレスィピ

图 レシピ, 調理法；秘訣

1084
□ **grill**

[gríl] グリル

動〈肉など〉を網焼きにする, ～をバーベキューにする

★主に《英》。《米》は broil。

◇grílled　　　　圏 網焼きにした

◇bárbecue　　　图 バーベキュー(パーティ)

　　　　　　　　動 ～をバーベキューにする

1085
□ **include**

[inklú:d] インクルード

動 ～を含む, 含んでいる　★進行形にしない。

1086
□ **honey**

[hʌ́ni] ハニ

图 ①ハチミツ

　②愛しいあなた　★愛する人への呼びかけ。

1087
□ **garlic**

[gá:rlik] ガーリク

图 ニンニク

◇gínger　　　　图 ショウガ

**I hate hamburgers.  I'll just have some mixed nuts.**

私はハンバーガーが嫌いだ。ちょっとミックス・ナッツを食べよう。

1088
□ **hate**
[héit] ヘイト

動 〜をひどく嫌う，〜が大嫌いだ　名 憎悪，嫌悪

★進行形にしない。

★not likeの方が日常的で控えめな表現。

1089
□ **just**　多義
[dʒʌst] ヂャスト

副 ①ちょっと，ただ
　　②ちょうど，ちょうど今（〜したばかり）▶p.122

1090
□ **mix**
[míks] ミクス

動 〜を混ぜる；混じる

◇**mixed**　　　形 混じり合った，混合の

例 a mixed salad「ミックスサラダ」

1091
□ **nut**
[nʌ́t] ナト

名 木の実，ナッツ

◇**snack**　　　名 スナック（菓子）；軽食

# §27 移動・地理

## 20. 現在完了形

　現在完了形は，〈have＋過去分詞〉の形で，過去の出来事と現在が結びついていることを表す。

### (1) 現在までの継続「(ずっと)〜している」

> I have lived in Kyoto for ten years.
> （私は京都に10年間住んでいる。）

　上のように現在完了形を使うと，この「私」は10年間京都に住み，今も京都に住んでいることになる。過去時制を使ってI lived in Kyoto for ten years.（私は京都に10年間住んでいた。）と言うと，現在と切り離された過去について述べていることになり，今どこに住んでいるかは不明だ。
　継続を表す現在完了形と共に，for「〜の間」，since「〜以来」，how long「どれくらいの間」などがよく使われる。

### (2) 経験「〜したことがある」

> I have visited London three times.
> （私は3回ロンドンを訪れたことがある。）
> Have you seen Meg's brother before?
> （以前にメグのお兄さんに会ったことがありますか?）

　上の現在完了形は，現在までの「経験」を述べている。経験を表す現在完了形と共に，once「1回」，ever「今までに」，never「1度もない」などがよく使われる。

### (3) 完了・結果「〜したところだ」「〜してしまった」

> I have just finished my homework.
> （私はちょうど宿題をやり終えたところだ。）
> I have lost my cellphone.
> （私は携帯電話をなくしてしまった。）

動作の完了とその結果生じた現在の状況を表している。「完了・結果」を表す現在完了形と共に, just「ちょうど」, already「すでに」, yet「まだ」などがよく使われる。

(4) 〈主語＋have〉の短縮形
　現在完了形を作る助動詞のhaveは下のように短縮されることがある。

| I have → I've | you have → you've |
|---|---|
| he has → he's | she has → she's |
| we have → we've | they have → they've |

★ he's, she'sはhe is, she isの短縮形でもあるので要注意だ。

---

s-331　**Singapore is located in Southeast Asia.**

シンガポールは東南アジアに位置する。

---

| | | | |
|---|---|---|---|
| 地名・国名③ | 1092 □ **Singapore** [síŋɡəpɔ̀ːr] スィンガポー | 图 シンガポール | |
| | 1093 □ **Southeast Asia** [sàuθíːst] サウスィースト | 東南アジア ◇southéast | 图 東南 |
| | 1094 □ **Indonesia** [ìndəníːʒə] インドニージャ | 图 インドネシア ◇Indonésian | 厖 インドネシア(人)の 图 インドネシア人, インドネシア語 |
| | 1095 □ **Thailand** [táilænd] タイランド | 图 タイ ◇Thai | 厖 タイ(人)の 图 タイ人, タイ語 |
| | 1096 □ **Hawaii** [həwáiiː] ハワイイー | 图 ハワイ | |

§27

| 1097<br>□ the Philippines<br>[fíləpìːnz] フィリピーンズ | フィリピン |
|---|---|
| 1098<br>□ **Russia**<br>[rʌ́ʃə] ゥラシャ | 图 ロシア |
| 1099<br>□ the United<br>States<br>[junáitid stéits]<br>ユナイティド ステイツ | アメリカ合衆国<br>★正式な国名はthe United States of America。▷p.11<br>◇state　　　图 州 |
| 1100<br>□ **Brazil**<br>[brəzíl] ブラズィル | 图 ブラジル |

| s-332 | I have live*d* in the nation since I *got* married. |
|---|---|
| | 私は結婚して以来その国に住んできた。 |

1101<br>□ **have**<br>[həv] ハヴ

助 (have Ved) Vしてきた, Vしたことがある

1102<br>□ **nation**<br>[néiʃən] ネイション

图 国<br>◇nátional　　図 国家の<br>◇internátional　図 国際的な ▷p.132

1103<br>□ **since**<br>[síns] スィンス

接 前 ～以来(ずっと)<br>★過去のあるときから継続したことを表すので, 完了形と共に用いられることが多い。

1104<br>□ **marry**<br>[méri] メリ

動〈人〉と結婚する<br>◆get married　　「結婚する」

| s-333 | "How long have you been in Hawaii?"<br>"Hmm, let's see ... for over ten weeks." |
|---|---|
| | 「ハワイに来てどれくらいになりますか?」<br>「ふーむ,そうですね…10週間以上になります」 |

1105<br>□ **let's see**

ええと,そうですね<br>★すぐに答えが出ないときなどの,つなぎの言葉。

1106<br>□ **over** 多義<br>[óuvər] オウヴァ

前 ①〜以上(の) (= more than 〜)<br>②〜を越えて;〜の上に ▶p.104<br>③〜をおおって<br>副 越えて,おおって

| s-334 | I found a surprising fact about Brazil. |
|---|---|
| | ブラジルについて驚くべき事実を見つけた。 |

1107<br>□ **surprising**<br>[sərpráiziŋ] サプライズィング

形〈人を〉驚かすような,驚くべき<br>◇surprísed　　形〈人が〉驚いている ▶p.154

1108<br>□ **fact**<br>[fækt] ファクト

名 事実<br>◆in fact　　　　「実は,実際は」 ▶p.207

| s-335 | "Have you ever been to Thailand?" "No, not yet." |
|---|---|
| | 「これまでにタイに行ったことはありますか?」「いいえ,まだありません」 |

1109<br>□ **have been to A**

Aに行ったことがある

例 I have been to Thailand three times.<br>「私はタイに3回行ったことがある」

★My father has gone to Thailand. は「父はタイに行って今ここには不在です」という意味にもなる。

§27

<sup>1110</sup>
☐ **ever**

[évər] エヴァ

圖 これまで，今まで，かつて

★疑問文, 否定文あるいは最上級と共に用いることが多い。

<sup>1111</sup>
☐ **yet**

[jét] イェト

圖 ①(否定文で)まだ(〜しない)

　②(疑問文で)もう，すでに

★肯定文ではalready「もう」を使う。

例 Has the bus come yet?「バスはもう来ましたか」
The bus has already left.「バスはもう行った」

---

| s-336 | The President of the United States has already arrived in Russia. |
| | 合衆国大統領はすでにロシアに到着している。 |

---

<sup>1112</sup>
☐ **president**

[prézədənt] プレズィデント

图 (the President)大統領；社長

<sup>1113</sup>
☐ **unite**

[junáit] ユナイト

圖 〜を結合する，合体する

◆the United States　「アメリカ合衆国」

◆the United Kingdom「イギリス」

★略して(the) UK。 ▶p.11

◆the United Nations　「国際連合」

★略して(the) UN。

<sup>1114</sup>
☐ **already**

[ɔːlrédi] オールレディ

圖 すでに，もう

<sup>1115</sup>
☐ **arrive**

[əráiv] アライヴ

圖 到着する，着く

★arrive at[in] A = reach A; get to A

A group of five people went camping near a waterfall in the Philippines.

5人のグループがフィリピンの滝の近くへキャンプしに行った。

1116
□ **group**
[grú:p] グループ

图 グループ, 集団

1117
□ **camp**
[kǽmp] キャンプ

動 キャンプする, 野営する
图 キャンプ場
◆go camping 「キャンプに行く, キャンプする」

1118
□ **waterfall**
[wɔ́:tərfɔ̀:l] ウォータフォール

图 滝
圝 water(水)＋fall(落ちる)

---

s-338　There is a factory several miles away from here.

ここから数マイル離れたところに工場がある。

1119
□ **factory**
[fǽktəri] ファクタリ

图 工場

1120
□ **several**
[sévərəl] セヴァラル

形 いくつかの
★severalは5, 6, ときに10くらいの数を言うことが多く, someは正確にはどれだけかわからないような数や量を言うときに使うことが多い。

1121
□ **mile**
[máil] マイル

图 マイル
★1マイルは約1,609m。❏p.332〈文法37〉

---

s-339　Three months *have* pass*ed* *since* he went away.

彼が立ち去ってから3ヵ月たつ。

---

## 27

1122
☐ **pass** 　[多義]　🔲 ① 〈時などが〉過ぎ去る，たつ
[pǽs] パス 　　　② 〜を手渡す，回す ▷p.186
　　　　　　　◆〈時間〉 have[has] passed since 〜
　　　　　　　　　　　　「〜してから〈時間〉がたつ」

1123
☐ **go away** 　立ち去る，(旅行などで)家をあける

---

s-340 　**We gathered in front of the entrance of the hall.**
　　　私たちはホールの入口の正面に集まった。

---

1124
☐ **gather** 　🔲 集まる；〈情報・食料など〉を集める
[gǽðər] ギャザ

1125
☐ **in front of A** 　Aの正面に，前に

1126
☐ **entrance** 　🔲 入口
[éntrəns] エントランス

1127
☐ **hall** 　🔲 ① 会館，ホール　② 玄関，廊下
[hɔ́ːl] ホール 　◇hállway 　　　🔲 玄関，廊下

---

s-341 　**We crossed to the other side of the street.**
　　　私たちは道を渡って向こう側に行った。

---

1128
☐ **cross** 　🔲 〜を横切る，横断する，渡る
[krɔ́(ː)s] クロ(ー)ス 　🔲 十字架
　　　　　　　◇cróssing 　　　🔲 交差点

1129
☐ **side** 　🔲 側面，面
[sáid] サイド

| s-342 | "What is the purpose of your visit?"<br>"Sightseeing." |
|---|---|
| | 「訪問の目的は何ですか？」「観光です」 |

---

1130
□ **purpose**

[pə́:rpəs] パーポス

图 目的，意図

★What is the purpose of your visit? は，入国審査などでたずねられる決まり文句。

1131
□ **sightseeing**

[sáitsì:iŋ] サイトスィーイング

图 観光

◇sight　　　　　图 光景，ながめ

---

| s-343 | "Excuse me. Can you tell me the way to the nearest bank?"<br>"Well, turn left at the second corner and you'll see it on your right."<br>"I see. Thanks." |
|---|---|
| | 「すみません。一番近くの銀行へ行く道を教えていただけますか？」<br>「ええと，2つめの角を左に曲がりなさい。そうすると，右側に見えます」<br>「わかりました。ありがとう」 |

---

1132
□ **Can you tell me the way to A?**

Aに行く道を教えていただけますか？

1133
□ **bank**

[bǽŋk] バンク

图 ①銀行　②(川などの)土手

1134
□ **well**　(多義)

[wél] ウェル

圐 (次の言葉を探して)ええと，そうですね

圃 上手に，よく ▷p.44

圏 健康な

§27

| 1135<br>□ **turn**<br>[tə́ːrn] ターン | 動 曲がる, 向く；〜の向きを変える, 向ける<br>名 順番<br>◆turn to A 「Aに頼る, Aの方を向く」 |
| 1136<br>□ **left**<br>[léft] レフト | 副 左へ, 左の方に<br>形 左の 名 左 |
| 1137<br>□ **corner**<br>[kɔ́ːrnər] コーナ | 名 角, 曲がり角<br><small>かど かど</small> |
| 1138<br>□ **and** 多義<br>[ənd] アンド | 接 ①(命令文の後で)そうすれば<br>②そして, …と |
| 1139<br>□ **right** 多義<br>[ráit] ゥライト | 名 ①右 ②正しいこと ③権利 ▶p.261<br>形 ①正しい, ふさわしい ▶p.116 ②右の<br>副 ①正しく ②右に<br>◆That's right. 「その通りです」 ▶p.116<br>◆all right 「よろしい」= OK |
| 1140<br>□ **I see.** | わかりました。 |

---

### 21. 命令文+and SV …

文法チェック

> Turn left at the second corner and you'll see it on your right.
> (2つめの角を左に曲がりなさい。そうすると, 右側に見えます。)

　命令文の後に, and S V … と続けると, 命令文が条件になって, and以下がその条件に従った場合の結果を表す。ifを使って言い換えると, 下のようになる。

　=If you turn left at the second corner, you'll see it on your right.

| s-344 | "Excuse me.  Is there a hotel around here?"<br>"Yeah.  Go straight along the street and turn left at the second traffic *light*." |
|---|---|
| | 「すみません。このあたりにホテルはありますか？」<br>「ええ。この道をまっすぐに行って2つめの信号を左に曲がりなさい」 |

1141
☐ **around here**　　このあたりに[で]

◇ar**ó**und　　　前 ～を回って，～の周りに，
　　　　　　　　　　　　～のあちこちに
　　　　　　　　　副 回って，あちこちに ▶p.102

1142
☐ **yeah**　　　　　　間 うん，そう，そうだね
[jéə] イェア　　★yesのくだけた言い方。フォーマルな会話では使わない。

1143
☐ **straight**　　　　副 まっすぐに
[stréit] ストレイト　　形 まっすぐな，一直線の

1144
☐ **traffic**　　　　　名 通行，交通(量)
[trǽfik] トラフィク　　◆traffic light　　「信号機」

| s-345 | "How long does it take to get to the station?"<br>"Sorry, I'm a stranger here myself."<br>"Okay.  Thank you anyway." |
|---|---|
| | 「駅に行くのにどれくらい時間がかかりますか？」<br>「すみません，私自身もこのあたりは不案内なんです」<br>「わかりました。とにかくありがとう」 |

§27

1145
□ **it takes 〈時間〉 to V** | Vするのに〈時間〉がかかる
例 It took me 30 minutes to come here.
「私がここに来るのに30分かかった」

1146
□ **stranger**
[stréindʒər] ストレインヂャ
名①不案内な人，不慣れな人
②見知らぬ人，よそから来た人
◇strange 形変な，奇妙な，不思議な，未知の ▶p.211

1147
□ **myself**
[maisélf] マイセルフ
代自分自身

1148
□ **Thank you anyway.**
[éniwèi] エニウェイ
とにかくありがとう。
★こちらの要望をきいてもらえなかったときや，相手の申し出を断ったときに用いる。
◇ányway 副いずれにせよ，ともかく

## 22.　再帰代名詞

文法チェック

　～self, ～selves は再帰代名詞といい，「～自身」という意味を表す。再帰代名詞の代表として, oneselfと示すことがあるが，人称を区別して用いる文中では, 下の表の形で用いる。

| 単数 | | 複数 | |
|---|---|---|---|
| 私自身 | myself | 私たち自身 | ourselves |
| あなた自身 | yourself | あなたたち自身 | yourselves |
| 彼自身 | himself | 彼ら自身 | |
| 彼女自身 | herself | 彼女ら自身 | themselves |
| それ自身 | itself | それら自身 | |

**You should know** yourself.　（あなたは自分自身を知るべきだ。）

| s-346 | I am afraid to travel by myself. I often get lost on my way to school. |
|---|---|
| | 私はこわくてひとりで旅行できない。学校に行く途中で迷うこともしばしばだ。 |

**1149**
☐ **afraid**
[əfréid] アフレイド

形 こわがる, 恐れる
◆be afraid of A [Ving]
　　　　　　　　　「A[Vするの]がこわい」 ▶p.256
◆be afraid to V　　　「こわくてVできない」
◆I'm afraid (that)〜　「残念ながら〜と思う」

★よくないことを言うときに発言をやわらげるていねいな表現。

**1150**
☐ **by oneself**
[wʌnsélf] ワンセルフ

ひとりで(=alone)

**1151**
☐ **get lost**
[lɔ́(:)st] ロ(ー)スト

道に迷う

**1152**
☐ **on one's way
(to A)**

(Aへの)途中で[に]

| s-347 | The castle is 800 meters above *sea* level. |
|---|---|
| | その城は海抜800メートルにある。 |

**1153**
☐ **castle**

発音? [kǽsl] キャスル　★tは発音しないので要注意!

名 城

**1154**
☐ **above**
[əbʌ́v] アバヴ

前 〜の上に[へ]　副 上に
★overは「真上」だが, aboveはそれより範囲が広く「上の方」を表す。

反? ⇔belów　　　前 〜の下に　副 下に

§27

**1155**
**level**
[lévl] レヴル

图 水準, レベル
◆sea level 「海面」

---

**s-348**

He worked for a long time as a tour guide in Nara Prefecture.

彼は長い間奈良県で観光ガイドとして働いた。

**1156**
**for a long time**

長い間 ▶p.19 time
◆I haven't seen you for a long time.「久しぶりだね」
= Long time no see.

**1157**
**as** （多義）
[əz] アズ

前 ～として
腰 ①～するように ▶p.270
　②～するときに

**1158**
**guide**
[gáid] ガイド

图 ガイド, 案内人；案内書
動 ～を案内する

**1159**
**prefecture**
[prí:fektʃər] プリーフェクチャ

图 (日本の)県

---

**s-349**

I took a direct flight to Paris.

私はパリ直行便に乗った。

**1160**
**direct**
[dərékt] ディレクト

形 直接の
動 (映画などを)監督する, 演出する

**1161**
**flight**
[fláit] フライト

图 飛行, 航空便, フライト
◆flight attendant「(旅客機の)客室乗務員」

## s-350    A big wave was approaching me.

大きな波が私に近づいてきた。

1162
□ **wave**
[wéiv] ウェイヴ

图 波

動〈手〉を振る，〜を振り回す

◆radio wave       「電波」
◆sound wave       「音波」
◆wave to〈人〉    「〈人〉に手を振る」
◇mícrowave       图 電子レンジ

1163
□ **approach**
[əpróutʃ] アプロウチ

動 (〜に)近づく，接近する

## s-351    He went down to the convenience store alone.

彼はひとりでコンビニへ行った。

1164
□ **go down**

(近くに)行く，(道を)行く，下る；降りる

1165
□ **convenience**
[kənví:niəns]
コンヴィーニエンス

图 便利，好都合

◆convenience store 「コンビニエンス・ストア」
◇convénient       圈 便利な

1166
□ **alone**
[əlóun] アロウン

副 ひとりで

## s-352    This area is not safe. In fact, it is very dangerous.

この地域は安全ではない。実は，とても危険だ。

1167
□ **area**
[éəriə] エアリア

图 地域，地方

§27

1168
□ **safe**
[séif] セイフ

彫 安全な
◇sáfely 　　　副 安全に
◇sáfety 　　　图 安全

1169
□ **in fact**

実は, 実際は
◇fact 　　　图 事実 ▶p.196

1170
□ **dangerous**
[déindʒərəs] デインヂャラス

彫 危険な, あぶない
◇dánger 　　　图 危険, 危機 ▶p.174

# §28 感情・感覚

## 23. SVOCの文型（主語＋動詞＋目的語＋補語）

文法
チェック

### (1) SVOC（Cには形容詞・名詞）

① We call our cat Kitty. （私たちは家の猫をキティと呼ぶ。）

② His words made her angry. （彼の言葉が彼女を怒らせた。）

③ She kept her room clean. （彼女は自分の部屋をきれいにしておいた。）

SVOC（主語＋動詞＋目的語＋補語）の文型は第5文型と呼ばれる。この文型ではO（目的語）とC（補語）のあいだに「OがCだ」という関係が成り立つ。

①→ Our cat is Kitty.　　②→ She is angry.　　③→ Her room is clean.

☐ call O C 「OをCと呼ぶ」　　　　☐ make O C 「OをCにする」

☐ keep O C 「OをCにしておく，保つ」　　☐ name O C 「OをCと名づける」

### (2) S V＋ A ＋ to V

① I want you to join the party tomorrow.

（明日あなたにパーティーに参加してほしい。）

② He asked me to come with him. （彼は私に一緒に来るよう頼んだ。）

③ She told me not to be late. （彼女は私に遅れないように言った。）

この形ではA（目的語）がto V（補語）の意味上の主語になる。

I want to join the party tomorrow. ←「私が参加すること」を「私は望む」

I want you to join the party tomorrow. ←「あなたが参加すること」を「私は望む」

☐ want A to V 　　　　「AにVしてほしい」▶p.209

☐ would like A to V 　「AにVしてほしい」▶p.137

☐ ask A to V 　　　　「AにVするよう頼む」▶p.212

☐ tell A to V 　　　　「AにVするように言う，命じる」▶p.266

☐ allow A to V 　　　「AがVするのを許す」▶p.287

☐ encourage A to V 　「AがVするように励ます」▶p.210

s-353 **I'm just nervous about the test.**

私はテストのことでちょっと不安だ。

1171
□ **nervous**
[nɔ́ːrvəs] ナーヴァス

形 ①不安な, 緊張して, 神経質な
②神経の

1172
□ **test**
[tést] テスト

名 試験, テスト
動 〜を試す, 試験する, 検証する

s-354 **Laughter makes people happy.**

笑いは人を幸せにする。

1173
□ **laughter**
[lǽftər] ラフタ

名 笑い

1174
□ **make** （多義）
[méik] メイク

動 ①(make O C) O を C にする
②〜を作る ▶p.63
（活用形） make – made – made; making

s-355 **I just want you to have the courage to tell the truth.**

私は君に真実を語る勇気を持ってほしい。

1175
□ **want A to V**

A に V してほしい, させたい
◇want　　　　　動 〜が欲しい, 〜を望む ▶p.88
◆want to V　　「V したい」▶p.111

1176
□ **courage**
[kɔ́ːridʒ] カーリヂ

名 勇気
◇encóurage　　動 〜を励ます

1177
□ **truth**
[trúːθ] トルース

名 真実, 真理
◇true　　　　　形 真実の, 本当の, 本物の

**His** wife kept encouraging **him** *to* try again.

彼の妻は彼がもう一度試すように励まし続けた。

1178
☐ **wife**
[wáif] ワイフ

图 妻, 奥さん, 夫人
◇húsband　　　　　图 夫 ◖p.224
◆husband and wife 「夫婦」
★対句として無冠詞・単数形で使うことが多い。

1179
☐ **keep Ving**

(ずっと)〜し続ける
◇keep 圃 ①〜を保つ, 置いておく ◖p.123
　　　　　②(keep C)ずっとCのままである ◖p.157

1180
☐ **encourage**
[enkə́:ridʒ] エンカーリヂ

圃 〜を励ます
圏 en(〜を与える)＋courage(勇気)
◆encourage A to V 「AがVするように励ます」

This joke may be funny to some but to others it isn't.

この冗談がおもしろいと思う人もいるかもしれないが, おもしろく
ないと思う人もいる。

1181
☐ **joke**
[dʒóuk] ヂョウク

图 冗談　圃 冗談を言う

1182
☐ **may**　　(多義)
[méi] メイ

圃 ①〜かもしれない, 〜する可能性がある ◖p.329
　　②〜してもよい

1183
☐ **funny**
[fʌ́ni] ファニ

厖 おもしろい, おかしい；奇妙な
◇fun　　　　　图 おもしろいこと ◖p.85

1184
□ **some ～ other(s) ...**

～〈人・物〉もあれば, …〈人・物〉もある

★この場合は否定文でもsomeを用いる。

★someやotherは上の例文のように名詞として使うこともあるし, 下の例文のように形容詞として名詞につける場合もある。

例 Some students like math very much and other students like history.
「数学がとても好きな学生もいるし, 歴史が好きな学生もいる」

§28

◇some      形①いくつかの, いくらかの
                ②ある ▶p.48
            代①いくつかのもの, いくらかのもの
                ②ある人たち[もの]

◇óther      形 他の, 別の
            代 他のもの;（無冠詞でothers）
                他人, 他の人たち ▶p.156

s-358  **I had a strange feeling about the visitor.**
その訪問客は奇妙な感じがした。

1185
□ **strange**
[stréindʒ] ストレインヂ

形 変な, 奇妙な, 不思議な, 未知の

1186
□ **feeling**
[fíːliŋ] フィーリング

名 感じ, 感覚, 感情
◇feel      動①～を感じる ▶p.297
                ②(feel C)Cに感じる ▶p.151

1187
□ **visitor**
[vízətər] ヴィズィタ

名 訪問客, 観光客, 見学者 ▶p.75
◇vísit      動 (～を)訪問する　名 訪問

## s-359 The kid asked his mom *to* buy him a new toy.

子どもはお母さんに新しいおもちゃを買ってくれと頼んだ。

**1188**
**□ kid**
[kíd] キド

图 子ども

**1189**
**□ ask** 多義
[ǽsk] アスク

動 ①〈人〉に頼む
②〈人〉にたずねる，（〜を）たずねる▶p.83
◆ask〈人〉to V 「〈人〉にVするよう頼む」
◆ask〈人〉about A 「Aについて〈人〉にたずねる」

**1190**
**□ mom**
[mám] マム

图 ママ，お母さん
★母親に呼びかける言葉。大人も使うことがある。

**1191**
**□ toy**
[tɔ́i] トイ

图 おもちゃ

## s-360 She is not beautiful but cute.

彼女は美しくはないが，かわいい。

**1192**
**□ not A but B**

AでなくてB
★A，Bは名詞・形容詞・前置詞句など。
例 He comes not from America but from Canada.
「彼はアメリカではなくカナダ出身だ」

**1193**
**□ cute**
[kjúːt] キュート

形 かわいい

## s-361 At first, I thought I was going to be lucky, but actually I wasn't.

最初のうちは運がいいのだろうと思った。しかし，実は違った。

1194
□ **at first**

初めのうちは
★後で状況が変わることを暗示している。

◇first 　　　　形副 第一の[に], 最初の
　　　　　　　　名 一日 ▶p.22

◆for the fist time「初めて」▶p.139

## 28

1195
□ **lucky**
[lʌ́ki] ラキ

形 幸運な, 運がいい

◇luck 　　　　名 幸運

◆Good luck. 　「幸運を祈ります」

◆Lucky you. 　「君は運がいいね」

★うらやましい時に使う。

1196
□ **actually**
[ǽktʃuəli] アクチュアリ

副 (予想と違って)実際は, 現実に

---

s-362 | **When I go** fishing, **I feel** relaxed **and** close *to* nature.

釣りに行くとき, 私はくつろいで自然に親しんでいる**気がする。**

---

1197
□ **fishing**
[fíʃiŋ] フィシング

名 釣り, 漁業

1198
□ **relax**
[rilǽks] ゥリラクス

動 ～をくつろがせる；くつろぐ, リラックスする
★これもsurprise型。▶p.326〈文法33〉

1199
□ **close** 　(多義)

形副 接近した, 親しい；近くに, 接近して

動 ～を閉める, 閉まる ▶p.55

(発音?) 　形副 [klóus] クロウス　　動 [klóuz] クロウズ

◇closed 　　　形 閉じている,
　　　　　　　　閉店[休業]している ▶p.55

1200
□ **nature**
[néitʃər] ネイチャ

名 自然

◇nátural 　　　形 自然の, 当然の

s-363　She seemed *to* understand that the situation was serious.

状況は深刻だと彼女は理解しているようだった。

1201
☐ **seem**
[síːm] スィーム

動 ①(seem to V)Vするように思われる
②(SVCで)〜のように思える, 〜に見える

1202
☐ **situation**
[sìtʃuéiʃən] スィチュエイション

名 状況

1203
☐ **serious**
[síəriəs] スィアリアス

形 深刻な, 重大な；まじめな
◇sériously　　副 まじめに, 深刻に

---

s-364　Her round eyes were filled with tears.　She took a handkerchief from her pocket.

彼女の丸い目は涙でいっぱいだった。彼女はポケットからハンカチを取り出した。

1204
☐ **round**
[ráund] ゥラウンド

形 丸い

1205
☐ **fill**
[fíl] フィル

動 〜を満たす
◆be filled with A 「Aでいっぱいだ」

1206
☐ **tear**
[tíər] ティア

名 涙

1207
☐ **handkerchief**
[hǽŋkərtʃif] ハンカチフ

名 ハンカチ

1208
☐ **pocket**
[pákət] パケト

名 ポケット

§28

s-365 | **She still refuses to accept his death.**

彼女は今でも彼の死を受け入れるのを拒否している。

---

1209
□ **still**　多義

[stíl] スティル

副 ①今でも, 今なお
　②まだ, それでも

1210
□ **refuse**

[rifjúːz] ゥリフューズ

動 断る, 拒否する, 拒絶する

1211
□ **accept**

[əksépt] アクセプト

動 ～を受け入れる

1212
□ **death**

[déθ] デス

名 死
◇die　　　　動 死ぬ ▶p.181
◇dead　　　形 死んだ, 死んでいる ▶p.176

# §29　環境・自然・生物

文法
チェック

---

① To learn English is difficult. = It is difficult to learn English.
　（英語を学ぶことはむずかしい。）

② It is easy for him to drive a car.
　（彼が車を運転するのはかんたんだ。）

---

　to不定詞が主語で、長すぎてバランスが悪くなると、主語の位置にItを置いて、to不定詞を後ろに置くことが多い。このItを形式主語といい、後ろの不定詞を真主語という。このItは前の語句を指していないので「それは」と訳してはいけない。

　①の不定詞to learn Englishには、主語がない。不定詞の主語を示したければ、②のように、for A to V「AがVすること」とする。

---

s-366　**It is necessary to take action to preserve nature.**

自然を保護するために行動を起こす必要がある。

---

1213
**□ necessary**

[nésəsèri] ネセセリ

形 必要な

◆It is necessary (for A) to V

　　　　　　「(Aが)Vすることが必要だ」

1214
**□ action**

[ǽkʃən] アクション

名 行動, 活動

◆take action　「行動を起こす」

1215
**□ preserve**

[prizə́ːrv] プリザーヴ

動 〜を保護する, 保つ, 守る, 保持する

★preserve もprotectも、「自然を守る」「世界遺産を守る」という意味で使えるが、protectは「攻撃から守る」というイメージで、preserveは「変わらないように現状を保つ」というイメージ。だから、preserve fruit with sugar「果物を砂糖漬けにする(=保存加工する)」というような使い方ができる。

---

§29

| s-367 | **It is important** for **us** to protect *World* Heritage Sites. |
|---|---|
| | 私たちが世界遺産地域を守ることが重要だ。 |

1216
□ **for A to V**

AがVすること
★AはVの意味上の主語を表す。

1217
□ **protect**
[prətékt] プロテクト

動 ～を保護する，守る
◆protect A from B 「BからAを守る」

1218
□ **heritage**
[hérətidʒ] ヘリティヂ

名 遺産
◆World Heritage 「世界遺産」

1219
□ **site**
[sáit] サイト

名 ①地域，（建物などの）用地，敷地，場所
②(インターネットの)サイト

| s-368 | **It was** impossible **for him to** grow plants **in the** desert. |
|---|---|
| | 彼が砂漠で植物を育てることは不可能だった。 |

1220
□ **impossible**
[impásəbl]
インパスィブル
反?

形 不可能な
⇔ póssible   形 可能な，起こりうる ▶p.242

1221
□ **plant**
[plǽnt] プラント

名 植物，草木
動 ～を植える

1222
□ **desert**
[dézərt] デザト

名 砂漠
★dessert [dizə́ːrt] 「デザート」とつづりとアクセントが異なるので注意。

| s-369 | People are burning down the rain forests because they want to plant crops. |
|---|---|
| | 作物を植えたいので，人々は雨林を燃やしている。 |

1223
☐ **burn**

[bə́ːrn] バーン

動 ～を燃やす，焼く；燃える

1224
☐ **rain forest**

[réin fɔ̀rəst] ゥレイン ファレスト

(熱帯)雨林

★rainforestと，スペースを入れずにつづることも多い。

1225
☐ **crop**

[krάp] クラァプ

名 農作物，収穫物

---

## 25. wh（疑問詞）+to V

文法
チェック

> ① I want to learn how to ride a bike. (私は自転車の乗り方を覚えたい。)
> ② I don't know what to do. (私は何をすべきかわからない。)

▶ [疑問詞how, what, when, where+ to V]のかたまりで，ひとつの名詞句の働きをする。

☐ how to V 「どのようにVするか，Vする方法」
☐ what to V 「何をVするべきか」
☐ when to V 「いつVするべきか」
☐ where to V 「どこでVするべきか」

---

| s-370 | I didn't know how to recycle garbage. |
|---|---|
| | どうやって生ゴミを再生利用するのか私は知らなかった。 |

1226
☐ **how to V**

どのようにVするか，Vする方法

1227
□ **recycle**

[rìːsáikl] ゥリーサイクル

動〈廃品など〉を再生利用する, リサイクルする

源 re(= again)＋cycle(循環)

1228
□ **garbage**

[gáːrbidʒ] ガービヂ

图 生ゴミ, くず

★アメリカ英語で, 特に台所などから出る生ゴミのこと。trash「ゴミ」(▶p.125)はそれより幅が広く, 生ゴミの他にも紙くずやさまざまな不要品を含む。garbageもtrashも, イギリスではrubbishと言う。

---

s-371

We have to reduce the amount of waste as much as we can.

私たちはできるだけ廃棄物の量を減らす必要がある。

---

1229
□ **reduce**

[rid(j)úːs] ゥリドゥース

動 〜を小さくする, 下げる, 減らす

源 re(= back)＋duce(導く)

1230
□ **amount**

[əmáunt] アマウント

图 量

◆an[the] amount of A 「Aの量」

★Aはふつう数えられない名詞(▶p.321〈文法31〉)。数えられる名詞はthe number of A「Aの数」を使う。

1231
□ **waste**

[wéist] ウェイスト

图 廃棄物；むだ(づかい), 浪費

動 〜を浪費する

例 It's a waste of money.「それはお金のむだづかいだ」

1232
□ **as ... as 〜can**

できるだけ…

◆as ... as possible 「可能な限り…, できるだけ…」

例 She wants to make as much money as she can.
= She wants to make as much money as possible.
「彼女はできるだけ多くのお金をもうけたい」

**The panels collect solar energy.**

そのパネルは太陽エネルギーを集める。

1233
□ **panel**
[pǽnl] パヌル

图 パネル，（平らで長方形の）板

1234
□ **collect**
[kəlékt] コレクト

動 ～を集める，収集する
◇colléction　　图 収集，回収

1235
□ **solar**
[sóulər] ソウラ

形 太陽の

**You can't shoot a wild deer in the valley.**

その谷で野生の鹿を撃つことはできません。

1236
□ **shoot**
[ʃúːt] シュート

動 ①～を撃つ，射撃する
　②シュートする
活用形 shoot − shot − shot；shooting

1237
□ **wild**
[wáild] ワイルド

形 野生の，荒れた；野蛮な，未開の

1238
□ **deer**
[díər] ディア

图 鹿　★複数形もdeer。
◇réindeer　　图 トナカイ

1239
□ **valley**
[vǽli] ヴァリ

图 谷，低地
★日本語の「谷」より比較的なだらかで広い場所をいうことが多い。
◆river valley　　「川の流域」

| s-374 | **I found that only queen bees lay eggs.** |
|---|---|
| | 女王蜂だけが卵を産むとわかった。 |

### 1240 ☐ **find** 多義
[fáind] ファインド

動 ①〜とわかる, 〜と思う
　　②〜を見つける ▶p.95

活用形 find – found – found; finding

◆ **find A out**　　「Aを知る」

### 1241 ☐ **queen**
[kwíːn] クウィーン

名 女王

◇ **king**　　　　名 王様, 王 ▶p.263
◇ **prince**　　　名 王子, プリンス
◇ **príncess**　　名 王女, プリンセス

### 1242 ☐ **bee**
[bíː] ビー

名 ハチ, ミツバチ

### 1243 ☐ **lay**
[léi] レイ

動 ①〈卵〉を産む
　　②〜を置く, 横たえる

活用形 lay – laid [léid] – laid; laying

| s-375 | **Some pigeons can fly long distances.** |
|---|---|
| | 長距離を飛べるハトもいる。 |

### 1244 ☐ **pigeon**
[pídʒən] ピヂョン

名 ハト

★ pigeonはふつう飼われているハトで, doveは野生のハト。

◇ **dove**　　　　名 ハト　★平和の象徴。

### 1245 ☐ **distance**
[dístəns] ディスタンス

名 距離

◇ **dístant**　　形〈距離・時間などが〉遠い, 離れて

**My cat was** lying **on the** roof **of the** shrine**.**

私の猫は神社の屋根の上で寝転んでいた。

---

**1246**
**☐ lie** 　　　（多義）　**動** ①横たわる, ある　②うそをつく

[lái] ライ 　　　　　　　　**图** うそ ▶p.309

★①と②は同じつづり字だが, もともと別の単語。

（活用形）「横たわる」　lie – lay [léi] – lain [léin]；lying
　　　　　「うそをつく」　lie – lied – lied；lying

**1247**
**☐ roof** 　　　　　　**图** 屋根

[rúːf] ゥルーフ

**1248**
**☐ shrine** 　　　　　**图** (日本の)神社；

[ʃráin] シュライン 　　　　(聖人の遺骨・遺物などを収めた)聖堂, 礼拝堂

---

222

# §30 生活

## 26. 名詞を修飾する現在分詞・過去分詞

文法
チェック

(1) [(分詞)+名詞]

> ① The crying baby is my sister. （泣いている赤ちゃんは私の妹です。）
>
> ② They found my stolen bag. （彼らは私の盗まれたカバンを見つけた。）

§30

　分詞は形容詞のように名詞を修飾できる。修飾される名詞と分詞の間には主語と述語の関係がある。

　the crying baby ← The baby is crying. （能動態なので現在分詞）
　my stolen bag ← My bag was stolen. （受動態なので過去分詞）

　本書では現在分詞をVing, 過去分詞をVedと表記しているが, 過去形と過去分詞形が違うものはp.323〈32. 動詞の活用〉を参照。

(2) [名詞＋(分詞…)]

> ① Who is that man drinking water?
> 　（水を飲んでいるあの男は誰ですか?）
>
> ② The baby sleeping in the bed is my brother.
> 　（ベッドで寝ている赤ちゃんは私の弟です。）
>
> ③ I bought a book written by Littlewood.
> 　（リトルウッドによって書かれた本を買った。）

　分詞が目的語や修飾語を伴って2語以上のかたまりになると, 名詞の後ろに置いて, 後ろから修飾する。この場合も, 修飾される名詞と分詞の間には主語と述語の関係がある。

　that man+(drinking water) ← That man is drinking water.

　a book+(written by Littlewood) ← A book was written by Littlewood.

| s-377 | **She tried to** wake *up* **her** *sleeping* **husband.** |
|---|---|
| | 彼女は寝ている夫を起こそうとした。 |

**1249**
**□ wake**
[wéik] ウェイク

動 ～を起こす；目を覚ます
★upを付けることが多い。

**1250**
**□ husband**
[hʌ́zbənd] ハズバンド

名 夫
◇wife　　　　名 妻, 奥さん, 夫人 ▶p.210
◆husband and wife　「夫婦」
★対句として無冠詞・単数形で使うことが多い。

| s-378 | While **he was** fixing **the** broken **window, he hurt** himself and shouted, "Ouch!" |
|---|---|
| | 割れた窓を直しているときに, 彼はけがをして「痛い！」と叫んだ。 |

**1251**
**□ while**
[wáil] ワイル

接 ～している間に
★while節中では状態を表す動詞か, 動詞の進行形を使うのがふつう。▶p.68〈文法7〉
★下の2つの表現はwhileが名詞で「時間」の意味。
◆after a while　　「しばらく後に」
◆for a while　　　「少しの間」

**1252**
**□ fix**
[fíks] フィクス

動 ①～を修理する
　②～を固定する

**1253**
**□ broken**
[bróukn] ブロウクン

形 壊れた, 割れた
★break ▶p.154 の過去分詞。

**1254**
**□ shout**
[ʃáut] シャウト

動 叫ぶ, 大声をだす, どなる
◆shout back　　「叫び返す」

1255
□ **ouch**
[áutʃ] アゥチ

圖 痛い, あいた, 熱い, いやだ

---

s-379 **A man riding a bike was run over by a bus.**

自転車に乗っていた**男**がバスにひかれた。

---

1256
□ **ride**
[ráid] ゥライド

動 〈自転車・馬など〉に乗る, 乗って行く

活用形 ride – rode[róud] – ridden[rídn]; riding

§30

1257
□ **run over A**

〈車などが〉Aをひく, Aを走って越える

---

s-380 **She sat on a bench covered with snow.**

雪におおわれたベンチに**彼女**は座った。

---

1258
□ **bench**
[béntʃ] ベンチ

图 ベンチ, 長いす

1259
□ **cover**
[kávər] カヴァ

動 (〜を)おおう, (カバーなどを)かける
图 おおい, カバー
◆be covered with A　「Aにおおわれている」

---

s-381 **This hotel was designed by a famous architect named Frank Lloyd Wright.**

このホテルはフランク・ロイド・ライトという名前の**有名な**建築家によって設計された。

---

1260
□ **design**
[dizáin] ディザイン

動 〜を設計する
◇**designer**　　图 デザイナー

## 1261 architect

[ɑ́ːrkətèkt] アーキテクト

图 建築家

◇árchitecture　图 建築

## 1262 name

[néim] ネイム

動 ～を名づける　图 名前 ▶p.13

★過去分詞として名詞を修飾することが多い。〈A＋named B〉で「(Bと名づけられたA →)Bという名前のA」という意味になる。

◆name A B　「AをBと名づける」

---

s-382

This sofa is one of our most comfortable pieces *of* furniture.

このソファーは最も快適な家具のひとつだ。

---

## 1263 sofa

[sóufə] ソウファ

图 ソファー

◇cárpet　　　　图 カーペット, じゅうたん

## 1264 comfortable

[kʌ́mfərtəbl] カムファタブル

形 快適な, 心地よい

## 1265 piece

[píːs] ピース

图 断片, かけら

◆a piece of A　「ひとつのA」

★Aは数えられない名詞(不可算名詞)。 ▶p.321〈文法31〉
たとえば, furniture, chalk, paper, advice, newsなどである。

例 a piece of chocolate「ひとかけらのチョコレート」

## 1266 furniture

[fə́ːrnitʃər] ファーニチャ

图 家具

★数えられない名詞なので, aを付けず, 複数形もない。

---

s-383

I always carry a light lunch box made of wood.

私はいつも木製の軽い弁当箱を持っていく。

## 1267 carry

[kǽri] キャリ

動 ～を運ぶ, 持っていく

---

## 1268
□ **light**　多義

[láit] ライト

形 軽い；明るい

名 光，明かり ▶p.162

## 1269
□ **lunch box**

[lántʃ bὰks] ランチ バクス

弁当箱 ▶p.60

★lunchboxと1語でつづることもある。

◇box　　　　名 箱

§30

## 1270
□ **be made of A**

A〈材料〉でできている

★be made of Aは材料があまり変化しない場合に用い，be made from A〈原料〉 ▶p.190 は原料が元の形状をとどめていないときに用いる。

## 1271
□ **wood**

[wúd] ウド

名 ①（材料としての）木，木材

②森，林

---

## 27. 間接疑問文

文法
チェック

> ① I don't know when she will come back.
> （彼女がいつ帰ってくるかわからない。）
> ② I asked him where she lives.
> （彼女はどこに住んでいるのか，彼にたずねた。）

　who, what, when, where などの疑問詞で始まる疑問文を名詞節にして，know, wonder, askなどの動詞の目的語として続けると，節中の語順が変わる。

① 　　　　　When *will* she come back?（彼女はいつ帰ってくるだろうか。）
　　　　　　　　　↓
→ I don't know when she *will* come back.

② 　　　　　Where *does* she live?（彼女はどこに住んでいるのか。）
　　　　　　　　　↓
→ I asked him where she live*s*.

**I wonder what is inside the pot.**

つぼの中に**何がある**のだろうか。

1272
□ **wonder**
[wándər] ワンダ

動 〜かと(疑問に)思う
★wonderは自分に問うときに使う。wonder ＋疑問詞節(what〜, who〜, when〜など)やwonder ＋ if 節で、「〜だろうか(と思う)」と訳せる。

1273
□ **inside**
[insáid] インサイド

前 〜の中に[へ]
名形副 中(の, に), 内側(の, に)
◇outsíde　　前名形副 外側(の, に), 外部(の, に)

1274
□ **pot**
[pát] パト

名 つぼ；なべ

---

s-385 **I realized the importance of communication in our daily life.**

私は日常生活における**意思疎通**の**重要性に気づいた**。

1275
□ **realize**
[ríːəlàiz] ゥリーアライズ

動 ①〜に気づく, 〜をさとる, よくわかる
　　②〜を実現する

1276
□ **importance**
[impɔ́ːrtəns]　形?
インポータンス

名 重要性, 大切さ
◇impórtant　　形 重要な, 重大な, 大切な

1277
□ **communication**
[kəmjùːnəkéiʃən]
コミューニケイション

名 情報の伝達, 意思疎通, 通信
🔲p.175 communicate

1278
□ **daily**
[déili] デイリ

形 毎日の, 日々の

s-386 **It is not easy to spend less money and save more.**

費やすお金をより少なくし，より多くを蓄えるのはかんたんではない。

§30

---

1279
☐ **spend**
[spénd] スペンド

**動**〈時間・お金〉を費やす，使う，かける

---

1280
☐ **less**
[lés] レス

**形** より少ない

**副** より少なく

★littleの比較級。最上級はleast ▶p.250。

---

1281
☐ **save** (多義)
[séiv] セイヴ

**動**①〜を蓄える，節約する
②〜を救う，助ける，守る ▶p.259

---

s-387 **I noticed a sign on the wall saying "DANGER!"**

「危険！」と書かれた壁の標識に気づいた。

---

1282
☐ **notice**
[nóutəs] ノウティス

**動** 〜に気づく，〜とわかる

---

1283
☐ **sign**
[sáin] サイン

**名** 標識，記号，サイン，表れ，しるし

**例** a sign of spring「春のきざし」

---

1284
☐ **wall**
[wɔ́:l] ウォール

**名** 壁，へい

◇**céiling**　　**名** 天井

**例** from floor to ceiling「床から天井まで」　★この句では無冠詞。

# §31 日常会話

| s-388 | "Would you help me?"<br>"Sure, what can I do for you?" |
|---|---|
| | 「手伝っていただけますか？」<br>「はい，何をしましょうか？」 |

---

**1285**
☐ **Would you V ... ?** | Vしてくださいませんか？
★Will you ～? よりていねいな言い方。

**1286**
☐ **What can I do for you?** | 何をしましょうか？；<br>私にできることなら何なりと

---

| s-389 | Can I exchange this five pound note *for* coins? |
|---|---|
| | この5ポンド札をコインに交換していただけますか？ |

---

**1287**
☐ **exchange**
[ikstʃéindʒ] イクスチェインヂ | 働 ～を交換する，両替する<br>◆exchange A for B 「AをBに交換する」

**1288**
☐ **pound**
[páund] パウンド | 图 ポンド<br>★イギリスの通貨で，1 pound ＝ 100 pence。£という記号で表すこともある。<br>★重量の単位としては，1 pound ≒ 454g。☐p.332〈文法37〉

**1289**
☐ **note** （多義）
[nóut] ノウト | 图 ①紙幣，札　②メモ，覚え書き ☐p.288<br>働 ～を書き留める<br>★「紙幣」の意味は主に《英》。《米》ではbillを使う。<br>★文房具の「ノート」はnotebook ☐p.9。<br>◇bill　　　图 紙幣，札

**1290**
☐ **coin**
[kɔ́in] コイン | 图 硬貨，コイン

s-390 **Let's ask Greg for advice.**

グレッグに助言を頼もう。

1291
□ **ask 〈人〉for A** | 〈人〉にAを求める，頼む

1292
□ **advice** | 图 助言，アドバイス
[ədváis] アドヴァイス | ★数えられない名詞。▶p.321〈文法31〉

◇advíse 　　　　　 **動** ～に助言する

★発音注意。[ədváiz] アドヴァイズ

s-391 **"I'm sure we'll have a good time together."**
**"I think so, too."**

「一緒に楽しめると思うよ」

「私もそう思う」

1293
□ **sure** 　(多義) | 形 確信している，信じている
[ʃúər] シュア | 副 (返答として)いいとも，その通り ▶p.67

◆be sure of A 　「Aを確信している」

◆be sure that ～「～と確信している」

★前置詞の後にthat節は置けないので，× be sure of that～としてはならない。

1294
□ **I think so.** | 私はそう思います。

★このsoは，先行するthat節の代用。thinkの他にも，say, hope, believe, expect, imagineなどもsoを伴うことがある。

s-392 | **I'm looking forward to see*ing* you.**
---|---
| あなたに会えるのを楽しみにしています。

1295
☐ **look forward to A[Ving]**

A[Vすること]を楽しみに待つ

★toは前置詞で, 後ろに名詞, または動名詞Vingがくる。to Vと不定詞にしてはならない。

★例文のように進行形で使うことが多い。

1296
☐ **forward**
[fɔ́ːrwərd] フォーワド

副 前へ[に], 前方に

例 go forward「前進する」

---

s-393 | **"*What's the* matter?"** <br> **"I have a headache and fever."** <br> **"That's too bad."**
---|---
| 「どうしたのですか?」
| 「頭痛がして, 熱があるのです」
| 「それはかわいそうに」

1297
☐ **matter**
[mǽtər] マタ

名 ①(the matter)困ったこと, 故障 ②物質, もの

動 重要である

◆What's the matter? 「どうしたのですか?」

★相手の身を案じる言葉。

1298
☐ **headache**
[hédèik] ヘデイク

名 頭痛

圏 head(頭)+ache(痛み)

◇ache             名 痛み    動 痛む, うずく

◇stómachache      名 胃痛

<sup>1299</sup>
☐ **fever**

[fíːvər] フィーヴァ

图 熱，発熱

★have a headache and a fever としてもよい。

★have a high fever「高熱がある」, have a slight fever「微熱がある」なども知っておこう。

<sup>1300</sup>
☐ **That's too bad.**

それはいけませんね；お気の毒に；残念です

★単に Too bad. と言うこともある。

§31

| s-394 | "Hey, why don't you come with me?"<br>"I'd love to.  That's very kind of you." |
| --- | --- |
| | 「やあ，一緒に来ませんか？」<br>「喜んで。ご親切にありがとう」 |

<sup>1301</sup>
☐ **hey**

[héi] ヘイ

圃 やあ，おい

★呼びかけや，驚きを表すのに使う。失礼になることもあるので，気楽に使わない方がよい。

<sup>1302</sup>
☐ **Why<br>　don't you ～?**

～したらどうですか？；～しませんか？

★文字通り「～しないのはなぜか」という意味にもなり得るが，「～したらどうか？」と提案を表すことが多い。その場合, Because～. とは答えない。

<sup>1303</sup>
☐ **I'd love to.**

喜んで。

★to の後の動詞句が省略されていて，「そうしたい」という意味。I'd は I would の省略形。▶p.137

<sup>1304</sup>
☐ **That's very<br>　kind of you.**

ご親切にありがとう。

★感謝を表す言葉。後ろに不定詞を付けるときは, It's very kind of you to say so. のように it を用いるのがふつうだ。

"Why don't we **take a** break?"
"Why not? Sounds *good*. By the way, what time is it?"

「休憩を取りませんか？」
「うん，いいね。ところで，今何時？」

---

1305
☐ **Why**
　**don't we ～?**

～しませんか？

★Why don't you～?（▷p.233）と違って，一緒に何かをやろうという提案。この場合もBecause～と答えない。

1306
☐ **break**　　多義

[bréik] ブレイク

图 休憩
動 ～を壊す，割る，破る ▷p.154

[活用形] break – broke [bróuk] – broken [bróukn]

◆take a break　「休憩する」

1307
☐ **Why not?**

いいじゃないか；どうしてだめなのか？

★Why not? は提案などに同意を表し，Yesと同じような意味を持つことがある。

★Why not? が前の否定文を受けて，「なぜそうじゃないのか」という意味の疑問を表す場合もある。

例 "He can't come." "Why not?"
　「彼は来られません」「なぜです?」

1308
☐ **sound**　　多義

[sáund] サウンド

動 (sound C) Cに聞こえる，思える
图 音，響き

◆That sounds good[great].「いいですね」

★相手の提案などに対して同意を表す表現。Thatはしばしば省略されて，Sounds good[great]. となる。

1309
☐ **by the way**

ところで，ときに

★しばしば文頭で，新しい話題を導入するときに用いる。疑問文が続くことが多い。

| s-396 | "May I have your name?"<br>"Yes, my name is Elizabeth Gardner." |
| --- | --- |
| | 「お名前を教えていただけますか？」<br>「はい，私の名前はエリザベス・ガードナーです」 |

### 1310 ☐ May I have your name?

お名前を教えていただけますか？

★What's your name? は子どもに対するとき以外は，きつく響くので避けられることが多い。May I have your name(, please)? か，Could you tell me your name? という方がていねい。

§31

| s-397 | "Can I speak to Cathy?"<br>"Sorry, but she's out now.  Would you like to leave a message?"<br>"No, thank you.  I'll call back later." |
| --- | --- |
| | 「キャシーと話せますか？」<br>「すみませんが，彼女は今外出しています。メッセージを残しますか？」<br>「いいえ，ありがとう。後でかけ直します」 |

### 1311 ☐ out
[áut] アウト

多義 | 圓 ①不在で　②外に　③すっかり　④消えて

### 1312 ☐ leave
[líːv] リーヴ

多義 | 圃 ①〜を残す，置いておく　②〜を去る
③出発する ▶p.110
◆leave a message　「メッセージを残す」
⇔take a message　「メッセージを引き受ける」
例 Would you like to leave a message?
= Can I take a message?

### 1313 ☐ call back

(〜に)電話をかけ直す，折り返し電話する

s-398

"Will you introduce me to your friend?"
"Sure.  This is Nao.  She is an old friend from nursery school."

「あなたの友だちに私を紹介してくれませんか？」
「ええ。こちらナオです。保育園からの古い友だちです」

---

1314
**introduce**
[ìntrəd(j)úːs] イントロドゥース

動 ～を紹介する；～を導入する，輸入する
◆introduce A to B 「BにAを紹介する」
例 introduce Japanese culture to the world
　　「世界に日本文化を紹介する」

1315
**nursery school** 保育園[所]
[nə́ːrsəri] ナーサリ

園 nurse（乳母）＋ery（の場所）

---

s-399

"Here is my e-mail address."
"Thanks.  I'll send you an e-mail by tomorrow."

「これが私のEメールアドレスです」
「ありがとう。明日までにEメールを送ります」

---

1316
**e-mail**
[íːmèil] イーメイル

名 Eメール
◇mail　　　　　名 郵便　動 ～を郵便で出す

1317
**address**
[ədrés] アドレス

名 住所

1318
**by**　　(多義)
[bai] バイ

前 ①〈時〉までに
　②〈手段〉によって ▶p.29
　③～のそばに，近くに ▶p.252

---

# §32 科学技術

## 28. 関係詞節

文法
チェック

### (1) 主格の関係代名詞(関係代名詞が節中の主語)

> ① I have a friend who lives in New York.
>
> (ニューヨークに住んでいる友だちがいます。)
>
> = I have a friend that lives in New York.
>
> ② This is a bus which goes to the station.
>
> (これは駅に行くバスです。)
>
> = This is a bus that goes to the station.

§32

　関係代名詞は節をまとめ、前の名詞を修飾することができる。また、関係代名詞は節をまとめると同時に関係詞節中で名詞の働きもする。

　① I have a friend.　He lives in New York.

　I have a friend who lives in New York.

　② This is a bus.　It goes to the station.

　This is a bus which goes to the station.

　①ではwhoがHeの代わりにlivesの主語の役割を果たすと同時に、New Yorkまでを1つの関係詞節にまとめて friend を修飾している。

　②ではwhichがItの代わりにgoesの主語にもなり、stationまでを1つの関係詞節にまとめてbusを修飾している。

　関係詞節によって修飾されている名詞(① friend, ② bus)を先行詞という。

　先行詞が人であればwhoまたはthatを使い、先行詞が人以外のものならば、whichまたはthatを使う。

## (2) 目的格の関係代名詞とその省略

① He is a friend who I met in London last summer.
（彼は昨年の夏ロンドンで会った友人です。）
= He is a friend that I met in London last summer.
= He is a friend I met in London last summer.

② The book which I read yesterday was really exciting.
（昨日読んだ本はとてもわくわくした。）
= The book that I read yesterday was really exciting.
= The book I read yesterday was really exciting.

関係詞節の中で目的語の働きをする関係詞を、目的格の関係代名詞と呼ぶ。

① He is a friend. I met him in London last summer.

→ He is a friend who I met in London last summer.

② The book was really exciting. I read the book yesterday.

→ The book which I read yesterday was really exciting.

目的格の関係代名詞はしばしば省略される。関係詞を省略すると、〈先行詞（名詞）＋主語＋述語〉という語順になる。

---

**s-400**

He invented a new technology that can help blind people.

彼は目が見えない人を助けられる新しい科学技術を発明した。

1319
**invent**
[invént] インヴェント

動 〜を発明する、考案する
◇invéntion　图 発明

1320
**technology**
[teknálədʒi] テクナロヂ

图 科学技術、テクノロジー

### 1321
□ **that** 　　多義

[ðǽt] ザト

**関係代名詞** (ふつう訳さない)

代 あれは[が, を] ▶p.9

形 あの, その

### 1322
□ **blind**

[bláind] ブラインド

形 目が見えない, 視覚障害者の

---

s-401　**This is a car which runs on gas.**

これはガソリンで走る車です。

§32

### 1323
□ **which** 　　多義

[hwítʃ] ウィチ

**関係代名詞** (ふつう訳さない)

**疑問代名詞** どちらが[を] ▶p.61

**疑問形容詞** どちらの

### 1324
□ **gas**

[gǽs] ギャス

名 ①ガソリン(主に《米略式》)　②気体, ガス

◇gásoline　　名 ガソリン

---

s-402　**He was an engineer who designed powerful engines.**

彼は強力なエンジンを設計した技師だった。

### 1325
□ **engineer**

[èndʒəníər] エンヂニア

名 技師, エンジニア

◇enginéering　　名 工学

### 1326
□ **who** 　　多義

[húː] フー

**関係代名詞** (ふつう訳さない)

**疑問代名詞** 誰(が[を, に]), どんな人 ▶p.13

### 1327
□ **powerful**

[páuərfl] パウアフル

形 強力な, 力強い

### 1328
□ **engine**

[éndʒən] エンヂン

名 エンジン

There is an article that says that the number of electric cars produced in Japan is increasing.

日本で生産される電気自動車の数が増えているという記事がある。

★上の文で, produced in Japan は electric cars を修飾している。

#### 1329
☐ **article**
[ɑ́ːrtikl] アーティクル

图①記事　②品物

#### 1330
☐ **electric**
[iléktrik] イレクトリク

形 電気の, 電動の
◆electric car　「電気自動車」
◇electrícity　　图 電気 ▶p.101
◇báttery　　图 電池, バッテリー

#### 1331
☐ **produce**
[prəd(j)úːs] プロドゥース

動 〜を生産する
◇próduct　　图 生産物, 製品 ▶p.283

#### 1332
☐ **increase**
[inkríːs] インクリース

動 増える；〜を増やす
图 [´ ‐] 増加
反? ⇔decréase　　動 減少する；〜を減らす
　　　　　　　　图 [´ ‐] 減少

We are thinking of developing a new digital camera.

私たちは新しいデジタルカメラを開発しようと考えている。

#### 1333
☐ **be thinking of Ving**

Vしようかと考えている
◇think　　動 〜と思う, 考える ▶p.113

#### 1334
☐ **develop**
[divéləp] ディヴェロプ

動 〜を開発する, 発展させる
◇devélopment　　图 発展, 開発
◆developing country 「発展途上国」 ▶p.294

1335
☐ **digital**
[dídʒitl] ディヂトル

形 デジタルの，コンピュータの
名 デジタル

1336
☐ **camera**
[kǽmərə] キャマラ

名 カメラ

---

s-405 **Various devices are connected to the network.**

いろいろな装置がネットワークにつながっている。

§32

1337
☐ **various**
[véəriəs] ヴェアリアス

形 いろいろな，さまざまな

1338
☐ **device**
[diváis] ディヴァイス

名 装置，仕掛け

1339
☐ **connect**
[kənékt] コネクト

動 ～をつなぐ，結びつける
◆be connected to[with] A 「Aにつながっている」
◇connéction 名 関係，関連

1340
☐ **network**
[nétwəːrk] ネトワーク

名 ネットワーク
★網状に張りめぐらされた組織や連絡網のことで，特にテレビやラジオの放送網や，コンピュータなどがデータ通信用に接続されているシステムを言う。

---

s-406 **One day it may be possible for human beings to live on the surface of the moon.**

月の表面に人間が住むことがいつか可能になるかもしれない。

1341
☐ **one day**

ある日，いつか

---

<sup>1342</sup>
□ **possible**

[pásəbl] パスィブル

形 可能な, 起こりうる

◆It is possible (for A) to V

「(Aが)Vするのは可能である」

反? ⇔impóssible 形 不可能な ▶p.217

<sup>1343</sup>
□ **human being** 人間

[hjúːmən bíːiŋ]
ヒューマン ビーイング

複数形 human beings

★たいてい複数形で使う。

<sup>1344</sup>
□ **surface**

[sə́ːrfəs] サーファス

名 表面, 水面, 外見

源 sur(上に)+face

---

s-407 **A rocket is coming toward us *at* high speed.**

　　　ロケットが高速で私たちの方に向かってきている。

<sup>1345</sup>
□ **rocket**

[rákət] ゥラケット

名 ロケット

<sup>1346</sup>
□ **toward**

[tɔ́ːrd] トード

前 ～に向かって, ～の方に

★イギリスではふつうtowardsとする。

<sup>1347</sup>
□ **speed**

[spíːd] スピード

名 スピード, 速度

例 at a speed of 80 km/h「時速80キロで」

---

s-408 **I have expressed my own opinion *on* atomic power clearly.**

　　　私は原子力に関する自分自身の意見をはっきりと表現してきた。

<sup>1348</sup>
□ **express**

[iksprés] イクスプレス

動 ～を表現する

◇expréssion 名 表現 ▶p.272

1349
☐ **own**
[óun] オウン

㊥ 自身の, 独自の　★所有格の名詞や代名詞の後で使う。

㋕ his own idea「彼自身の考え」

1350
☐ **opinion**
[əpínjən] オピニョン

㊅ 意見

★「意見を言う」は give an opinion。×say an opinion は不可。

1351
☐ **atomic**
[ətámik] アタミク

㊥ 原子(力)の

◆atomic bomb　　　　　「原子爆弾」

◆the Atomic Bomb Dome「原爆ドーム」

§32

1352
☐ **clearly**
[klíərli] クリアリ

㊟ はっきりと, 明らかに

◇clear　　　　㊥①晴れた　②明らかな

　　　　　　　㊐ ～をかたづける

日本では当たり前に使っている
カタカナ語でも, 英語では使わない
ものがあるんだよ。

### 英語で使わないカタカナ語

| カタカナ語 | 英語 |
|---|---|
| ガソリンスタンド | gas station |
| カンニング | cheating |
| キャッチボール | catch |
| (有名人の)サイン | autograph |
| (署名の)サイン | signature |
| サラリーマン | office worker; businessman |
| (髪の)ショートカット | short hair |
| (やせている)スマート | slender |
| (電子)レンジ | microwave(oven) |
| ノート | notebook |
| ノートパソコン | laptop |
| パンクしたタイヤ | flat tire |
| プリント | handout |
| メイク | makeup |

# §33 ビジネス

s-409
It is difficult to talk to someone I don't know,
especially when I'm abroad.

特に**海外にいるとき**は，知らない人に話しかけるのはむずかしい。

★上のsomeoneの後には関係詞thatが省略されている。

1353
☐ **someone**

[sǽmwʌ̀n] サムワン

图 ある人，人，誰か

◇**sómebody**　图 ある人，人，誰か
★someoneよりも口語的。

◇**ányone**　　图 誰でも，誰か
◇**ánybody**　　图 誰でも，誰か（= anyone）

★ふつう否定文・疑問文ではsome–ではなくany–が使われる。また
any–を肯定文で使うこともできる。

例 Anyone can do it.「誰でもそんなことはできる」

1354
☐ **especially**

[ispéʃəli] イスペシャリ

圖 特に，特別に，とりわけ

★前置詞句，接続詞（if, whenなど）の前に置かれることが多い。

s-410
**He works for a company called Mobile Direct.**

彼は**モバイル・ダイレクト**と呼ばれる会社で働いている。

1355
☐ **work for A**

A〈会社〉で働く；Aのために働く

1356
☐ **company**

[kʌ́mpəni] カンパニ

图 会社

1357
☐ **A called B**

Bと呼ばれるA

★このcalledは過去分詞で，前の名詞を修飾している。

▶p.223〈文法26〉

| s-411 | The shop sold nearly three thousand copies of the book. |
|---|---|
| | その店はその本を3千冊近く売った。 |

**1358**
☐ **nearly**
[níərli] ニアリ

📖 ほとんど，ほぼ，もう少しで
★nearlyには位置的に「近くに」の意味はない。
×He came nearly. → ○He came near.「彼が近くに来た」

**1359**
☐ **thousand**
[θáuznd] サウズンド

🔢📖 1,000（の）📗p.27〈文法4〉
◆thousands of A「何千ものA」

§33

**1360**
☐ **copy**
[kápi] カピ

📖 ①(本などの)部，冊　②コピー，複写
🔧 〜をコピーする，写す

| s-412 | She is not only a good staff member but also a professional interpreter. |
|---|---|
| | 彼女はすばらしい職員であるばかりでなく，プロの通訳でもある。 |

**1361**
☐ **not only A but (also) B**

AだけでなくBも
★AとBには，名詞・形容詞・前置詞句・動詞句などが入る。

**1362**
☐ **staff**
[stǽf] スタフ

📖 職員，社員，スタッフ
★staffはある組織のために働く人たちを集合的に言う言葉で，一人一人はa staff memberと言う。

**1363**
☐ **professional**
[prəféʃənl] プロフェショヌル

📖 プロの
📖 プロ，職業人，専門家

**1364**
☐ **interpreter**
[intə́ːrprətər] インタープリタ

📖 通訳

**He's** preparing **for** face-to-face **job** interviews.

彼は仕事の１対１の面接に備えている。

**1365**
**☐ prepare**
[pripéǝr] プリペア

画 準備をする，備える；～を用意する
◆prepare for A 「Aの準備をする」

**1366**
**☐ face to face**
[féis tǝ féis]
フェイス トゥ フェイス

面と向かって(の)，差し向かいで(の)
★例文のように，名詞の前で形容詞的に使う場合はface－to－face
とハイフンでつなぐ。
◇face ▷p.55, p.261

**1367**
**☐ interview**
[íntǝrvjùː] インタヴュー

图 インタビュー，会見，面接
◇ínterviewer　图 インタビューする人，面接官，
　　　　　　　　　　訪問記者

**That** sales *clerk* speaks **to** customers **in a** friendly manner.

その店員はやさしい物腰で客に話しかける。

**1368**
**☐ sale**
[séil] セイル

图 販売
◆sales clerk　「店員」(=salesclerk)
★clerk ▷p.134

**1369**
**☐ customer**
[kʌ́stǝmǝr] カスタマ

图 (店の)客
◇guest　　　图 招待客，ホテルの宿泊客 ▷p.299
◇vísitor　　图 訪問客 ▷p.211
◇pássenger　图 乗客

**1370**
**☐ friendly**
[fréndli] フレンドリ

形 やさしい，親切な，好意的な

---

**1371**
☐ **manner**  多義
[mǽnər] マナ
图 ①やり方，方法；物腰（＝way）
　②（～s）作法，行儀

---

| s-415 | Maybe you want to begin a new business now. However, the first step is research. |
|---|---|
| ■ | ひょっとするとあなたは新しい事業を今始めたいかもしれない。しかし，最初の一歩は調査である。 |

---

**1372**
☐ **maybe**
[méibi(ː)] メイビ(ー)
圖 ひょっとすると，ことによると，おそらく
★起こる確率は50%より低いくらい。

§33

**1373**
☐ **begin**
[bigín] ビギン
働 ～を始める；始まる
◆begin to V　　「Vし始める」▷p.115
◆begin with A　　「Aから始める」▷p.20 start
◇begínner　　　图 初心者，初学者，新米
◇begínning　　　图 最初，発端

**1374**
☐ **business**
[bíznəs] ビズネス
图 事業，仕事，商売；企業，会社
★one's businessというと，ふつう自分で経営している事業のこと。自分がやっている仕事という意味なら，one's jobがふつう。

**1375**
☐ **however**
[hauévər] ハウエヴァ
圖 しかし，けれども
★コンマで区切ることが多い。

**1376**
☐ **step**
[stép] ステプ
图 一歩，ステップ，足の運び

**1377**
☐ **research**
[rísəːrtʃ] ゥリーサーチ
图 調査，研究
働 ～を調査する，研究する

# §34 文化・スポーツ・学校

s-416 I *was* impressed *by* the creativity of the artist.

私はその芸術家の創造性に感心した。

1378
☐ **impress**
[imprés] インプレス

🟦 ～に感銘を与える

◆be impressed by A 「Aに感動する，感心する」

★byの代わりにwithを使うこともある。

1379
☐ **creativity**
[krìːeitívəti]
クリーエイティヴィティ

🟦 創造性，独創性

◇creáte　　🟦 ～を創造する，作る ▶p.281

1380
☐ **artist**
[áːrtist] アーティスト

🟦 芸術家

◇art　　🟦 芸術

---

s-417 I like the main character of this novel.

この小説の主人公が好きです。

1381
☐ **main**
[méin] メイン

🟦 主要な，主な，重大な

◇máinly　　🟦 主に，だいたいは

1382
☐ **character**
[kǽrəktər] キャラクタ

🟦 ①登場人物
②性格，人格

1383
☐ **novel**
[návl] ナヴル

🟦 小説

---

s-418 The actor performed well.

その男優はよく演じた。

1384
**actor**
[ǽktər] アクタ

图 男優, 俳優
◇**áctress**　　　　图 女優 ▶p.115

1385
**perform**
[pərfɔ́:rm] パフォーム

働 演じる, 演奏する；〈芸など〉をする, 〜を行う
◇**perfórmer**　　　图 上演者

---

s-419　Almost **all of the** audience **were** still **in their** seats.

　　　ほとんど**すべての**観客が**まだ**席に座っていた。

---

1386
**almost**
[ɔ́:lmoust] オールモウスト

副 ほとんど, ほぼ, もう少しで(= nearly)

§34

1387
**audience**
[ɔ́:diəns] オーディエンス

图 観客, 聴衆, 聴き手
★上の例文のように個々の人を言う場合は複数扱いだが, 集合的に「観客, 聴衆」のことを言うと, 単数形で単数扱い。

例 There was a large audience at the concert.
　「コンサートには多くの聴衆がいた」

1388
**still**　（多義）
[stíl] スティル

副 ①まだ, それでも
　　②今でも, 今なお

1389
**seat**
[sí:t] スィート

图 席, 座る所

---

s-420　All major league baseball players are heroes **to me.**

　　　**すべての**メジャーリーグの野球選手は私にとっては英雄である。

---

1390
**major**
[méidʒər] メイヂャ

厖 大きな, 重要な, 一流の
◆**major league**　「メジャーリーグ, 大リーグ」

1391
☐ **league**
[líːg] リーグ

图 連盟, 同盟

1392
☐ **hero**
[híːrou] ヒーロウ

图 英雄, 偉人, ヒーロー

---

s-421

He goes *swimming* at least once a week, even in winter.

たとえ冬でも, 彼は少なくとも週に1回は泳ぎに行く。

---

1393
☐ **go Ving**

Vしに行く

★Vingにくるのは, 下のようなスポーツ・娯楽活動だ。

例 go fishing「釣りに行く」, go skiing「スキーに行く」, go shopping「買い物に行く」。

1394
☐ **at least**
[líːst] リースト

少なくとも

◇least      圏 最も少ない    副 最も少なく

图 最少   ★littleの最上級。

1395
☐ **even**
[íːvn] イーヴン

副 …さえ, …すら, たとえ…でも

---

s-422

A Japanese athlete won the gold medal in the marathon.

日本の選手がマラソンで金メダルを取った。

---

1396
☐ **athlete**
[ǽθliːt] アスリート

图 運動選手, スポーツマン

1397
☐ **gold**
[góuld] ゴウルド

图 金

◇gólden      圏 金色の, 金の

◇sílver      图 銀   圏 銀色の, 銀の

1398
□ **medal**
[médl] メドル

图 メダル, 勲章

1399
□ **marathon**
[mǽrəθὰn] マラサン

图 マラソン

★紀元前, 古戦場マラトンからアテネまで伝令が走ったのが起源。

---

s-423 **Our captain *was* injured in the match.**

試合で私たちのキャプテンがけがをした。

1400
□ **captain**
[kǽptn] キャプテン

图 キャプテン, 主将

◇coach　　　　图 コーチ, 指導員, 監督

§34

1401
□ **injure**
[índʒər] インヂャ

動 〜を傷つける, 痛める

◆be injured　「けがをする, けがをしている」

★この形が多い。

◇ínjury　　　图 けが

1402
□ **match**
[mǽtʃ] マチ

图 試合

★boxing, judoなどの試合はgameではなくmatch。

---

s-424 **Yankees fans cheered more and more.**

ヤンキースのファンがますます声援を送った。

1403
□ **fan**
[fǽn] ファン

图 ファン, 支持者

★fun「楽しみ」とまちがえないように。

1404
□ **cheer**
[tʃíər] チア

動 声援を送る, 応援する　图 声援

◇ chéerful　　　 圏 元気な, 快活な

1405
□ **more and more**　ますます

s-425 Probably she will hold a dinner party at a hotel by Central Park.

おそらく彼女はセントラルパーク近くのホテルで夕食会を開くでしょう。

1406
☐ **probably**
[prɑ́bəbli] プラバブリ

副 おそらく，たぶん，十中八九

★話し手の確信度はprobably＞maybe＞perhaps＞possiblyの順に弱くなる。

1407
☐ **hold** （多義）
[hóuld] ホウルド

動 ①〈会など〉を開く
②〜を持つ，抱く，保つ ▶p.57

活用形 hold – held – held；holding

1408
☐ **by** （多義）
[bai] バイ

前 ①〜のそばに，近くに ★near Aより近い。
②〈手段〉によって ▶p.29
③〈時〉までに ▶p.236

s-426 She invited many friends *to* her wedding ceremony.

彼女は結婚式に多くの友だちを招いた。

1409
☐ **invite**
[inváit] インヴァイト

動 〜を招く，招待する
◇**invitátion**　　名 招待

1410
☐ **wedding**
[wédiŋ] ウェディング

名 結婚式，婚礼

1411
☐ **ceremony**
[sérəmòuni] セリモウニ

名 儀式，祭式
例 a graduation ceremony「卒業式」

| s-427 | **Summer school offers a chance to make friends.** |
|---|---|
| | 夏期講習は友だちを作る機会をもたらす。 |

1412
**□ offer**
[ɔ́(ː)fər] オ(ー)ファ

動 ～を提供する，与える，申し出る
图 申し出，提案

1413
**□ chance**
[tʃǽns] チャンス

图 機会，好機，チャンス

1414
**□ make friends**
**(with A)**

(Aと)友だちになる
★この表現では，いつもfriendsと複数形だ。

§34

| s-428 | My best memory of this school is the chorus contest last year. |
|---|---|
| | この学校での最高の思い出は去年の合唱コンテストです。 |

1415
**□ memory**
[méməri] メマリ

图 ①思い出　②記憶力

例 I have happy memories of this place.
「ここについては楽しい思い出がある」
★memoriesは複数形。

例 He has a good memory.「彼は記憶力がよい」
★memoryは単数形。

◇memórial　　圏記念の　图記念碑，記念館

1416
**□ chorus**
[kɔ́ːrəs] コーラス

图 合唱，コーラス；合唱団

1417
**□ contest**
[kántest] カンテスト

图 コンテスト，競技会

**My son is in the *fifth* grade of elementary school.**

私の息子は小学校 5 年生です。

1418
□ **grade**
[gréid] グレイド

图 ①学年　②成績，評価

★小, 中, 高の12年間を通しての学年。中学1年はseventh grade,
高校3年はtwelfth grade。人を表すときにはgraderを用いる。

例 He is a third grader. = He is in the third grade.
「彼は3年生だ」

1419
□ **elementary**
　　　　**school**
[èləméntəri] エリメンタリ

小学校

★《英》ではprimary schoolとも言う。

s-430 **My neighbor's son is a second-year student in junior high school.**

隣人の息子は中学 2 年生だ。

1420
□ **neighbor**
[néibər] ネイバ

图 近所の人，隣人

◇néighborhood 图 近所

1421
□ **second-year**
　　　**student**

2年生

★中学, 高校での学年には, この形を用いる。

s-431 **I graduated *from* high school without a plan for the future.**

将来の計画なしに私は高校を卒業した。

1422
□ **graduate**
[grǽdʒuèit] グラヂュエイト

動 卒業する

◆graduate from A　「Aを卒業する」

### 1423
☐ **without**

[wiðáut] ウィザウト

前 ～なしで, ～なしに

### 1424
☐ **plan**

[plǽn] プラン

图 計画, 案, 予定
動 ～を計画する

---

**s-432** If you continue to make an effort, your wish will come true.

もし努力することを続ければ, 望みがかなうでしょう。

---

### 1425
☐ **continue**

[kəntínju:] コンティニュー

動 (～を)続ける

§34

### 1426
☐ **effort**

[éfərt] エファト

图 努力
◆make an effort「努力する」

### 1427
☐ **wish**

[wíʃ] ウィシュ

图 願い, 望み(のもの) 動 ～を願う ◘p.311
◆wish for A 「Aを願う」

### 1428
☐ **come true**

[kʌ̀m trú:] カム トルー

実現する, 本当になる
★true は ◘p.256

---

**s-433** I've never seen such a clever boy before.

これまでこんなにかしこい男の子に会ったことがない。

---

### 1429
☐ **such**

[sʌ́tʃ] サチ

形 このような, こういう

### 1430
☐ **clever**

[klévər] クレヴァ

形 かしこい, 利口な

---

| s-434 | It is true that I'm not good at English, but I'm not afraid of *making* mistakes. |
|---|---|
| | 英語が得意でないのは本当だが，誤りをおかすのは恐れない。 |

1431
☐ **true**
[trúː] トルー

形 本当の，真実の，本物の

1432
☐ **be good at A**

Aが得意だ，上手だ

1433
☐ **be afraid of A[Ving]**

A[Vするの]がこわい

◇afráid　　　　形 こわがる，恐れる ▶p.204

◆be afraid to V 「こわくてVできない」

1434
☐ **mistake**
[mistéik] ミステイク

名 誤り，間違い

動 ～を間違える

◆make a mistake「誤りをおかす」

| s-435 | I borrowed a dictionary *from* my friend. |
|---|---|
| | 私は友だちに辞書を借りた。 |

1435
☐ **borrow**
[bɔ́(ː)rou] ボ(ー)ロウ

動 ～を借りる

◆borrow A from B 「BからAを借りる」

★ふつう無料で，持ち運びできるものについて使う。トイレのように，その場で使うものにはuseを使う。

例 May I use the restroom? 「トイレを貸してもらえますか?」

1436
☐ **dictionary**
[díkʃənèri] ディクショネリ

名 辞書

s-436 **He uses simple words in discussion.**

彼は議論ではかんたんな言葉を使う。

1437
☐ **simple**
[símpl] スィンプル

形 かんたんな，単純な，わかりやすい

1438
☐ **discussion**
[diskʌ́ʃən] ディスカション

名 議論

◇**discúss**　　　動 〜について議論する

★他動詞（▶p.91）なのでdiscuss ˣ<u>about</u> A としない。
例 Let's discuss the problem. 「その問題について議論しよう」

§34

# §35 社会

s-437

You need either a passport *or* a *driver's* license to enter the place.

この場所に入るにはパスポートか運転免許証が必要です。

1439
☐ **either** 　多義　　　▮ ①(either A or B)AかBか
[íːðər] イーザ　　　　　　　　②(否定文で)〜もまた(ない) ▷p.119

1440
☐ **passport**　　　　　图 パスポート
[pǽspɔ̀ːrt] パスポート

1441
☐ **license**　　　　　图 免許証
[láisəns] ライセンス　　　◆driver's license「運転免許証」

s-438

The politician has both friends and enemies.

その政治家には友人も敵も両方いる。

1442
☐ **politician**　　　　图 政治家
[pɑ̀lətíʃən] パリティシャン

1443
☐ **both**　　　　　　▮▮ 両方の, 両方とも　图 両方
[bóuθ] ボウス　　　　　◆both A and B　「AもBも両方」

1444
☐ **enemy**　　　　　图 敵
[énəmi] エネミ

s-439

We were shocked to hear about the natural disaster.

私たちはその自然災害について聞きショックを受けた。

**1445**
□ **shock**
[ʃák] シャク

動 〜をぎょっとさせる, 〜にショックを与える
图 衝撃, ショック
◆be shocked　　「ショックを受ける, 驚く」
🔁p.326〈文法33〉
◆be in shock　　「ショックを受けている」

**1446**
□ **natural**
[nǽtʃərəl] ナチュラル

服 自然の, 当然の
◇náture　　　　图 自然 🔁p.213

**1447**
□ **disaster**
[dizǽstər] ディザスタ

图 災害, 天災, 大惨事

§35

**s-440**　The lawyer supported the movement to save the children.

その弁護士は子どもたちを救う運動を支持した。

**1448**
□ **lawyer**
[lɔ́iər] ロイア

图 弁護士, 法律家
◇law　　　　　图 法律；法則 🔁p.262

**1449**
□ **support**
[səpɔ́ːrt] サポート

動 〜を支持する, 支援する
图 支持, 支援

**1450**
□ **movement**
[múːvmənt] ムーヴメント

图 運動, 動くこと

**1451**
□ **save**　（多義）
[séiv] セイヴ

動 ①〜を救う, 助ける, 守る
　　②〜を蓄える, 節約する 🔁p.229

**s-441**　Thanks to him, I was able to survive.

彼のおかげで, 私は生き残ることができた。

## 1452
☐ **thanks to A**　Aのおかげで

## 1453
☐ **be able to V**
[éibl] エイブル

Vすることができる, Vする能力がある

★現在時制では, canを使うのが一般的である。過去時制で「実際に
ある行為ができた」という肯定文では, couldを使わず単に動詞の
過去時制を使うか, was able to Vを用いる。

## 1454
☐ **survive**
[sərːrváiv] サーヴァイヴ

動 生き残る

---

| s-442 | I took part in a volunteer activity. |
|---|---|
| | 私はボランティア活動に参加した。 |

## 1455
☐ **take part in A**　Aに参加する

## 1456
☐ **volunteer**
[vὰləntíer] ヴァランティア

名 ボランティア

◆volunteer activity [work]「ボランティア活動」

## 1457
☐ **activity**
[æktívəti] アクティヴィティ

名 活動

---

| s-443 | Rich countries should give aid to poor countries. |
|---|---|
| | 豊かな国は貧しい国に援助を与えるべきだ。 |

## 1458
☐ **rich**
[rítʃ] ゥリチ

形 豊かな, 裕福な

## 1459
☐ **aid**
[éid] エイド

名 援助
動 ～を援助する, 助ける

## 1460
☐ **poor**
[púər] プァ

形 貧しい, 貧乏な

s-444 **All citizens have equal rights.**

すべての市民は平等な権利を持っている。

1461
□ **citizen**
[sítəzn] スィティズン

图 市民

1462
□ **equal**
[í:kwəl] イークワル

厖 等しい，平等な，匹敵する

1463
□ **right** （多義）
[ráit] ゥライト

图 ①権利　②正しいこと　③右 ▷p.201
厖 ①正しい，ふさわしい ▷p.116　②右の
剾 ①正しく　②右に
◆human rights 「人権」
◆That's right. 「その通りです」▷p.116
◆all right 「よろしい」= OK

§35

s-445 **We can solve the problems we are facing today.**

私たちは今日直面している問題を解決することができる。

★problemsの後に関係代名詞thatが省略されている。

1464
□ **solve**
[sálv] サルヴ

剾 ～を解決する，解く

1465
□ **problem**
[prábləm] プラブレム

图 問題，課題
◆No problem.
　　　　　「①かまいません　②どういたしまして」

★①は依頼されたことを承諾するとき，②はThank you. やI'm sorry.
に対する返答として用いる。

例 "Could you call me a taxi?" "Sure, no problem."
「タクシーを呼んでもらえますか」「ええ, いいですよ」

1466
□ **face** （多義）
[féis] フェイス

剾 ～に直面する　图 顔 ▷p.55
◆face to face 「面と向かって」▷p.246

**s-446** **We need a gun control law.**

私たちは銃規制法を必要としている。

1467
**gun**
[gʌ́n] ガン

名 銃

1468
**control**
[kəntróul] コントロウル

名 規制
動 ～を制御する

1469
**law**
[lɔ́:] ロー

名 ①法律　②法則
◆(the) law of nature　「自然の法則」
◇móther-in-law　名 義母
◇láwyer　　　　名 弁護士, 法律家 ▶p.259

**s-447** **This is a report on the effects of climate change.**

これは気候変動の影響に関する報告です。

1470
**report**
[ripɔ́:rt] ゥリポート

名 報告　動 (～を)報告する
◇repórter　　　名 報告者, レポーター

1471
**effect**
[ifékt] イフェクト

名 影響, 効果, 結果
◇efféctive　　　形 効果的な, 有効な

1472
**climate**
[kláimət] クライマト

名 気候
★climateはある土地の1年を通しての気候を言い, weatherはある
日の天気を言う。

**s-448** **The king was not proud _of_ his position at all.**

王様は自分の立場に全く誇りを持っていなかった。

262

**1473 king**
[kíŋ] キング

图 王様, 王
◇queen　图 女王 ▶p.221
◇prince　图 王子, プリンス
◇príncess　图 王女, プリンセス

**1474 proud**
[práud] プラウド

圏 誇りを持っている
◆be proud of A 「Aを誇りに思う」
◇pride　图 誇り

**1475 position**
[pəzíʃən] ポズィション

图 立場, 境遇, 位置, 場所

**1476 not ～ at all**

全く～ない, 全然～ない, 少しも～ない

§35

s-449
The government promised to design a new education system for future generations.
政府は将来の世代のために新しい教育制度を設計することを約束した。

**1477 government**
[gávərnmənt] ガヴァンメント

图 政府

**1478 promise**
[práməs] プラミス

動 (～を)約束する
◆promise to V 「Vすると約束する」

**1479 education**
[èdʒəkéiʃən] エデュケイション

图 教育
◇éducate　動 ～を教育する

**1480 system**
[sístəm] スィステム

图 制度

**1481 generation**
[dʒènəréiʃən] ヂェナレイション

图 世代

Perhaps no one knows the secret of success.

ひょっとすると誰も成功の秘訣を知らない。

1482
☐ **perhaps**

[pərhǽps] パハァプス

副 ことによると, ひょっとしたら (= maybe)

1483
☐ **no one**

誰も〜ない　★単数扱い。

◇nóbody　　　代 誰も〜ない

★no one よりくだけた語。

1484
☐ **secret**

[síːkrət] スィークレト

名 秘訣, 秘密

形 秘密の

1485
☐ **success**

[səksés] サクセス

名 成功

◇succéed　　　動 成功する

# §36 福祉・健康・生活

s-451

There are few nursing homes for elderly people nearby.

近所に高齢者のための介護施設はほとんどない。

---

1486
□ **few**　　　多義
[fjúː] フュー

形代 ①ほとんどない（もの），わずかしかない（もの）
②(a few)少し(の)，2, 3(の)，少数(の) ▶p.127

★a fewは「少しある」という意味だが，aのないfewは「ほとんどない」という否定的な意味だから要注意。▶p.127

★fewは数えられる名詞に用い，littleは数えられない名詞に用いる。
▶p.321〈文法31〉

---

1487
□ **nursing home**
[nə́ːrsiŋ] ナースィング

(高齢者)介護施設，老人ホーム

§36

---

1488
□ **elderly**
[éldərli] エルダリ

形 高齢の

★oldよりも，ていねいな表現。-lyの語尾だが，副詞ではなく形容詞。

---

1489
□ **nearby**
[níərbái] ニアバイ

副形 近くに[で，の]

---

s-452

Even if you are ill, we have no time to *take a* rest.

たとえあなたが病気でも，休む時間はありません。

---

1490
□ **even if ～**

たとえ～でも

---

1491
□ **ill**
[íl] イル

形 病気の，悪い(= sick ▶p.95)
◇íllness　　　名 病気

---

1492
□ **rest**
[rést] ゥレスト

名 休み，休息　動 休む，休息する
◆take a rest 「休む，休息する」

---

**He discovered the real cause of his heart disease.**

彼は自分の心臓病の本当の原因を発見した。

1493
☐ **discover**
[diskʌ́vər] ディスカヴァ

動 ～を発見する

◇ **discóvery** 图 発見

1494
☐ **real**
[ríːəl] ゥリーアル 　名?

形 本当の，真の，本物の；現実の，実際の

◇ **reálity** 图 現実(のこと)

1495
☐ **cause**
[kɔ́ːz] コーズ

图 原因，理由　動 ～を引き起こす

★ the pollution caused by cars「車によって引き起こされる汚染」のように，過去分詞で名詞を修飾することも多い。

1496
☐ **heart**
[háːrt] ハート

图 心臓；心

★ heartは感情的な「心」。mindは知性的・理性的な「心，精神」。

1497
☐ **disease**
[dizíːz] ディズィーズ

图 病気，疾病

★ illness「病気」よりも，diseaseはややかたい言葉で，伝染性・感染性・遺伝性のあるような病気の病名などで使われることが多い。

**My doctor told me to *take* the medicine three times a day.**

医者は私に日に3回薬を飲むように言った。

1498
☐ **tell 〈人〉 to V**

〈人〉にVするように言う，命じる ▶p.208〈文法23〉

1499
☐ **medicine**
[médəsn] メディスン

图 薬

◆ take medicine 「薬を飲む」

1500
☐ **a** 　多義
[ə] ア

前 ①～につき，ごとに　②ある，1つの ▶p.8

例 He works 40 hours a week.「彼は週40時間働く」

266

| s-455 | I had a terrible pain in my stomach. |
|---|---|
| | 胃にひどい痛みがあった。 |

1501
□ **terrible**
[térəbl] テリブル

形 ひどい，猛烈な

1502
□ **pain**
[péin] ペイン

名 痛み
★ache(◯p.232)より強くするどい痛み。

1503
□ **stomach**
[stʌ́mək] スタマク

名 胃
◇stómachache 名 胃痛

| s-456 | My dad has given up smoking recently. |
|---|---|
| | お父さんは最近たばこを吸うのをやめた。 |

§36

1504
□ **dad**
[dǽd] ダド

名 パパ，お父さん
★話し言葉ではpapaやfatherよりもよく使われる。daddyは幼児が使う言葉。

1505
□ **give A up**

A〈習慣など〉をやめる，あきらめる
★Vingを目的語にとるときはgive up Vingの語順だが，Aが代名詞ならgive A upの語順になる。

1506
□ **recently**
[rí:sntli] ゥリースントリ

副 最近，ついこのあいだ
★過去時制や現在完了形の文で用いられることが多く，現在時制の文には用いない。
◇récent 形 最近の

| s-457 | I bring my camera everywhere to record my everyday life. |
|---|---|
| | 私は日常生活を記録するためにどこにでもカメラを持っていく。 |

### 1507
□ **everywhere**
[évri*h*wèər] エヴリウェア

圖 どこにも, どこへも, いたるところに
◇ ánywhere  圖 どこへも, どこにも, どこかへ
◇ sómewhere  圖 どこかへ, どこかに

### 1508
□ **everyday**
[évridèi] エヴリデイ

形 日常の, 毎日の
★副詞で用いるときには, every dayと2語につづる。
例 I study English every day. 「私は毎日英語を勉強する」

| s-458 | It is not smart to drive and talk on a cellphone *at the* same *time*. |
|---|---|
| | 運転しながら同時に携帯電話で話すのはかしこくない。 |

### 1509
□ **smart**
[smá:rt] スマート

形 かしこい, 利口な;
〈服装などが〉しゃれた, きちんとした
★smartには「細い」という意味はないので注意。「〈身体が〉細い」は, slim, slenderだ。

### 1510
□ **cellphone**
[sélfòun] セルフォウン

名 携帯電話(主に《米》)  ★cell phoneとすることもある。
◆ **mobile phone** 「携帯電話」  ★主に《英》。

### 1511
□ **same**
[séim] セイム

形 代 同じ(もの), 同じ(こと)
★sameはたいていthe を伴って使う。
◆ **at the same time** 「同時に」
◆ **Same to you.** 「こちらこそ;あなたもね」
★あいさつなどに対して言う。

268

| s-459 | She wasn't *in a* hurry, though it was already dark. |
|---|---|
| | すでに暗くなっていたにもかかわらず，彼女は急いでいなかった。 |

1512
□ **hurry**
[hári] ハーリ

图 急ぐこと，大あわて
動 急ぐ；〜を急がせる
◆in a hurry 「急いで，あわてて，あせって」

1513
□ **though**
[ðóu] ゾウ

圏 〜にもかかわらず，〜だけれども
★強調して even though 〜と言うことがある。

1514
□ **dark**
[dáːrk] ダーク

形 暗い
◇dárkness 图 暗闇，暗さ

| s-460 | I've decided to keep a diary. |
|---|---|
| | 私は日記をつける決心をした。 |

§36

1515
□ **decide**
[disáid] ディサイド

動 〜を決める
◆decide to V 「Vしようと決心する，決意する」

1516
□ **diary**
[dáiəri] ダイアリ

图 日記
◆keep a diary 「日記をつける」

| s-461 | Some people buy too much food. *As a* result, they throw it *away*. |
|---|---|
| | 食べ物を買いすぎる人がいる。その結果，彼らはそれを処分する。 |

1517
□ **result**
[rizált] ゥリザルト

图 結果，結末，成り行き
◆as a result 「その結果」
★ふつう文頭に置いて，前文を受ける。

<sup>1518</sup>
□ **throw**
[θróu] スロウ

**動** (〜を)投げる

**例** throw a ball to him「彼にボールを投げる」

◆throw A away「Aを処分する, 捨てる」

★awayは副詞なので, throw away Aの語順もある。

◇kick        **動** 〜をける

---

s-462   **You can act as you like.**

あなたの好きなように行動することができます。

---

<sup>1519</sup>
□ **act**
[ǽkt] アクト

**動** 行動する, 実行する

**名** 行動, 行為

<sup>1520</sup>
□ **as**    多義

**接** ①〜するように  ②〜するときに

[əz] アズ

**前** 〜として

---

s-463   **I don't know what to do these days.**

私は最近何をすべきかわからない。

---

<sup>1521</sup>
□ **what to V**

何をVするべきか ▶p.218〈文法25〉

**例** what to wear「何を着るべきか」

what to read「何を読むべきか」

<sup>1522</sup>
□ **these days**

近頃では, 今日では(= nowadays)

★in these daysが元の形だが, 今ではふつうinを省略する。

★文頭, 文中, 文末で用いられ, 現在時制と共に使うことが多い。

## 29. enough to V / too A to V / so A that ～

Bill was kind enough to take me home.
（ビルはとても親切で私を家まで送ってくれた。）
=Bill was so kind that he took me home.

形+enough to V「とても…でVできる／Vできるほど十分…だ」は, 上のようにしばしばso 形 that ～と書き換えられる。その場合, that 節の中は肯定文になる。

① I'm too tired to run any more.
（私は疲れすぎたのでこれ以上走れない。）
=I'm so tired that I can't run any more.
② The problem is too difficult for Meg to solve.
（その問題はメグにはむずかしすぎて解けない。）
=The problem is so difficult that Meg can't solve it.

§36

too 形 to V「とても…なのでVできない」はso 形 that ～ cannot Vで書き換えられる。

---

s-464 **This water is too dirty to drink.**

この水は汚すぎて飲めない。

1523
□ **too ... to V** | あまりにも…なのでVできない

1524
□ **dirty** | 形 汚い
[dɔ́ːrti] ダーティ

His expressions were so real that it was easy to imagine what happened to him.

彼の表現はとても現実的だったので，何が彼に起きたかを想像するのはかんたんだった。

### 1525
□ **expression**
[ikspréʃən] イクスプレション

図 表現

◇expréss　　　動 ～を表現する ▶p.242

### 1526
□ **so ... that ～**

とても…なので～　★このthatは接続詞。

### 1527
□ **imagine**
[imædʒin] イマヂン

動 ～を想像する

◇ímage　　　図 イメージ, 面影, 印象；像 ▶p.118

◇imaginátion　　図 想像力

### 1528
□ **happen to A**
[hǽpn] ハプン

A〈人など〉に起こる, ふりかかる

★主語はたいてい what, thing, something などだ。

Our friendship will last forever.

私たちの友情は永久に続くだろう。

### 1529
□ **friendship**
[fréndʃip] フレンドシヮ

図 友情

圏 friend（友達）＋ship（状態・性質）

### 1530
□ **last**　　　多義
[lǽst] ラスト

動 続く

形 ①この前の ▶p.81　②最後の ▶p.172

副 最後に　図 最後

### 1531
□ **forever**
[fərévər] ファレヴァ

副 永久に, 永遠に

圏 for（～の間に）＋ever（ずっと, 常に）

| s-467 | **Please** keep in touch. I'll miss **you.** |
| | 連絡を取り合おうね。君がいないとさびしくなるよ。 |

---

1532
□ **keep in touch (with A)**

(Aと)連絡を保つ

◇touch 　　動 ～に触れる　名 接触 ▶p.56

1533
□ **miss**
[mís] ミス

動 ①～がいなくてさびしく思う
　②～を見逃す，〈電車など〉に乗り遅れる

---

| s-468 | Sincerely *yours*, |
| | 敬具 |

1534
□ **sincerely**
[sinsíərli] スィンスィアリ

副 心から，誠実に

◆Sincerely (yours),　「敬具」= Yours sincerely,
★手紙の末尾に使う表現。

§36

> July 28, 2021
>
> Dear Jim,
>
> Hello. How have you been?
>
> ----------
> ----------
> ----------
> ----------
>
> Please take good care of yourself.
>
> Sincerely yours,
> Hiro Yamada

| 1535 □ **grammar**<br>[grǽmər] グラマ | 图 文法 |
| 1536 □ **adjective**<br>[ǽdʒiktiv] アヂクティヴ | 图 形容詞 |
| 1537 □ **adverb**<br>[ǽdvəːrb] アドヴァーブ | 图 副詞 |
| 1538 □ **article**<br>[áːrtikl] アーティクル | 图 冠詞<br>★「記事；品物」の意味もある。▶p.240 |
| 1539 □ **noun**<br>[náun] ナウン | 图 名詞 |
| 1540 □ **preposition**<br>[prèpəzíʃən]<br>プレポズィション | 图 前置詞 |
| 1541 □ **pronoun**<br>[próunàun] プロウナウン | 图 代名詞 |
| 1542 □ **verb**<br>[váːrb] ヴァーブ | 图 動詞 |

# 高校英語への
### 英単語・英熟語　300

# §37 自然・生物

| s-469 | "Wow! That white crane is spreading its wings." "Pardon? What did you say?" |
|---|---|
|  | 「わあ！　あの白い鶴が羽を広げている」 「何ですか？　何て言ったの？」 |

1543
**wow**
[wáu] ワウ

間 うわー！；わあ！
★驚き, 喜びなどを表す。

1544
**crane**
[kréin] クレイン

图 鶴

1545
**spread**
[spréd] スプレド

動 〜を広げる

1546
**wing**
[wíŋ] ウィング

图 翼, 羽

1547
**Pardon?**
[páːrdn] パードン

何ですか？；もう一度言ってください
★相手の言ったことがわからなかったときに使う。疑問文ではなく, Pardon. (↘) と言うと, 「ごめんなさい」の意味になる。

| s-470 | The sunlight at sunrise and sunset is red. |
|---|---|
|  | 日の出と日の入りの日光は赤い。 |

1548
**sunlight**
[sʌ́nlàit] サンライト

图 日光

1549
**sunrise**
[sʌ́nràiz] サンライズ

图 日の出

1550
☐ **sunset**
[sʌ́nsèt] サンセト

图日没, 日暮れ時

---

s-471　I feed my cat both dry and wet food.

　　私は猫にドライフードもウェットフードも与えています。

---

1551
☐ **feed**
[fíːd] フィード

動〈動物〉にえさを与える, ～を飼う

1552
☐ **dry**
[drái] ドライ

形乾いた

1553
☐ **wet**
[wét] ウェト

形しめった, ぬれた

---

s-472　A bat has the ability to fly in the dark.

§37

　　コウモリは暗闇で飛ぶ能力がある。

---

1554
☐ **bat**
[bǽt] バト

图コウモリ

1555
☐ **ability**
[əbíləti] アビリティ

图能力　★上の例文のようにto Vで修飾することが多い。
◇able　　　　　形 (be able to V)Vできる ▶p.260

---

s-473　Pig skin is similar *to* human skin.

　　ブタの皮膚は人間の皮膚に似ている。

---

1556
☐ **skin**
[skín] スキン

图皮膚, 肌, 皮
　　ひ ふ

1557
☐ **similar**
[símələr] スィミラ

形同じような
◆be similar to A「Aに似ている」

**There was a fat frog in the weeds.**

草の中に太ったカエルがいた。

1558
☐ **fat**
[fǽt] ファト

形 太った

1559
☐ **frog**
[frɑ́g] フラグ

名 カエル
◇snake　　　名 ヘビ

1560
☐ **weed**
[wíːd] ウィード

名 雑草(の茂み)
◇séaweed　　　名 海草, 海藻

---

**Spiders make webs to catch insects.**

クモは虫を捕まえるために巣を作る。

1561
☐ **spider**
[spáidər] スパイダ

名 クモ

1562
☐ **web**
[wéb] ウェブ

名 ①クモの巣　②ウェブ, インターネット
◇wébsite　　　名 ウェブサイト

1563
☐ **insect**
[ínsekt] インセクト

名 虫, 昆虫

---

**As soon as bees start attacking you, run away.**

ハチが攻撃し始めたらすぐに逃げなさい。

1564
☐ **as soon as ～**

～するやいなや, ～するとすぐに

★as soon asで1つの接続詞と考える。when「～ときに」と同じように, 節の中では未来のことでもwillを用いない。

1565
□ **attack**
[ətǽk] アタク

動 〜を攻撃する
图 攻撃
◆heart attack 「心臓発作」

1566
□ **run away**

逃げる

---

s-477 He did many experiments on whales, dolphins, and so on.

彼はクジラやイルカなどに多くの実験を行った。

---

1567
□ **experiment**
[ikspérəmənt] イクスペリメント

图 実験
動 実験をする

1568
□ **dolphin**
[dálfin] ダルフィン

图 イルカ

§37

1569
□ **... and so on**

…など

---

s-478 There is a butterfly in the cage.

かごの中にチョウがいる。

---

1570
□ **butterfly**
[bʌ́tərflài] バタフライ

图 チョウ
◇moth　　　　图 蛾
　　　　　　　　が

1571
□ **cage**
[kéidʒ] ケイヂ

图 (鳥などの)かご, おり

**A barking dog seldom bites.**

ほえる**犬は**めったに噛まない。（ことわざ）

1572
□ **bark**

[báːrk] バーク

動 ほえる

1573
□ **seldom**

[séldəm] セルダム

副 めったに…ない

1574
□ **bite**

[báit] バイト

動 噛む

活用形 bite – bit[bít] – bitten[bítn]；biting

「アザラシ」は "earless seal"
（＝耳のないアシカ）

# §38　文化・芸術・学校

s-480

The title of this book is *Japanese Spirit and Western Techniques*.

この本の題は『日本の精神と西洋の技術（和魂洋才）』だ。

1575
☐ **title**
[táitl] タイトル

图 題名，題

★上のように，タイトルはしばしばイタリック（斜字）体だ。

1576
☐ **spirit**
[spírət] スピリト

图 精神，心；霊

◇soul　　　　　图 魂

1577
☐ **technique**
[tekníːk] テクニーク

图 技術，技巧，テクニック

★科学・芸術・スポーツなどの，さまざまな技術を言う。

s-481

The Statue of Liberty was created in 1886.

自由の女神像は 1886 年に作られた。

§38

1578
☐ **statue**
[stǽtʃuː] スタチュー

图 像，彫像

★語源は「立てられたもの」。

1579
☐ **liberty**
[líbərti] リバティ

图 自由

◆the Statue of Liberty 「自由の女神像」

1580
☐ **create**
[kriéit] クリエイト　名?

動 ～を作る，創造する

◇creátion　　　　图 創造；創作（物）

s-482

The author of this poem is an active woman.

この詩の作者は活動的な**女性**です。

1581
☐ **author**
[ɔ́ːθər] オーサ

图 作者，著者

| 1582 | |
|---|---|
| □ **poem**<br>[póuəm] ポウエム | 图 詩 |

| 1583 | |
|---|---|
| □ **active**<br>[ǽktiv] アクティヴ | 形 活動的な |
| | ◇act　　　　　動 行動する，実行する ▶p.270 |

---

| s-483 | **My** hobby right now **is collecting** stamps. |
|---|---|
| | 私の今の趣味は切手集めです。 |

| 1584 | |
|---|---|
| □ **hobby**<br>[hábi] ハビ | 图 趣味 |
| | ★楽器・読書・スポーツなど創造的で技術や知識などが必要なもののことで，買い物・散歩などはhobbyとは言わない。 |

| 1585 | |
|---|---|
| □ **right now** | ちょうど今，ただ今は |

| 1586 | |
|---|---|
| □ **stamp**<br>[stǽmp] スタンプ | 图 切手 |

---

| s-484 | **The** magic performance **was** over *at* midnight. |
|---|---|
| | マジックの公演は夜の12時に終わった。 |

| 1587 | |
|---|---|
| □ **magic**<br>[mǽdʒik] マヂク | 图 マジック，手品，魔術，魔法 |

| 1588 | |
|---|---|
| □ **performance**<br>[pərfɔ́ːrməns] パフォーマンス | 图 上演，公演，演奏，演技，パフォーマンス |

| 1589 | |
|---|---|
| □ **be over** | 終わっている，済んでいる ▶p.104 |

| 1590 | |
|---|---|
| □ **midnight**<br>[mídnàit] ミドナイト | 图 夜の12時，真夜中 |
| | ★at midnightは「夜の12時(ごろ)に」，in the middle of the nightは「真夜中に」(夜の11時ごろから午前4時ごろの間)ということ。 |
| | ◇middle　　　　图 真ん中，中間 |

| s-485 | There was an exhibition of traditional craft products in Osaka. |
|---|---|
| | 大阪で伝統的な技術製品の展示があった。 |

1591
☐ **exhibition**
[èksəbíʃən] エクスィビション

图 展示会, 展覧会

1592
☐ **traditional**
[trədíʃənl] トラディショヌル

圏 伝統的な, しきたりの
◇trad**í**tion　　图 伝統 ▶p.116

1593
☐ **craft**
[krǽft] クラフト

图 技術, 技巧, 仕事

1594
☐ **product**
[prádəkt] プラダクト

图 生産物, 製品
◇prod**ú**ce　　 画 〜を生産する ▶p.240

§38

| s-486 | "I won the chess tournament."<br>"Good for you! Now you are the champion." |
|---|---|
| | 「チェストーナメントに勝った」<br>「よかったね！　今や君はチャンピオンだ」 |

1595
☐ **chess**
[tʃés] チェス

图 チェス
◇p**ú**zzle　　 图 パズル, なぞなぞ；謎；難問

1596
☐ **tournament**
[túərnəmənt] トゥアナメント

图 トーナメント, 勝ち抜き戦
◇compet**í**tion　　图 コンクール, コンテスト,
　　　　　　　　　　競争, 競合

1597
☐ **Good for you!**

よかったね, やるじゃないか, えらいね
★Congratulations! よりくだけた言い方。

1598
□ **champion**
[tʃǽmpiən] チャンピオン

图 チャンピオン, 優勝者

---

s-487 | **The** amusement **park is** worth visit*ing*.

その遊園地は訪問する価値がある。

---

1599
□ **amusement**
[əmjúːzmənt] アミューズメント

图 娯楽(設備);楽しさ, 面白さ

◆amusement park 「遊園地」

◇amúse 働〈人〉を面白がらせる, 楽しませる

★〈人〉be amused「〈人〉が面白がる」が多い。

---

1600
□ **be worth A**
　　 **[Ving]**
[wə́ːrθ] ワース

Aの[Vする]価値がある

★後ろに名詞かVing(動名詞)を伴う。

★worth Vingの動名詞の目的語が文の主語になる。

例 The book is worth reading.「その本は読む価値がある」
　 (O)　　　　　　　(V)　⇐read the bookの関係

---

s-488 | **I find his way of playing the** instrument fascinating.
**He has** excellent **skill.**

彼の楽器の弾き方は魅力的だと思う。彼はすばらしい技量を持っている。

---

1601
□ **instrument**
[ínstrəmənt] インストラメント

图①楽器　②道具, 器具　★toolより精密なもの。

例 a dentist's instrument「歯科医用の器具」

◇tool 图 道具, 工具;商売道具

★主に手仕事用。

例 gardening tools「庭仕事の道具」

---

1602
□ **fascinating**
[fǽsəneitiŋ]
ファスィネイティング

图 魅力的な, うっとりさせる

★attractiveやcharmingよりも魅力が強い。

1603
□ **excellent**

[éksələnt] エクセレント

形 すばらしい, 大変すぐれた

★比較級・最上級では用いない。

1604
□ **skill**

[skíl] スキル

名 技量, 腕前；技術

例 have basic skills「基本的な技術を持つ」

---

s-489

I saw an advertisement for the latest model of sneakers in a fashion magazine.

私はファッション雑誌で最新型のスニーカーの宣伝を見た。

---

1605
□ **advertisement**

[ædvərtáizmənt]
アドヴァタイズメント

名 広告, 宣伝, 告知

◇ad　　　　　　 名 広告, 宣伝, 告知

★advertisementの短縮形で, こちらの方がよく使われる。

◇ádvertise　　　 動 ～を宣伝する, 広告する

1606
□ **latest**

[léitist] レイティスト

形 最新の　名 最新のもの　★lateの最上級の1つ。

§38

1607
□ **model**

[mádl] マドル

名 モデル, 型；模型；ファッションモデル

1608
□ **sneaker**

[sníːkər] スニーカ

名 スニーカー

★左右あるのでふつうは～s。特に数をいうときには a pair of sneakers, two pairs of sneakersと言う。

1609
□ **fashion**

[fæʃən] ファション

名 ①ファッション　②流行

例 follow fashion「流行を追う」

1610
□ **magazine**

[mǽgəzìːn] マガズィーン

名 雑誌

The Japan Football Association organized the event for people badly in need.

日本サッカー協会はひどく困っている人たちのためにそのイベントを催した。

### 1611
□ **association**

[əsòusiéiʃən]
アソウスィエイション

图 ①協会, 組織, 団体　②関係, 関連, 連想

★同業者達の団体で, しばしば名称に用いる。

◇assóciate　　動 〜を関連づけて考える, 連想する

### 1612
□ **organize**

[ɔ́ːrgənàiz] オーガナイズ

動 ①〈行事・活動など〉を催す, 手配する

②〜を組織する, 系統立てる

◇organizátion　图 組織, 団体

例 a volunteer organization「ボランティア団体」

### 1613
□ **badly**

[bǽdli] バドリ

副 ①ひどく, とても　②下手に, まずく

★①は願望・欲求などを強調する語で,「悪く」という意味ではない。

### 1614
□ **in need**

必要としている

◆be in need for A　「Aを必要としている」

"Did you lend a DVD *to* Julia?"
"Let me see. Oh, yes, I did. It was a cartoon movie."

「君はジュリアに DVD を貸したのか?」

「ええっと。ああ, そうだ。アニメ映画を貸した」

### 1615
□ **lend**

[lénd] レンド

動 〜を貸す

★lend 〈人〉 A＝lend A to 〈人〉。ただし, Aが代名詞の時は必ず lend A to 〈人〉の語順になる。

### 1616
□ **let me see**

ええっと(＝let's see ▷p.196)

★どう言っていいかわからないときなどに, つなぎの言葉として用いる。

1617
□ **cartoon**
[kɑːrtúːn] カートゥーン

图 アニメ, 漫画
◇animátion　　图 アニメ（映画）

---

s-492　Successful students have many things in common.

成功している学生には共通することがたくさんある。

1618
□ **successful**
[səksésfl] サクセスフル

圈 成功している, 好結果の
◇succéss　　　图 成功 ▶p.264
◇succéed　　　動 成功する

1619
□ **common**
[kámən] カモン

圈 共通の, 共有の
◆have A in common　「Aを共有する」

---

s-493　That strict teacher doesn't allow us _to_ use the Internet in class.

その厳しい教師は私たちが授業でインターネットを使うことを許さない。

1620
□ **strict**
[stríkt] ストリクト

圈 厳しい, 厳格な

1621
□ **allow**
[əláu] アラウ

動 ～を許す
◆allow A to V　「AがVするのを許す」

---

s-494　Is it necessary to teach the alphabet to kindergarten students?

幼稚園児にアルファベットを教える必要があるだろうか？

1622
□ **alphabet**
[ǽlfəbèt] アルファベト

图 アルファベット, ABC

1623
☐ **kindergarten** 图 幼稚園
[kíndərgàːrtn] キンダガートン

---

s-495 **They understood the** subject **of the research** project.

彼らは調査計画の主題を理解した。

---

1624
☐ **subject** 〔多義〕 图 ①主題, テーマ
[sʌ́bdʒekt] サブヂェクト ②教科, 学科, 科目 ▶p.96 圏 sub−(下に)

1625
☐ **project** 图 計画, (大規模な)事業, 学習課題
[prάdʒekt] プラヂェクト 圏 pro(前に)＋ject(投げたもの)

---

s-496 **I wrote a** note **on a** sheet **of paper.**

私は1枚の紙にメモを書いた。

---

1626
☐ **note** 〔多義〕 图 ①メモ, 覚え書き ②紙幣, 札 ▶p.230
[nóut] ノウト 動 〜を書き留める

1627
☐ **sheet** 图 ①(紙の)1枚 ②シーツ, 敷布
[ʃíːt] シート ★paperは数えられない名詞なので, a paperとは言えない。a sheet of paper「1枚の紙」, two sheets of paper「2枚の紙」とする。
◇blánket 图 毛布

---

s-497 In order to **understand something, you need to have** wide knowledge **of it.**

何かを理解するためには, それについて幅広い知識を持つ必要がある。

---

1628
☐ **in order to** V Vするために
★目的を表す。単にto Vだけでも目的を表せるが, 文頭ではin order を付けることが多い。
◆in order not to V 「Vしないために」

---

1629
## □ wide

[wáid] ワイド 　反?

形 幅広い

⇔ nárrow 　　形 狭い

★「広い[狭い]部屋」はふつうa large [small] room。a narrow room は「細長い部屋」。

1630
## □ knowledge

[nálidʒ] ナリヂ

名 知識

◇ know 　　動 ～を知っている ▶p.37

---

s-498 | Congratulations!  Your speech was amazing.
おめでとう！　あなたのスピーチは驚くほどすばらしかった。

1631
## □ Congratulations!

[kəngrǽdʒəléiʃən(z)]
コングラヂュレイション(ズ)

間 おめでとう！　★ふつう～s。(＋on A) としても良い↓

★努力して成し遂げたことなどに用い、クリスマスや新年などの挨拶には用いない。▶p.283 Good for you!

◇ congrátulate 　　動〈人〉を祝う(＋on A)

例 I congratulate you on your victory.「勝っておめでとう」
＝Congratulations on your victory!

§38

1632
## □ amazing

[əméiziŋ] アメイズィング

形〈人・物・ことが〉驚くほどすばらしい，見事だ；驚くべき

◇ amáze 　　動〈人〉をびっくりさせる

★surprise より強く，信じられないほど驚かせるという意味。

◇ amázed 　　形〈人が〉びっくりして，仰天して

---

s-499 | I was too lazy to study last week so I failed my geography exam.
私は先週なまけすぎて勉強できなくて，地理の試験で不合格になった。

1633
## □ lazy

[léizi] レイズィ 　反?

形 なまけて，だらけて；のんびりした (＝relaxed)

⇔ hárdwórking 　　形 勤勉な，勉強[仕事]熱心な

<sup>1634</sup>
☐ **fail**
[féil] フェイル 　[反?]

動〈試験〉で不合格になる；失敗する
⇔succéed　　　動成功する
◇fáilure　　　图失敗

<sup>1635</sup>
☐ **geography**
[dʒiágrəfi] ヂアグラフィ

图地理（学）
◇ecónomy　　　图経済

---

s-500 　**His point of view is based on data.**
　　　彼の観点はデータに基づいている。

---

<sup>1636</sup>
☐ **point**
[pɔ́int] ポイント

图点；論点，言い分；要点
例 I get your point.「君の言い分はわかる」

<sup>1637</sup>
☐ **view**
[vjúː] ヴュー

图①考え，見方，意見　②視界　動〜を見る，考える
◆point of view　「観点，見解，考え方」

<sup>1638</sup>
☐ **be based on A**

Aに基づいている
◇base　　　　動（＋A on B）Aの基礎をBに置く
　　　　　　　图基礎，土台

<sup>1639</sup>
☐ **data**
[déitə] デイタ

图データ，資料
★単数扱いも複数扱いもある。元々datumという名詞の複数形だっ
たが，今ではめったにdatumは用いられない。

---

s-501 　**Before she handed out the quiz, she reviewed the important points.**
　　　彼女は小テストを配る前に，要点を復習した。

---

<sup>1640</sup>
☐ **hand A out**

Aを配る　★hand out Aの語順もある。
◇hándout　　　图プリント，配付資料

---

### 1641 □ quiz

[kwíz] クウィズ

图 小テスト

（複数形） quizzes

### 1642 □ review

[rivjú:] ゥリヴュー

動 ～を復習する　图 復習

源 re(=again)＋view（見る）

---

**s-502**

The principal let me take the advanced chemistry class.

校長は私に化学の上級クラスを取らせてくれた。

---

### 1643 □ principal

[prínsəpl] プリンスィプル

图 校長，会長

形 最も重要な，主要な

### 1644 □ let

[lét] レト

動 (＋A＋V) AにVさせる，AがVするのを許可する

★AはVの意味上の主語で，Vには動詞の原形が来る。AがしたいようにさせておくEという意味。

★makeも同じ文型を取るが，makeは文の主語が強制したり，力を加えたことで，AがVするようになるという意味。

◇make　　　　動 (＋A＋V) AにVさせる

例 Mother made me clean the room.
「お母さんは私に部屋の掃除をさせた」

§38

### 1645 □ advanced

[ədvænst] アドヴァンスト

形 上級の，高等の；(最)先端の

◇advánce　　　图 進歩，進展　動 進む，前進する

### 1646 □ chemistry

[kémistri] ケミストリ

图 化学

◇biólogy　　　图 生物学，生態学

◇phýsics　　　图 物理学

# §39 社会・歴史・関係

s-503 **They shook *hands* and exchanged greetings.**

彼らは握手をしてあいさつを交わした。

---

1647
**☐ shake**
[ʃéik] シェイク

動 〜を振る，揺さぶる

活用形 shake – shook [ʃúk] – shaken [ʃéikn]

◆shake hands with 〈人〉「〈人〉と握手する」

1648
**☐ greeting**
[gríːtiŋ] グリーティング

名 あいさつ

◇greet　　　　動 〜にあいさつする

---

s-504 **Pet owners want to take care of their pets, but *in some* cases, they don't really do so.**

飼い主は自分のペットの面倒をみたい。しかし，場合によると，実際にはそうしないことがある。

---

1649
**☐ owner**
[óunər] オウナ

名 所有者，飼い主

◇own　　　　動 〜を所有する，持つ

1650
**☐ case**
[kéis] ケイス

名 場合

◆in some cases「場合によっては，ときとしては」

---

s-505 **Candle light was used in the Edo period.**

江戸時代にはろうそくの光が使われていた。

---

1651
**☐ candle**
[kændl] キャンドル

名 ろうそく

1652
**☐ period**
[píəriəd] ピアリオド

名 ①時代；期間，時期　②ピリオド（終止符）

| s-506 | **This** windmill **was built** *in the* **19th** century. |
|---|---|
| | この風車は 19 世紀に建てられた。 |

1653
□ **windmill**
[wíndmìl] ウィンドミル

图 風車

1654
□ **century**
[séntʃəri] センチュリ

图 世紀
源 cent(100)

| s-507 | **This center has** launched **many** satellites **and** spaceships. |
|---|---|
| | このセンターは多くの人工衛星や宇宙船を発射してきた。 |

1655
□ **launch**
[lɔ́:ntʃ] ローンチ

動 〈ロケットなど〉を打ち上げる；〈事業など〉を始める

1656
□ **satellite**
[sǽtəlàit] サテライト

图 (人工)衛星

§39

1657
□ **spaceship**
[spéisʃìp] スペイスシプ

图 宇宙船

| s-508 | **My** host **father** used to **be a** judge. |
|---|---|
| | 私のホストファーザーはかつて裁判官だった。 |

1658
□ **host**
[hóust] ホウスト

图 (客を接待する)主人，主催者
◆host family 「ホストファミリー」
★ホームステイを受け入れる家庭。

1659
□ **used to V**
[jú:sttə] ユース(ト)トゥ

励 (以前は)よくVしたものだ，Vだった
★過去の習慣や状態を表す助動詞。現在と対照的なことを述べるときに用いる。

<sup>1660</sup>
☐ **judge**
　[dʒʌ́dʒ] ヂャヂ

图 裁判官, 判事
働 ～を判断する
◆citizen judge system 「市民裁判員制度」

---

s-509 **He often complains *about* the noise from upstairs.**
　　　上の階からの騒音について彼はよく文句を言う。

<sup>1661</sup>
☐ **complain**
　[kəmpléin] コンプレイン

働 不満を言う, 文句を言う, 不平を言う

<sup>1662</sup>
☐ **noise**
　[nɔ́iz] ノイズ

图 音, 騒音
★soundは耳に聞こえるすべての音だが, noiseはふつう不愉快な音を言う。
◇**nóisy**　　　形 騒がしい, やかましい ▶p.305

<sup>1663</sup>
☐ **upstairs**
　[ʌ́pstéərz] アプステアズ

副形图 階上(で, へ, の)

---

s-510 **He began a campaign to help people in developing countries.**
　　　彼は発展途上国の人々を助ける運動を始めた。

<sup>1664</sup>
☐ **campaign**
　[kæmpéin] キャンペイン

图 (政治的・社会的)運動

<sup>1665</sup>
☐ **developing**
　　　**country**

発展途上国
◆developed country 「先進国」

| s-511 | **The** army removed all the landmines. |
|---|---|
| | 軍がすべての地雷を取り除いた。 |

1666
☐ **army**
[áːrmi] アーミ

图 軍, 軍隊, 陸軍

1667
☐ **remove**
[rimúːv] ゥリムーヴ

動 ～を取り外す, 取り除く,〈食卓の皿など〉を片付ける

1668
☐ **landmine**
[lǽndmàin] ランドマイン

图 地雷

| s-512 | Many people feel lonely in modern society. |
|---|---|
| | 現代社会では孤独だと感じる人が多い。 |

1669
☐ **lonely**
[lóunli] ロウンリ

形 孤独な, ひとりぼっちの

1670
☐ **modern**
[mádərn] マダン

形 現代の

§39

1671
☐ **society**
[səsáiəti] ソサイエティ

图 社会

| s-513 | **The** media *have* great influence *on* people's choices. |
|---|---|
| | メディアは人々の選択に大きな影響を与える。 |

1672
☐ **media**
[míːdiə] ミーディア

图 メディア, マスコミ機関
★テレビ, 新聞, ラジオ, 雑誌などのマスコミ機関のこと。the mass mediaと言うこともある。ふつう複数扱い。

295

<sup>1673</sup>
☐ **influence**
[ínfluəns] インフルエンス

图 影響

動 ～に影響を与える

◆have influence on A 　「Aに影響を与える」

<sup>1674</sup>
☐ **choice**
[tʃɔ́is] チョイス

图 選択, 選ぶこと

◇choose 　　動 (～を)選ぶ ▷p.133

---

| s-514 | Americans think of the eagle as a symbol of freedom. |
| | アメリカ人はワシを自由の象徴だと考える。 |

---

<sup>1675</sup>
☐ **think of O as C**

OをCだと考える

<sup>1676</sup>
☐ **eagle**
[íːgl] イーグル

图 ワシ

<sup>1677</sup>
☐ **symbol**
[símbl] スィンブル

图 象徴, シンボル

<sup>1678</sup>
☐ **freedom**
[fríːdəm] フリーダム

图 自由

◇free 　　　　圏 自由な, ひまな ▷p.152

---

| s-515 | Japan depends *on* other countries *for* natural resources. |
| | 日本は天然資源を他の国に依存している。 |

---

<sup>1679</sup>
☐ **depend**
[dipénd] ディペンド

動 依存する, 頼る　★たいていon Aを伴う。

◆depend on A for B 　「Aに頼ってBを求める」

<sup>1680</sup>
☐ **resource**
[ríːsɔ̀ːrs] ゥリーソース

图 資源, 資金　★ふつう複数形resourcesで使う。

◆natural resources 　　「天然資源」

# §40　感情・感覚；健康・福祉

s-516 **He looked in the mirror with fear.**

彼は恐れながら鏡を見た。

1681
**mirror**
[mírər] ミラ

图 鏡

1682
**fear**
[fíər] フィア

图 恐怖，恐れ
動 〜を恐れる

s-517 **When he pulled open the door of his old home, he felt like a child again.**

彼は昔の家のドアを引いて開けたとき，また子どもになったような気がした。

1683
**pull**
[púl] プル　　反?

動 〜を引く，引っ張る
⇔ push　　　動 〜を押す

★pull A open「Aを引いて開ける」は，Aが長くなるとpull open A の語順になる。上の例文でも，doorの後に何もついていなければ pull the door openだが，of以下がついているのでpull open the door of his old homeとなっている。

§40

1684
**feel like A [Ving]**

Aのような感じがする，Vしたい気がする
◇feel　　　動 ①〜を感じる
　　　　　　　②(feel C)Cに感じる ▶p.151
◇féeling　　图 感じ，感覚，感情

**I was scared by the silence.**

私は沈黙におびえた。

---

**1685**
**□ scare**
[skéər] スケア

動 〜をこわがらせる

★surprise型。▶p.326〈文法33〉

◇scared 　　形〈人が〉こわがっている,
　　　　　　　　おびえた

**1686**
**□ silence**
[sáiləns] サイレンス

名 沈黙, 静けさ

◇sílent 　　形 静かな, 沈黙の ▶p.157

---

**She has confidence *in* her beauty.**

彼女は自分の美しさに自信がある。

---

**1687**
**□ confidence**
[kánfidəns] カンフィデンス

名 自信, 信頼

◇cónfident 　　形 確信している, 自信のある

**1688**
**□ beauty**
[bjú:ti] ビューティ

名 美しさ

◇béautiful 　　形 美しい

---

**Although she is shy, she still enjoys her conversations with the guests.**

彼女は内気であるにもかかわらず, 招待客との会話を楽しんでいる。

---

**1689**
**□ although**
[ɔ:lðóu] オールゾゥ

接 〜にもかかわらず, 〜だけれども

★thoughとほぼ同じ意味だが, althoughの方がかたい言葉。

**1690**
**□ shy**
[ʃái] シャイ

形 内気な

---

1691
## □ conversation
[kànvərséiʃən]
カンヴァセイション

图 会話
★「英会話が得意だ」は be good at speaking English。

1692
## □ guest
[gést] ゲスト

图 招待客, ホテルの宿泊客
◇ cústomer　　图 (店の)客 ▶p.246
◇ vísitor　　　图 訪問客 ▶p.211
◇ pássenger　　图 乗客

---

s-521 | **The** attendant **made a** polite bow.
接客係がていねいなおじぎをした。

1693
## □ attendant
[əténdənt] アテンダント

图 接客係, 案内係, 付添人
◆ flight attendant「(旅客機の)客室乗務員」

1694
## □ polite
[pəláit] ポライト

厖 ていねいな

1695
## □ bow
[báu] バウ

图 おじぎ　動 おじぎをする

§40

---

s-522 | **You have to** pay attention *to* **traffic in** thick fog.
厚い霧の中では交通に注意を払わなければならない。

1696
## □ pay
[péi] ペイ

動 ～を払う；支払う
[活用形] pay – paid [péid] – paid; paying
例 I paid $20 for it.「それを手に入れるために20ドル支払った」

## 1697
□ **attention**

[əténʃən] アテンション

图 注意

◆pay attention to A 「Aに注意を払う」

◆Attention, please. 「お知らせします」

◇atténd 動 ～に出席する

例 attend the meeting「会議に出席する」

## 1698
□ **thick**

[θík] スィク 　反?

厖 厚い,〈コート, 本などが〉分厚い

⇔thin 厖 薄い

## 1699
□ **fog**

[fɔ́(ː)g] フォ(ー)グ

图 霧

◇fóggy 厖 霧の立ちこめた

---

s-523 I *had* difficulty go*ing in* the opposite direction.

　反対の方向に行くのに苦労した。

## 1700
□ **difficulty**

[dífikʌ̀lti] ディフィカルティ

图 困難, 苦労

◆have difficulty (in) Ving 「Vするのに苦労する」

## 1701
□ **opposite**

[ápəzit] アポズィト

厖 反対の

图 反対

## 1702
□ **direction**

[dərékʃən] ディレクション

图 方向

◆in ... direction 「…の方向に」

---

s-524 I was disappointed because I didn't get the first prize in the contest.

　競技会で1等賞を取れなかったのでがっかりした。

## 1703
□ **disappointed**

[dìsəpɔ́intid] ディサポインティド

厖〈人が〉がっかりしている

★surprise型の分詞形容詞だ。▶p.326〈文法33〉

## 1704 prize
[práiz] プライズ

图 賞

---

| s-525 | The patient who took poison got well after a few days. |
| --- | --- |
| | 毒を飲んだ患者は数日後に元気になった。 |

## 1705 patient
[péiʃənt] ペイシェント

图 患者
圏 しんぼう強い

## 1706 poison
[pɔ́izn] ポイズン

图 毒, 毒薬, 毒物
◇póisonous　　圏 有毒な, 有害な

## 1707 get well

元気になる
◇well　　　　圏 元気な, 健康な
　　　　　　 圖 上手に, よく

---

| s-526 | He has a habit of doing some exercise every day, such as jogging or cycling. |
| --- | --- |
| | 彼は毎日運動をする習慣がある。たとえばジョギングやサイクリングである。 |

§40

## 1708 habit
[hǽbit] ハビト

图 習慣
★the habit of Ving が正しい。the habit ×to V としてはいけない。

## 1709 exercise
[éksərsàiz] エクササイズ

图 運動, 動かすこと
圗 運動する

## 1710 A(,) such as B

A, たとえばB；Bのような A
= such A as B

301

## 1711
□ **jogging**
[dʒágiŋ] ヂャギング

图 ジョギング

◇jog　　　　　　　　動 ジョギングする

## 1712
□ **cycling**
[sáikliŋ] サイクリング

图 サイクリング

---

**s-527** **I don't know if ordinary people trust doctors.**

ふつうの人々が医者を信頼するのかどうか私にはわからない。

## 1713
□ **if**　　　多義
[if] イフ

圈①〜かどうか

②もし〜なら ▶p.100

★上の例文はもともと，下のように疑問文がknowの目的語になった間接疑問文。
Do ordinary people trust doctors?
→ I don't know if ordinary people trust doctors.

## 1714
□ **ordinary**
[ɔ́:rdənèri] オーディネリ

圈 ふつうの，通常の

## 1715
□ **trust**
[trʌ́st] トラスト

動 〜を信頼する，信用する

图 信頼，信用

---

**s-528** **Smoking can cause damage to the brain.**

喫煙は脳に害を与えることがありうる。

## 1716
□ **can**　　　多義
[kən] カン

動①〜でありうる

②〜できる ▶p.43

## 1717
□ **damage**
[dǽmidʒ] ダミヂ

图 害，損害

動 〜に損害を与える

## 1718
□ **brain**
[bréin] ブレイン

图 脳

| s-529 | This service is helpful to senior *citizen*s in our community. |
|---|---|
| | この事業は地域社会の高齢者の役に立つ。 |

### 1719 □ service
[sə́:rvəs] サーヴィス

图 事業, 仕事, 公益事業

★日本語の「サービス」のように,「無料のおまけ」だとか「値引き」という意味はない。

### 1720 □ helpful
[hélpfl] ヘルプフル

围 役に立つ, 助けになる, 有益な

◇help　　　　　　動 ①〈人〉を手伝う
　　　　　　　　　　　　②〜を促進する, 役立つ ▷p.82

### 1721 □ senior
[sí:njər] スィーニャ

围 高齢の, 上級の　图 高齢者, 老人

◆senior citizen 「高齢者」

### 1722 □ community
[kəmjú:nəti] コミューニティ

图 地域社会, 共同体

| s-530 | I'm suffering *from* jet lag. |
|---|---|
| | 私は時差ぼけに苦しんでいる。 |

§40

### 1723 □ suffer
[sʌ́fər] サファ

動 苦しむ, 悩む；〜を経験する

◆suffer from A 「A〈病気など〉に苦しむ」

★進行形が多い。

### 1724 □ jet lag
[dʒét lǽg] ヂェト ラグ

時差ぼけ

★lagは「遅れること」。

# §41 生活など

s-531 **He showed us a** unique method **of** tying **a** rope.

彼は私たちに独特なロープの結び方を見せた。

1725
☐ **unique**
[juːníːk] ユーニーク

形 独特な

1726
☐ **method**
[méθəd] メソド

名 方法

1727
☐ **tie** 多義
[tái] タイ

動 ～を結ぶ，つなぐ

名 ネクタイ

活用形 tie – tied – tied；tying

1728
☐ **rope**
[róup] ゥロウプ

名 ロープ

s-532 **She** decorates **her home with** colorful objects.

彼女は色彩豊かなもので家を飾る。

1729
☐ **decorate**
[dékərèit] デカレイト

動 ～を飾る

1730
☐ **colorful**
[kʌ́lərfl] カラフル

形 色彩豊かな，派手な

1731
☐ **object**
[ábdʒikt] アブヂクト

名 もの，物体

| s-533 | A carpenter repaired a weak spot in the roof. |
|---|---|
| | 大工が屋根の弱い場所を修理した。 |

1732
□ **carpenter**　　　名 大工
[káːrpəntər] カーペンタ

1733
□ **repair**　　　動 〜を修理する
[ripéər] ゥリペア

1734
□ **weak**　　　形 弱い
[wíːk] ウィーク　反?　⇔ strong　　　形 強い

1735
□ **spot**　　　名 場所
[spát] スパト
◆ historic spot　　　「史跡, 名所旧跡」
◆ sightseeing spot　「観光名所」

| s-534 | He lives in the country away from crowded, noisy city life. |
|---|---|
| | 混雑した, 騒がしい都会生活から離れて, 彼はいなかに住んでいる。 |

§41

1736
□ **country**　多義　名 ①いなか　②国 ▶p.180
[kántri] カントリ

1737
□ **crowded**　　　形 混雑した
[kráudid] クラウディド

1738
□ **noisy**　　　形 騒がしい, やかましい
[nóizi] ノイズィ

s-535 He displayed **good** manners in public places.

彼は公共の場で良い作法を見せた。

1739
□ **display**
[displéi] ディスプレイ

動 ～を示す, 見せる
图 ①陳列, 展示　②(コンピュータの)ディスプレイ

1740
□ **manner** 多義
[mǽnər] マナ

图 ①(～s)作法, 行儀
　②やり方, 方法；物腰 ▶p.247

1741
□ **public**
[pʌ́blik] パブリク

形 公共の, 公の

---

s-536 She folded a towel and put it beside the bath.

彼女はタオルをたたみ, それを風呂のそばに置いた。

1742
□ **fold**
[fóuld] フォウルド

動 ～をたたむ, 折る

1743
□ **towel**
[táuəl] タウエル

图 タオル

1744
□ **beside**
[bisàid] ビサイド

前 ～のそばに, 近くに

---

s-537 He hung a flag on the fence.

彼はへいに旗をかけた。

1745
□ **hang**
[hǽŋ] ハング

動 ～をつるす, かけて飾る
活用形 hang – hung [hʌ́ŋ] – hung

### 1746
☐ **flag**
[flǽg] フラグ

图 旗

### 1747
☐ **fence**
[féns] フェンス

图 へい, 囲い, フェンス

---

| s-538 | We sometimes use gestures instead of words. |
|---|---|
| | 私たちはときどき言葉の代わりにジェスチャーを使う。 |

### 1748
☐ **gesture**
[dʒéstʃər] ヂェスチャ

图 ジェスチャー, 身ぶり

### 1749
☐ **instead of A**
[instéd] インステド

Aの代わりに

---

| s-539 | I expect you *to* solve the ancient mystery of Atlantis. |
|---|---|
| | 君がアトランティスの古代の謎を解くことを期待する。 |

### 1750
☐ **expect**
[ikspékt] イクスペクト

動 ～を期待する, 予期する

◆expect A to V 「AがVするのを期待[予期]する」

### 1751
☐ **ancient**
[éinʃənt] エインシェント

形 古代の

### 1752
☐ **mystery**
[místəri] ミスタリ

图 謎, ミステリー

§41

---

| s-540 | According to the weather report, the sun will be shining tomorrow. |
|---|---|
| | 天気予報によると, 明日は太陽が輝くでしょう。 |

1753
☐ **according to A**
[əkɔ́ːrdiŋ] アコーディング

Aによると

1754
☐ **shine**
[ʃáin] シャイン

🔲 光る, 輝く, 照る

活用形 shine – shone [ʃóun] / shined – shone / shined

---

s-541 I turned off the computer and took a deep breath.

私はコンピュータを消し, 深く息を吸った。

---

1755
☐ **turn A off**

A〈明かりなど〉を消す, A〈ガスなど〉を止める

★ offは副詞で, turn off Aの形もturn A offの形もある。

◆turn A on 「Aをつける」

1756
☐ **breath**
発音? [bréθ] ブレス

图 息, 呼吸

◇bréathe 🔲 [bríːð] ブリーズ 息をする

---

s-542 I have used a car rental service a couple of times.

私は 2, 3回車のレンタルサービスを使った。

---

1757
☐ **rental**
[réntl] ゥレントル

📛 賃貸の, レンタルの

◇rent 图 家賃 🔲 〜を賃借[賃貸]する ▷p.316

1758
☐ **couple**
[kʌ́pl] カプル

图 (2人・2つで対をなす)1組; 夫婦, 男女の1組

◆a couple of A 「2つのA; 2, 3のA」

---

s-543 Her purse and his wallet were stolen.

彼女の財布と彼の札入れが盗まれた。

---

1759
☐ **purse**
[pə́ːrs] パース

图 (女性の)財布, ハンドバッグ; 小銭入れ

---

## 1760
☐ **wallet**
[wálət] ワレト

图 (男性の)札入れ，財布

## 1761
☐ **steal**
[stíːl] スティール

動 ～を盗む

活用形 steal – stole [stóul] – stolen [stóulən]

---

s-544 | I could no longer make contact *with* anyone in the photo album.

私はアルバムの誰とももはや連絡できなかった。

## 1762
☐ **no longer**
[lɔ́(ː)ŋɡər] ロ(ー)ンガ

もはや…ない

## 1763
☐ **contact**
[kántækt] カンタクト

图 接触，連絡
動 ～と接触する
◆eye contact    「目を合わせること」

## 1764
☐ **album**
[ǽlbəm] アルバム

图 アルバム

§41

---

s-545 | You can hide your secret, but don't tell a lie.

秘密を隠してもいい。でもうそは言うな。

## 1765
☐ **hide**
[háid] ハイド

動 ～を隠す

活用形 hide – hid [híd] – hidden [hídn] / hid；hiding

## 1766
☐ **lie**    多義
[lái] ライ

图 うそ
動 ①うそをつく　②横たわる，ある ▷p.222
★①と②は同じつづり字だが，もともと別の単語。

活用形 「うそをつく」 lie – lied – lied；lying
　　　　「横たわる」 lie – lay [léi] – lain [léin]；lying

## She has a positive attitude *toward* life.

彼女は人生に対して積極的な姿勢を持っている。

1767
### □ positive

[pázitiv] パズィティヴ 反?

形 積極的な, 肯定的な

⇔négative　　形 消極的な, 否定的な

1768
### □ attitude

[ǽtət(j)ù:d] アティトゥード

名 姿勢, 態度

◆attitude toward A　　「Aに対する態度」

---

## As you might guess, he will go through hardships there.

察しておられるかもしれませんが, そこで彼は困難を経験するでしょう。

1769
### □ might

[máit] マイト

助 〜かもしれない

★mayの過去形助動詞だが, 意味は現在・未来の推量を表し, may とあまり変わらず使われることが多い。

例 I think I might be able to help you.
「君を助けられるかもしれないと思う」

1770
### □ guess

[gés] ゲス

動 (+wh節など)(〜だと)推察[推測]する,
　(+that節)〜と思う; (〜を)推測する

例 Can you guess his age?「彼の年齢を推測できますか」

1771
### □ go through A

同?

Aを経験する

＝experience A

1772
### □ hardship

[há:rdʃip] ハードシプ

名 困難, 困窮　★資金や物資の不足などを言う。

源 hard(厳しい)＋ship(状態)

---

## I wish I *were* anywhere except here.

私はここ以外ならどこにいてもいいのに。

## 1773
□ **wish**

[wíʃ] ウィシュ

動 ～を願う，～であればいいのに

名 願い，望み(のもの) ▶p.255

★上の例文では I wish I *was* ...も可。

★＋that節で実現不可能な望みを述べる。thatはふつう省略する。また，that節の中では現在のことには仮定法過去形，過去の事実に反することには仮定法過去完了形が用いられる。

例 I wish I had started earlier.
　「私はもっと早く始めておけばよかったのになあ」

## 1774
□ **anywhere**

[énihwèər] エニウェア

副 どこにも，どこへも，どこかへ

## 1775
□ **except**

[iksépt] イクセプト

前 ～を除いて，以外に

---

s-549

If it were not for your advice, I would have no chance of succeeding.

もし君の助言がなければ，私が成功する可能性はないだろう。

## 1776
□ **if it were**
　　　　**not for A**

もしAがなければ　★wereの代わりにwasも可。

★仮定法過去形の定型表現で，現在の事実に反する想像を述べる。上の例文は，「君の助言があるから，成功できるだろう」ということになる。

◆**if it had not been for A**「もしAがなかったなら」

★仮定法過去完了形で過去の事実に反する想像を述べる。帰結節は次のように〈過去形助動詞＋have＋Ved〉を使う。

例 If it had not been for your advice, I could not have succeeded.
　「もし君の助言がなかったなら，私は成功できなかっただろう」

§41

## 1777
□ **succeed**

[səksíːd] サクスィード

動 成功する ▶p.264

◇**succéss**　　　名 成功

311

**She** stayed up **all night, wide** awake.

彼女は一晩中起きて，はっきりと目が覚めていた。

---

1778
□ **stay up**　　　　　寝ないで起きている

1779
□ **awake**

[əwéik] アウェイク

形 目が覚めて，眠らずに

★後ろの名詞を修飾するのはまれで，ふつうは be［stay, keep, remain］などの動詞の補語として使う。×an awake baby

★上の例文のように，wide, fully, half などの副詞と共に使うことが多い。×very awake は不可。

◇ asléep　　　　　形 眠って

★awake 同様，めったに後ろの名詞を修飾しない。

◇ wake　　　　　　動 ～を起こす；目を覚ます ▶p.224

---

s-551　**He put the** sweater **in the** bottom drawer.

彼はセーターを一番下の引き出しに入れた。

---

1780
□ **sweater**

[swétər] スウェタ

名 セーター　★《英》では jumper。

1781
□ **bottom**

[bátəm] バタム　　反?

形 名 一番下(の)，底(の)

⇔ top　　　　　名 頂上，頂

1782
□ **drawer**

[drɔ́ːr] ドロー

名 引き出し

---

s-552　**These** gloves **fit me well.**

この手袋はよく私に合う。

---

312

1783
□ **glove**
[glʌ́b] グラヴ

图 手袋

★特に数が話題となるときにはa pair of gloves, two pairs of gloves のように言うが, 数が話題ではないなら, (the; these) glovesと言えばよい。

◇**mítten**　　图 ミトン

★親指だけ分かれて他の指は袋状になったもの。

1784
□ **fit**
[fít] フィト

働 (大きさ・形が) 〜にぴったり合う, 適合する

★進行形にしない。　[活用形] fit – fitted – fitted; fitting

◇**suit**　　　　働〈人〉に似合う

例 The dress suits you. 「そのドレスはあなたに似合う」

---

s-553 **The guy was *in* a panic and turned pale.**

その男はパニックになって, 青白くなった。

1785
□ **guy**
[gái] ガイ

图 ①男, やつ

★manのくだけた言い方。日本語の「やつ」ほど悪い意味はない。

②(〜s) みんな, 君たち　★男女問わず目の前の人々に。

例 Hi, (you) guys! 「やあ君たち!」(呼びかけ)

1786
□ **panic**
[pǽnik] パニク

图 パニック, 動揺, 錯乱状態

例 a panic button 「非常ボタン」

§41

1787
□ **turn**
[tə́ːrn] ターン

働 ①(+C) 〈ある状態・色〉になる

②〜の向きを変える, 向ける;曲がる, 向く ▶p.201

图 順番

1788
□ **pale**
[péil] ペイル

厖 青白い ; 白っぽい

★病気やショックや恐怖のせいで青ざめた顔色を言う。

| | |
|---|---|
| s-554 | Don't get so upset. Calm down. We will overcome this challenge. |
| | そんなに動揺しないで。落ち着きなさい。私たちはこの難題を克服するだろう。 |

1789
□ **upset**
[ʌpsét] アプセ

形 取り乱している, うろたえている；腹を立てている
動 ～の心を乱す, ～をうろたえさせる
活用形 upset – upset – upset

1790
□ **calm**
[ká:m] カーム

動 落ち着く；～を静める, 落ち着かせる, なだめる
★downを付けることが多い。

1791
□ **overcome**
[òuvərkʌ́m] オウヴァカム

動 ～を克服する, ～に打ち勝つ

1792
□ **challenge**
[tʃǽlindʒ] チャリンヂ

名 ①難題, 課題　②挑戦, チャレンジ
◇**chállenged**　　形 (身体・精神に)障害のある
★handicappedよりもおだやかで遠回しな言葉。
例 physically challenged「身体障害の」

| | |
|---|---|
| s-555 | My cellphone reminded me *of* an appointment with my boss. |
| | 携帯電話のおかげで私は上司との約束を思い出した。 |

1793
□ **remind**
[rimáind] ゥリマインド

動 (〈人〉＋of＋A)〈人〉にAを思い出させる
★上の例文のように「〈主語によって人が〉思い出す」と訳すことが多い。

1794
□ **appointment**
[əpɔ́intmənt] アポイントメント

名 約束, 予約　★人と会う約束や医者などの予約。
◇**reservátion**　　名 予約
★ホテル, 劇場, レストランなどの予約。

1795
☐ **boss**
[bɔ́(ː)s] ボ(ー)ス

图 上司, 上役
★日本語の「ボス」のような悪い響きはなく, 男女問わず用いられる。

---

s-556
"The manager earns double your salary."
"You must be kidding."

「その経営者は君の給料の倍を稼ぐ」「冗談だろ」

---

1796
☐ **manager**
[mǽnidʒər] マニヂャ

图 経営者, 支配人；(野球チームの)監督

1797
☐ **earn**
[ə́ːrn] アーン

動 ～を稼ぐ, 得る

1798
☐ **double**
[dʌ́bl] ダブル

形 2倍の, 二重の　图 2倍
動 ～を2倍にする

1799
☐ **salary**
[sǽləri] サラリ

图 給料, 月給　★「サラリーマン」は和製英語。

1800
☐ **You must be kidding.**

冗談だろ, まさか
◇kid　　　　　動 冗談を言う, からかう
◆No kidding.　「その通りだね, そうだね」
◆Just kidding.　「ほんの冗談だよ」
★自分の言ったことに対して。

---

s-557
At last he got his money back and paid the apartment rent in cash.

ついに彼は自分のお金を取り返し, 現金でマンションの家賃を払った。

## □ at last

ついに, やっと, 最後に

★長い間望んでいたことが実現した時に用いる。否定文や望ましくない結果には用いない。
×At last he failed. →○In the end he failed.

1802
## □ get A back

①Aを取り返す, 返してもらう　②戻る, 帰る

例 He got back from the trip. 「彼は旅行から戻った」

1803
## □ apartment
[əpá:rtmənt] アパートメント

图 マンション, アパート　★主に《米》。《英》ではflat。
★日本語の「マンション」と異なりmansionは「豪邸」の意味で使われる。

1804
## □ rent
[rént] ゥレント

图 家賃　動 ～を賃借[賃貸]する
◇réntal　　　　形 賃貸の, レンタルの ▶p.308

1805
## □ cash
[kǽʃ] キャシュ

图 現金
◇cashíer　　　　图 レジ係, 会計係
★店やホテルなどのレジ係。

---

s-558　**I had to pay a baggage fee in addition to the regular fare.**

普通運賃に加えて, 手荷物料金を支払わなければならなかった。

---

1806
## □ baggage
[bǽgidʒ] バギヂ

图 手荷物

★集合的にかばんやスーツケースなどを表し, 複数の荷物でもbaggagesとせず, much [little] baggageのように使う(water, milkなどの物質名詞と同じ扱いだ)。数を言うときには, a piece of baggage, two pieces of baggage, how many pieces of baggageのように使う。

★主に《米》。ただし, 《米》, 《英》ともbaggageもluggageも用いられる。

◇lúggage　　　　图 手荷物　★主に《英》。

<sup>1807</sup>
☐ **fee**　　图 料金, 手数料
[fíː] フィー　　◆school fees 「授業料」

<sup>1808</sup>
☐ **in addition**　　Aに加えて, Aのほかにも
　　　**to A**　　◇addition　　图 追加；たし算
　　　　　　　◇add　　動 ～を加える, 足す ▶p.189

<sup>1809</sup>
☐ **regular**　　形 通常の；規則的な
[régjələr] ゥレギュラ

<sup>1810</sup>
☐ **fare**　　图 運賃 ★交通機関の料金。
[féər] フェア　　例 a bus fare「バス料金」

---

| s-559 | The mechanics improved the old car little by little. |
|---|---|
| | 整備士たちは少しずつ古い車を改良した。 |

<sup>1811</sup>
☐ **mechanic**　　图 整備士, 機械工
[məkǽnik] メキャニク　　◇mechánical　　形 機械の, 機械に関する

<sup>1812</sup>
☐ **improve**　　動 ～を改良する, 改善する
[imprúːv] インプルーヴ

§41

<sup>1813</sup>
☐ **little by little**　　少しずつ
　　　　　　　　◆day by day 「日に日に, 日ごとに」
　　　　　　　　★日々変化すること。

**s-560**

Be careful before you download a file from an unknown source.

不明な情報源からファイルをダウンロードする前に注意しなさい。

---

1814
**□ careful**
[kéərfl] ケアフル

形 気をつけて，注意して

★命令文のBe careful.「気をつけなさい」で注意を促す用例が多い。

1815
**□ download**
[dáunlòud] ダウンロウド

動 〜をダウンロードする　名 ダウンロード

★loadは「荷物」。

◇upóad　　　動 〜をアップロードする
　　　　　　　名 アップロード

1816
**□ file**
[fáil] ファイル

名 ファイル；記録，データ

★書類の「ファイル」もデータの「ファイル」もfile。

1817
**□ unknown**
[ʌnnóun] アンノウン

形 不明の，未知の

★un−は分詞や形容詞に付いて否定を表す。unable「できない」，
unanswered「未回答の」，uncertain「確かでない」など。

1818
**□ source**
[sɔ́ːrs] ソース

名 情報源，源；原因，発生源

例 a source of energy「エネルギー源」

---

**s-561**

He packed *up* his stuff and went back home.

彼は自分の荷物を詰め込んで，家に帰った。

---

1819
**□ pack**
[pǽk] パク

動 〈衣類など〉を（かばんに）詰める（+up）；詰める
名 パック，箱

◇báckpack　　　名 バックパック，リュックサック

1820
**□ stuff**
[stʌ́f] スタフ

名 所持品，荷物；もの，こと

1821
☐ **go back**　　戻る, 帰る

---

s-562　**She heard the door to the exit shut.**
　　出口へのドアが閉まるのが彼女には聞こえた。

1822
☐ **hear O C**　　動 OがCなのが聞こえる　★進行形・命令形にしない。
[híər] ヒア　　▶p.320〈文法30〉

1823
☐ **exit**　　名 出口；退場
[égzit] エグズィト　（反?）　⇔éntrance　　名 入り口

1824
☐ **shut**　　動 〜を閉める, 閉じる；閉まる
[ʃʌ́t] シャト　　（活用形）shut – shut – shut; shutting

## 30. 知覚動詞＋O＋C

文法
チェック

　see, watch, hear, listen to, feelなどの 知覚[感覚]動詞は，＋O＋Cの文型で，C に動詞の原形(V)，現在分詞(Ving)，過去分詞(Ved)がくる。OはCの意味上の主語 で，OCが能動態の文に相当するなら原形(V)または現在分詞(Ving)を，OCが受動 態の文に相当するなら過去分詞(Ved)を用いる。

⑴　Cに動詞の原形(V)

> I <u>saw</u> him <u>go</u> into my house.
> （私は彼が私の家に入るのを見た。）
> I <u>heard</u> a plane <u>take</u> off with a loud noise.
> （私は大きな音を立てて飛行機が離陸するのを聞いた。）

▶原形の場合は，その動作が完結するまで「見ていた」，「聞いていた」ということに なる。

⑵　Cに現在分詞(Ving)

> I <u>saw</u> someone <u>coming</u> toward me.
> （誰かが私の方にやってくるのが見えた。）
> I <u>heard</u> them <u>singing</u>.
> （彼らが歌っているのが聞こえた。）

▶現在分詞(Ving)の場合は，原形と異なり，瞬間の進行中の動作を見たり聞いたり したことになる。

⑶　Cに過去分詞(Ved)

> I <u>saw</u> the tree <u>cut</u> down.　　　←The tree <u>was</u> <u>cut</u> down.
> （その木が切り倒されるのを見た。）
> I <u>heard</u> my name <u>called</u>.　　　←My name <u>was</u> <u>called</u>.
> （私は自分の名前が呼ばれるのを聞いた。）

▶OCが受動態の文に相当するときに過去分詞(Ved)を使う。

## 31. 名詞の種類

### (1) 数えられる名詞（可算名詞）

| | |
|---|---|
| **普通名詞** | 一定の形や区切りを持ったものの名前。<br>例 book, cat, desk, student |
| **集合名詞** | いくつかの同種類のものの集合体を表す名詞。<br>例 class, club, family, team |

　数えられる名詞（可算名詞）は, 単数形と複数形の区別がある。a[an], some, few, many, one, twoなどを付けることができる（little, muchは不可）。

単数形

a boy「1人の少年」
an apple「1個のリンゴ」
a family「一家族」

複数形

boys「少年たち」
two apples「2個のリンゴ」
some families「いくつかの家族」

### (2) 数えられない名詞（不可算名詞）

| | |
|---|---|
| **固有名詞** | 人名, 地名などの名前。<br>例 George, New York, Osaka |
| **物質名詞** | 形や大きさが一定しない物質や材料の名前。<br>例 milk, sugar, water |
| **抽象名詞** | 具体的な形を持たない性質・状態・動作・概念などの名前。<br>例 beauty, information, love, music |

　固有名詞・物質名詞・抽象名詞は数えられない名詞で, 常に単数形で用いる。a [an], few, many, one, twoなどを直接付けることはできない。物質名詞や抽象名詞にはsome, (a) little, muchは付けられる。

　例 some water, a little milk, much money

▶物質名詞の量を器や単位などを使って表すことがある。

a glass of water「コップ1杯の水」
a cup of tea「カップ1杯のお茶」
a sheet of paper「1枚の紙」
a pound of meat「1ポンドの肉」

two glasses of water「コップ2杯の水」
three cups of tea「カップ3杯のお茶」
a piece of cake「ひと切れのケーキ」

## (3) 複数形の作り方

### ①ほとんどの名詞はそのままsを付ける。

book → books    dog → dogs    girl → girls

### ② s, ss, ch, sh, xで終わる語は, esを付ける。

bus「バス」→ buses    class「クラス」→ classes

bench「ベンチ」→ benches    dish「皿」→ dishes    box「箱」→ boxes

▶ oで終わる語はふつうはsを付けるが, esを付けるものもある。

s を付ける語:    piano「ピアノ」→ pianos    photo「写真」→ photos

　　　　　　　　kilo「キロ」→ kilos

es を付ける語:    hero「英雄」→ heroes    potato「ジャガイモ」→ potatoes

### ③〈子音字+y〉で終わる語は, yをiにかえてesを付ける。

city「都市」→ cities    country「国」→ countries    story「物語」→ stories

### ④ f, feで終わる語は, f, feをvにかえてesを付ける。

leaf「葉」→ leaves    knife「ナイフ」→ knives    wife「妻」→ wives

### ⑤不規則変化

man「男性」→ men    woman「女性」→ women    child「子ども」→ children

foot「足」→ feet    tooth「歯」→ teeth

▶単数・複数が同形。

sheep「羊」→ sheep    fish「魚」→ fish

## 32. 動詞の活用　過去形と過去分詞

### (1) 規則動詞の活用形

　ほとんどの動詞は，〈原形＋ ed〉で過去形と過去分詞になるが，一部注意を要する語尾もある。下の一覧表で確認しよう。

| 語尾のつづり | 過去形・過去分詞の作り方 | 例 |
|---|---|---|
| ①ふつうの語 | edを付ける | talk － talked |
| ②−eで終わる語 | dを付ける | live － lived<br>use － used |
| ③子音字＋yで終わる語 | yを取ってiedを付ける | cry － cried<br>study － studied |
| ④短母音＋1つの子音字で終わる1音節語 | 子音字を重ねてedを付ける | stop － stopped |

　③にあるように，〈子音字＋ y〉で終わる場合はyを取って−iedを付けるが，〈母音字＋ y〉で終わる場合は，−edを付けるだけでよい。

　例 enjoy － enjoyed, play － played　（yの前のo, aが母音字）

　④のように子音字を重ねる単語は，中学ではstop を覚えておけばよい（beg － begged「請う」，rob － robbed「奪う」などもあるが，中学ではあまり出てこない）。

　また，look のように母音字が2つ(oo)ある場合はedを付けるだけでよい。

　例 look － looked

## (2) 不規則動詞の活用形

**不規則動詞変化表①　（過去形と過去分詞が同じもの）**

| 意味 | 原形 | 過去形 | 過去分詞 |
|------|------|--------|----------|
| 持ってくる | bring | brought | brought |
| 建てる | build | built | built |
| 買う | buy | bought | bought |
| つかまえる | catch | caught | caught |
| 切る | cut | cut | cut |
| 掘る | dig | dug | dug |
| 感じる | feel | felt | felt |
| 見つける | find | found | found |
| つるす | hang | hung | hung |
| 持っている | have | had | had |
| 聞く | hear | heard | heard |
| たたく, 打つ | hit | hit | hit |
| 持つ, 抱く | hold | held | held |
| 傷つける | hurt | hurt | hurt |
| 保つ | keep | kept | kept |
| 置く | lay | laid | laid |
| 出発する | leave | left | left |
| なくす | lose | lost | lost |
| 作る | make | made | made |
| 意味する | mean | meant | meant |
| 会う | meet | met | met |
| 置く | put | put | put |
| 読む | read | read | read |
| 言う | say | said | said |
| 売る | sell | sold | sold |
| 送る | send | sent | sent |
| 輝く | shine | shone / shined | shone / shined |
| 座る | sit | sat | sat |
| 眠る | sleep | slept | slept |
| 費やす | spend | spent | spent |
| 立つ | stand | stood | stood |
| 教える | teach | taught | taught |
| 言う | tell | told | told |
| 思う | think | thought | thought |
| 理解する | understand | understood | understood |
| 勝つ | win | won | won |

## 不規則動詞変化表② （過去形と過去分詞が違うもの）

| 意味 | 原形 | 過去形 | 過去分詞 |
|---|---|---|---|
| 〜です | be | was・were | been |
| 〜になる | become | became | become |
| 始める | begin | began | begun |
| 噛む | bite | bit | bitten |
| 吹く | blow | blew | blown |
| 壊す | break | broke | broken |
| 選ぶ | choose | chose | chosen |
| 来る | come | came | come |
| する | do | did | done |
| 描く | draw | drew | drawn |
| 飲む | drink | drank | drunk |
| 運転する | drive | drove | driven |
| 食べる | eat | ate | eaten |
| 落ちる | fall | fell | fallen |
| 飛ぶ | fly | flew | flown |
| 忘れる | forget | forgot | forgot / forgotten |
| 得る | get | got | got / gotten |
| 与える | give | gave | given |
| 行く | go | went | gone |
| 成長する | grow | grew | grown |
| 隠す | hide | hid | hidden |
| 知っている | know | knew | known |
| 横になる | lie | lay | lain |
| 乗る | ride | rode | ridden |
| 鳴る | ring | rang / rung | rung |
| のぼる | rise | rose | risen |
| 走る | run | ran | run |
| 見る | see | saw | seen |
| 振る | shake | shook | shaken |
| 見せる | show | showed | shown / showed |
| 歌う | sing | sang | sung |
| 話す | speak | spoke | spoken |
| 盗む | steal | stole | stolen |
| 泳ぐ | swim | swam | swum |
| 取る | take | took | taken |
| 投げる | throw | threw | thrown |
| 着ている | wear | wore | worn |
| 書く | write | wrote | written |

## 33. 分詞形容詞・surprise 型

> The news was surprising. (その知らせは驚くべきものだった。)
> I was surprised at the news. (私はその知らせに驚いた。)

▶ surprise という動詞は「〈人〉を驚かす」という意味の他動詞で，〈人〉を目的語にとる。その surprise の現在分詞から派生した形容詞 surprising は「〈人を〉驚かすような，驚くべき」という意味で，過去分詞から派生した形容詞 surprised は「〈人が〉驚く」という意味になる。

▶ 他にも人の感情や心理を動かす意味の他動詞の分詞から派生した形容詞は同じような使い方になる。

> The game was exciting. (そのゲームはどきどきさせるものだった。)
> He was excited at the game. (彼はそのゲームにどきどきした。)

☐ interesting    形 〈もの・ことが〉おもしろい
☐ interested    形 〈人が〉興味を持っている
☐ tiring    形 〈もの・ことが〉骨の折れる，疲れさせる
☐ tired    形 〈人が〉疲れている

## 34. 形容詞・副詞の比較級・最上級

### (1) 比較を表す3つの級

> ① Bill is as tall as Tom. (ビルはトムと同じくらい背が高い。)
> ② Bill is taller than John. (ビルはジョンより背が高い。)
> ③ Bill is the tallest in his class. (ビルはクラスで一番背が高い。)

▶① tallを原級, ② tallerを比較級, ③ tallestを最上級という。

▶他と比べて一番, という意味の最上級にはtheが付くことが多い。

▶副詞を使って比べることもできる。
　　例 Bill swims as fast as Tom. (ビルはトムと同じくらい速く泳ぐ。)
　　　　　↑このfastは副詞

### (2) 比較級・最上級の作り方

#### ①ふつうは語尾に, 比較級ならer, 最上級ならestを付ける。

| 原級 | 比較級 | 最上級 |
|------|--------|--------|
| high | higher | highest |
| long | longer | longest |

#### ②語尾がeで終わる語は, 比較級ならばr, 最上級ならばstを付ける。

| 原級 | 比較級 | 最上級 |
|------|--------|--------|
| large | larger | largest |
| wise | wiser | wisest |

#### ③語尾が〈子音字+y〉の語

語尾のyをiにかえて, 比較級ならばer, 最上級ならばestを付ける。

| 原級 | 比較級 | 最上級 |
|------|--------|--------|
| busy | busier | busiest |
| easy | easier | easiest |
| heavy | heavier | heaviest |

### ④語尾が〈短母音＋子音字〉の語

語尾の子音字を重ねて, 比較級ならばer, 最上級ならばestを付ける。

| 原級 | 比較級 | 最上級 |
|------|--------|--------|
| big | bigger | biggest |
| hot | hotter | hottest |

### ⑤比較的つづりの長い語

2音節語の大部分, および3音節以上の語は, 比較級ならばmore, 最上級ならばmostを付ける。また, 語尾がlyの副詞もこの型だが, earlyは例外(early － earlier － earliest)。

| 原級 | 比較級 | 最上級 |
|------|--------|--------|
| famous | more famous | most famous |
| important | more important | most important |
| slowly | more slowly | most slowly |

### ⑥不規則変化

| 原級 | 比較級 | 最上級 |
|------|--------|--------|
| good; well | better | best |
| bad; ill | worse | worst |
| many; much | more | most |
| little | less | least |

## 35. 助動詞 can, may, must など

**文法チェック**

**(1) can, may, must の基本**

① She can swim very well.
（彼女はとても上手に泳ぐことができる。）

② "May I use this computer?"
"Yes, of course. / No, you may not."
（このコンピュータを使っていいですか?
―はい, もちろんです。/いいえ, だめです。）

③ You must help your mother. ≒ You have to help your mother.
（あなたはお母さんを手伝わなければならない。）

④ You must not use this phone.
（この電話を使ってはいけません。）

⑤ "Must I carry this bag?" "No, you don't have to."
（このバッグを運ばなければいけませんか?
―いいえ, そうする必要はありません。）

▶ can, may, must や will のような助動詞は動詞の原形の前に置く。主語が3人称単数でもsはつけない。

▶ 否定文, 疑問文では助動詞はbe動詞と同じ位置に現れる。

▶ ② may not は不許可を表し, ④ must not はそれよりも強い禁止を表す。

▶ ③ must と have to は同じような意味で《米》ではあまり区別しないことが多い。一般に, must は「〜しなさい」と命令しているのに対し, have to は「(客観的に)〜する必要がある」と述べている。

▶ have to は3人称単数現在形なら has to となり, 否定文なら don't [doesn't] have to となる。また, must は will と一緒には使えないが, will have to という形にはできる。

**例** You will have to wait long.
（あなたは長く待たなければならないだろう。）

▶ ⑤のように,「〜しなくてはいけないか」とたずねられて,「〜する必要はない」と答えるときには, must ではなく don't [doesn't] have to を使う。

(2)　可能性・推量を表す can, may, must

① It can be very cold here, even in April.
（たとえ4月でもここはとても寒くなることがある。）
② It can't be true.
（それが本当であるはずがない。）
③ She may be at home.
（彼女はうちにいるかもしれない。）
④ She may not be at home.
（彼女はうちにいないかもしれない。）
⑤ She must be hungry.
（彼女はお腹がすいているに違いない。）

▶⑤ must「〜に違いない」の反対は② can't [cannot]「〜のはずがない」（この意味では must not は用いない）。

## 36. that節の働き

---

① I know (that) he loves this film very much.
（彼がこの映画をとても好きだということを私は知っている。）

② I'm glad (that) you're safe.
（あなたが無事で私はうれしい。）

③ It is true (that) he bought a new car.
（彼が新しい車を買ったのは本当だ。）

---

▶ 上のthatはすべて接続詞。関係詞のthatはp.237〈28. 関係詞節〉参照。

▶〈that＋文〉で1つのかたまり（節）を作り，「～すること」という意味になる。

▶ 接続詞のthatはしばしば省略される。thatを省略しても，文の意味は変わらない。

### ①〈動詞＋that～〉

▶ that ～を目的語とする主な動詞は次のようなものである。

☐ believe that ～「～と信じる」　　☐ feel that ～「～と感じる」

☐ hear that ～「～と聞く」　　　　☐ hope that ～「～と望む」

☐ know that ～「～と知っている」　☐ say that ～「～と言う」

☐ think that ～「～と思う」

### ②〈be＋形容詞＋that～〉

---

I was surprised at the news.（その知らせに私は驚いた。）
I was surprised that he was there.（彼がそこにいたことに私は驚いた。）

---

▶ 形容詞の後にも，that ～を置ける。that ～の前に前置詞を置いてはいけないので，下のような文を書いてはいけない。

× I was surprised ×at that he was there.（← atを消去）

▶ この文型で使われる主な形容詞

☐ be afraid that ～「～を心配する，恐れる」　☐ be sure that ～「～を確信している」

☐ be happy that ～「～をうれしく思う」　　☐ be surprised that ～「～に驚いている」

☐ be sorry that ～「～を残念に思う」

### ③〈It is＋形容詞＋that～〉 ▶p.216〈24. 形式主語のit〉

## 37. 長さ／重さの単位

文法
チェック

〈長さの単位〉

| 1 kilometer<br>= 1,000 meters | 1 meter<br>= 100 centimeters | 1 centimeter<br>= 10 millimeters |
| --- | --- | --- |
| 1 mile<br>≒ 1.6 kilometers | 1 mile = 1,760 yards | |
| 1 yard ≒<br>0.9144 meter | 1 yard = 3 feet | |
| 1 foot<br>≒ 30.48 centimeters | 1 foot = 12 inches | 1 inch<br>≒ 2.54 centimeters |

★1キロメートルより大きいなら複数形にして，1.1 kilometers，1キロメートル以下なら単数形で0.9 kilometer とする。他の単位も同様。

〈重さの単位〉

| 1 ton<br>= 1,000 kilograms | 1 kilogram<br>= 1,000 grams |
| --- | --- |
| 1 pound ≒ 454 grams | 1 pound = 16 ounces |

## 38. アメリカ英語とイギリス英語

　現在日本の学校ではアメリカ英語を中心に教えているが, ヨーロッパ, 中国, インドなどではイギリス英語が使用されることが多い。たとえばChina Dailyのような中国の英字新聞ではイギリス式のつづり字・語法が使用されている。

### ⑴アメリカとイギリスで言い方が異なる単語

| 日本語 | アメリカ英語 | イギリス英語 |
|---|---|---|
| マンション | apartment | flat |
| 手荷物 | baggage | luggage |
| 紙幣 | bill | note |
| 学校の食堂 | cafeteria | canteen |
| 〈人〉に電話する | call 〈人〉 up<br>give 〈人〉 a call | ring 〈人〉 up<br>give 〈人〉 a ring |
| ビスケット | cookie | biscuit |
| エレベーター | elevator | lift |
| 秋 | fall / autumn | autumn |
| フライドポテト | French fries | chips |
| 幼稚園 | kindergarten | nursery |
| 映画 | movie / cinema | film / cinema |
| ズボン | pants | trousers |
| 鉄道 | railroad | railway |
| 時刻表・時間割 | schedule | time table |
| サッカー | soccer | football |
| 地下鉄 | subway | Underground / Tube |
| セーター | sweater | jumper |
| ゴミ | trash | rubbish |

▶特に気をつけたいのは建物の階の表し方。アメリカとイギリスでは1つずつずれている。ヨーロッパではイギリス式がふつうだ。

| 日本語 | アメリカ英語 | イギリス英語 |
|---|---|---|
| 3階 | the third floor | the second floor |
| 2階 | the second floor | the first floor |
| 1階 | the first floor | the ground floor |

## (2)アメリカ英語とイギリス英語でつづり字が異なる単語

| アメリカ式 | イギリス式 | アメリカ英語 | イギリス英語 |
|---|---|---|---|
| -or | -our | color | colour |
| | | favorite | favourite |
| -er | -re | center | centre |
| | | meter | metre |
| | | theater | theatre |
| -se | -ce | license | licence |
| | | offense | offence |
| -ze | -se | realize | realise |
| | | organize | organise |
| -ll | -l | fulfill | fulfil |

▶他にもアメリカ英語のprogramが, イギリス英語ではprogrammeとなり, アメリカ英語のtravelingが, イギリス英語ではtravellingとなる。

## 39. 接頭辞と接尾辞

◆dis＋動詞・形容詞の反意語
　□disagree「反対する」　□disappear「消える」　□dislike「〜を嫌う」
　□dissatisfy「〜を満足させない」　□dishonest「不正直な」

◆un＋形容詞の反意語
　□unable「できない」　□unfair「不公平な」　□unhappy「不幸な」
　□unkind「不親切な」　□unnatural「不自然な」
　□untested「検査されていない」

◆en＋形容詞＝動詞「〜にする」
　□enlarge「〜を大きくする」　□enrich「〜を豊かにする」
　□ensure「〜を確実にする」

◆動詞＋ment＝名詞
　□agreement「同意」　□excitement「興奮」　□judgment「判断」
　□movement「動作」

◆形容詞＋ness＝名詞
　□brightness「明るさ」　□happiness「幸福」　□kindness「親切」
　□tiredness「疲労」

◆形容詞＋ity＝名詞
　□ability「能力」　□activity「活動性」　□possibility「可能性」
　□severity「激しさ」

◆形容詞＋ly＝副詞
　□clearly「はっきりと」　□beautifully「美しく」　□happily「幸せに」
　□honestly「正直に」
　★friendly「やさしい」, daily「日常の」は形容詞なので注意。

◆名詞＋ful⇔名詞＋less
　□careful「注意深い」⇔careless「不注意な」
　□helpful「役立つ」⇔helpless「無力な」

◆名詞＋ous（〜の多い）＝形容詞
　□ambitious「大望のある」　□adventurous「大胆な, 冒険好きの」
　□dangerous「危険な」

◆mis-「誤って」
　□misleading「誤解を招く」　□misunderstand「〜を誤解する」
　□misuse「誤用」

◆re-「再び」
　□reenter「〜に再び入る」　□remake「〜を作り直す」
　□reread「〜を再読する」　□rewrite「〜を書き直す」

# INDEX

見出しの語は太字で示してあります。
be動詞ではじまる熟語はすべて(be)とし，その次の単語の項に載せています。
例 (be) sure of A → S の項のsureで検索。

# H

# P

352

## U

## V

## W

**中学版 システム英単語 改訂版**

| 著　　者 | 霜　　康　司 |
|---|---|
| 発 行 者 | 山　崎　良　子 |
| 印刷・製本 | 日 経 印 刷 株 式 会 社 |

| 発 行 所 | 駿 台 文 庫 株 式 会 社 |
|---|---|

〒 101 - 0062　東京都千代田区神田駿河台 1 - 7 - 4
小畑ビル内
TEL. 編集　03(5259)3302
販売　03(5259)3301
《改訂版⑧ − 372pp.》

ISBN978 - 4 - 7961 - 1153 - 9　　　　Printed in Japan

駿台文庫 Web サイト
https://www.sundaibunko.jp